中国男子篮球职业联赛运行机制复杂性研究

王新雷 著

知识产权出版社
全国百佳图书出版单位

图书在版编目（CIP）数据

中国男子篮球职业联赛运行机制复杂性研究/王新雷著．—北京：知识产权出版社，2016.12

ISBN 978-7-5130-4698-5

Ⅰ.①中…　Ⅱ.①王…　Ⅲ.①男子项目—篮球运动—联赛—研究—中国

Ⅳ.①G841.735

中国版本图书馆 CIP 数据核字（2016）第 316048 号

内容提要

本书借助复杂性科学的相关理论，对中国男子职业篮球联赛的运行机制复杂性进行了研究，并在构建运行机制评价模型的基础上，对联赛存在问题进行了实证分析，对新形势下的中国男子职业篮球联赛的改革提出了科学和合理的建议。

责任编辑：刘晓庆　　　　　　　　　　责任出版：孙婷婷

中国男子篮球职业联赛运行机制复杂性研究

ZHONGGUO NANZI LANQIU ZHIYE LIANSAI YUNXING JIZHI FUZAXING YANJIU

王新雷　著

出版发行：知识产权出版社 有限责任公司		网　　址：http://www.ipph.cn	
电　　话：010-82004826		http://www.laichushu.com	
社　　址：北京市海淀区西外太平庄 55 号		邮　　编：100081	
责编电话：010-82000860 转 8073		责编邮箱：396961849@qq.com	
发行电话：010-82000860 转 8101/8029		发行传真：010-82000893/82003279	
印　　刷：北京中献拓方科技发展有限公司		经　　销：各大网上书店、新华书店及相关专业书店	
开　　本：720mm×960mm　1/16		印　　张：18	
版　　次：2016 年 12 月第 1 版		印　　次：2016 年 12 月第 1 次印刷	
字　　数：230 千字		定　　价：48.00 元	

ISBN 978-7-5130-4698-5

前　言

随着我国经济实力和人民群众生活水平的大幅度提高，以及国民对中国男子篮球职业联赛（以下简称"中职篮"，CBA）的关注度越来越高，众多国内外企业也开始重视中职篮品牌市场价值及其发展潜力。中职篮职业化的不断改革产生众多新生参与者，由于多元化参与者对参与联赛的不同诉求及其利益博弈，逐步形成了联赛的组织管理者、参与者之间，以及与外生环境之间的新型关系。随着联赛规模的不断扩大，联赛的管理者、参与者等所形成的目标动力机制、组织管理机制、市场营销机制，以及外生环境等方面表现出的复杂性也在不断增加。而作为中国体育产业早期改革的试验田，联赛中管理者和参与者之间的冲突，也随着联赛影响力和收入的提高愈演愈烈。联赛改革中的"管办不分，何去何从""市场主导，变与不变""联赛对国家队的贡献是否提高"等一系列问题，也成为当前中国体育产业改革与发展的焦点问题。国务院颁布的《关于加快发展体育产业促进体育消费的若干意见》提出："鼓励具备条件的运动项目走职业化道路，完善职业体育的政策制度体系，鼓励发展职业联盟，逐步提高职业体育的成熟度和规范化水平；完善职业体育俱乐部的法人治理结构，加快现代企业制度建设；改进职业联赛决策机制，充分发挥俱乐部的市场主体作用，并要求抓好潜力产业；以足球、篮球、排球三大球为切入点，加快发展普及性广、关注度高、市场空间大的集体项目"，中职篮的改革与发展也面临重大的机遇与挑战。如何利用好当前国家经济改革的方针政策，抓住机遇，科学地推进中职篮运行机制转轨和发展模式转型，将成为中职篮能否健康发展的关键。

本书借助复杂性科学的相关理论，通过文献资料法、德尔菲法、问卷调查法、复杂系统建模与仿真法和数理统计法等，在前人研究成果的基础上，通过征询中职篮相关管理者、参与者及研究者对中职篮改革的观点，对中职篮运行机制复杂性进行了研究。本书在构建中职篮运行机制评价模型基础上对联赛中存在的问题进行了实证分析，以期待对新形势下的中职篮改革提出科学合理的建议。

全书共分为八章。第一章重点阐述中国男子篮球职业联赛的发展背景，以及本书的研究目的和意义。第二章主要对国内外有关篮球职业联赛及其运行机制研究的文献成果进行了评述。第三章对本书运用的研究方法与思路设计做了说明。第四章对中国男子篮球职业联赛运行机制复杂性研究所涉及的重要概念、理论依据及研究价值等进行了论证。第五章对国内外篮球职业联赛发展历程进行叙述，并着重对中职篮的发展历程进行阐述，目的在于让读者对国内外职业篮球的发展历程有直观的认识。第六章作为该书的重点部分，主要对中国男子篮球职业联赛复杂系统运行机制指标体系的制定过程，以及评价模型构建过程，进行了详细的阐述；并根据专家对联赛运行机制的整体和不同微观机制的评价得分，对当前中国男子篮球职业联赛运行机制的现状和存在问题展开了全方位的分析。第七章则在第六章总结出中国男子篮球职业联赛运行机制存在的问题基础上，运用复杂性科学理论对中国男子篮球职业联赛运行机制改革发展提出了合理的策略。第八章对整个研究成果进行了总结。

本书主要有以下几个特点：第一，从运行机制的角度对中国男子篮球职业联赛进行研究。第二，对运行机制的研究运用了更适合的研究方法——复杂系统的研究方法。第三，将联赛存在的问题结合社会、政治、经济和人文环境，进行了从外围到内部的不同范围、不同层次的系统分析。第四，首次运用复杂系统理论对中国男子篮球职业联赛进行尝试性研究，并强调了复杂系统主体之间的复杂关系。第五，为广大职业体育研究者提供了一种分析和解决职业体育存在的复杂问题的思维方式。

希望本书能够为政府制定职业体育改革政策提供参考，并为从事职业体育工作的从业者和研究者提供帮助。

目 录

第一章　导论

第一节　研究依据

中国男子篮球职业联赛（以下简称"中职篮"）是中国最高水平的篮球赛事，其前身是中国男子篮球甲 A 联赛。从 20 世纪 90 年代中期我国竞技篮球职业化改革至今，中职篮已经历了 20 多年的发展。截至 2014—2015 赛季，参赛队伍由最早的 8 支扩充到现在的 20 支，比赛场次从 56 场增加到 406 场，现场和电视观众人数锐增到近 10 亿人次，电视播出及收视总量屡创新高。❶众多国内外企业也开始重视中职篮品牌市场价值及其发展潜力。当前，中职篮已发展成为具有一定国际影响力的中国体育品牌赛事。中职篮的发展，也为我国推广和普及篮球运动，培养高水平篮球运动员，提高中国竞技篮球运动水平，丰富广大人民群众的业余文化生活等方面做出了巨大的贡献。当前，我国经济实力和人民群众生活水平已经有了很大提高，群众篮球基础也越来越好。NBA（美国男子职业篮球联赛）亚洲有限公司中国区总经理马克·费希尔在 2003 年接受新华社记者采访时提供的 NBA 相关调查数据显示：中国有 3 亿多人喜欢打篮球，这比美国总人口还要多。在中国，75% 的 15～24 岁

---

❶ 2014—2015 赛季 CBA 联赛总结［EB/OL］.［2015-04-29］.http://www.cba.gov.cn/ show. aspx？ id = 13660&cid = 46.

男性是篮球迷。❶ 国务院《关于加快发展体育产业促进体育消费的若干意见》提出：鼓励具备条件的运动项目走职业化道路，鼓励发展职业联盟，充分发挥俱乐部的市场主体作用，以足球、篮球、排球三大球为切入点，加快发展普及性广、关注度高、市场空间大的集体项目，推动产业向纵深发展等。我国的政治、经济、人文等大环境，为中职篮提供了有利的发展平台。

随着中职篮规模不断扩大，联赛系统的结构、参与者的行为等也日趋复杂，联赛运行也遇到了一系列矛盾和问题。例如，举国体制造成的有关部门追求国家队成绩与俱乐部实现经济利益最大化的矛盾；❷ 联赛的产权结构不明确，联赛有关各方没有形成利益共同体，投资主体不明确，造成缺乏市场收益的激活能力；联赛缺乏先进的品牌商务管理与运作模式，造成大部分俱乐部负债经营；优秀球员紧缺，球员竞技能力缺乏可持续发展，球员训练和比赛没有真正享受到现代科技成果带来的果实；后备人才培养方面在球员文化素质、数量和质量、健康水平等方面也存在较大问题；国家队的成绩在国际赛场上没有明显的进步，甚至还有下滑的趋势。这些矛盾和问题已经严重影响到了中职篮能否健康地发展。

中职篮出现的矛盾和问题是简单，还是复杂？这个问题正是基于对中职篮目前运行系统现状的评价和对未来发展可能性的预见。中职篮整体系统的多维度、多结构和非线性的复杂性质，使出现的矛盾和问题的表象与深层原因之间的关系总是呈现多元的、模糊的、非线性等特征，而非简单性、普适性、还原性、定量化和实证化观的还原论科学所能解释。近年来，学者们对中职篮研究主要集中在以下两个方面。①产权结构、市场运作、利益分配、品牌构建、赛制变化、文化环境等管理体制方面，建议学习美国等真正的俱

---

❶ NBA 常规赛有望登陆中国 NBA 嘉年华今与北京球迷见面[J/OL]. [2003-09-26]. http://sports. sina. com. cn/k/2003-09-26/0205597276.shtml.

❷ 赵国华.我国竞技篮球职业化发展战略研究[D].苏州:苏州大学,2013.

乐部制，认为这样可以盘活国家篮球资源，充分发挥小组织的主观能动性。②后备人才培养、外援及教练引进、竞赛的技战术等方面。但是，这些研究都是从中职篮的各个组成部分运用线性的分析思维模式进行，缺少对中职篮组成部分的交互关系，以及产生的整体现象和行为原因的系统性研究。随着当前竞技体育的科学化发展，竞技篮球这项魅力十足的运动，也应该跟着国际竞技体育的发展步伐，以往成功的轨迹和模式都只能作为参考或者其中的一部分去研究。这时，专门研究复杂性和复杂系统范式的复杂性科学的诞生和发展，为广大体育工作者研究竞技体育提供了一个新的视角。

第二节 研究目的

目前，如何抓住机遇，科学合理地推进中职篮运行机制转轨和发展模式转型，将成为中职篮能否快速、健康发展的关键。本研究以中职篮运行机制的复杂性为研究对象，借助复杂系统、复杂网络等理论的思维、知识和方法，对中职篮运行机制的复杂性进行分析和研究，试图了解中职篮运行机制的复杂性特征和内涵。希望本书的研究成果能够使我们在研究中职篮运行机制转轨和发展模式转型的过程中，转变简单思维下治标不治本的线性政策和做法，把当前中职篮存在的各种问题当作复杂性问题来对待，充分考虑中职篮系统的内在机理所涉及行动利益主体、时间、环境和政策等复杂的互动因素，从系统整体角度考虑出发，以促进影响系统的各要素之间的相互协调、相互适应为核心原则，对中职篮发展做出科学合理的设计和规划。

第三节 研究意义

中职篮的发展历程是不可逆转的，相关政策执行一旦出现任何偏差，都会给中职篮的改革和发展带来巨大的影响。如果我们在研究中职篮运行机制问题时仅用还原论的方法，虽然能将问题的分析深入到联赛的各个组成部分，但依然无法真正理解中职篮运行机制中整体问题产生的复杂根源。中职篮系统运行过程包含由自身、环境、目标群体等各种影响因素带来的而无法在事先精确预计的随机性和偶然性。如果系统内外要素之间的相互作用不能形成平衡，就会制约联赛系统的运行和存活。本研究借助复杂性科学的思维、知识和方法，对中职篮运行机制的复杂性进行分析和研究，试图解读中职篮运行机制的复杂性及其内涵，搞清楚中职篮运行机制的主要组成要素功能及其交互作用的特征与其表现出的宏观行为之间的关系，寻找中职篮发展的内在规律和动力，进而针对性地建构理论框架，设计解决问题的方案。

一、理论意义

本书对中职篮运行机制的复杂性研究，是在综合多种交叉性学科的前提下，从复杂系统和复杂网络理论的角度去探究中职篮发展的本质。从理论发展及其方法论上看，本研究对丰富体育管理、体育产业、体育经济和运动训练等学科建构，凸显复杂性科学理论研究的方法论价值，促进我国竞技体育职业化理论研究，均具有重要的理论意义。

二、实践意义

在社会转型时期，用线性的方法去研究中职篮中的问题是不可能囊括全部的。由于中职篮系统的运行机制表现出复杂性特征，所以在过去的研究中，联赛还有很多未被涉及和未被概念化的问题存在。这时，用复杂系统和复杂网络理论对其运行机制进行分析和探究，就有可能发现更多深层次问题。因此，对中职篮运行机制问题的分析，不能以中职篮中个别现象或事实来就事论事，而应将中职篮放在复杂系统中，用系统综合分析方法论框架来应对。这样有助于对中职篮运行机制进行全面、系统的研究，进而提高中职篮实践活动的科学性。

第二章 国内外有关篮球职业联赛研究的文献综述

第一节 国内研究进展评述

以"中职篮""中国男子篮球职业联赛""运行机制""CBA（中国男子篮球职业联赛）俱乐部""NBA 联赛""竞技篮球后备人才"等为关键词，检索与中职篮运行和发展相关的较新的（注：主要为 2000 年至今）核心期刊、优秀硕博士论文和著作、文件等文献资料。

一、从管理系统的视角进行的研究

李元伟认为，"中国篮球的发展离不开世界，世界篮球的发展离不开中国"。中国篮球未来的发展方向，必将与世界篮球的发展息息相关，彼此促进，中国篮球将坚持"国际视野、本土洞察、中国道路"的发展理念，坚持"大目标、大开放、大整合、大协作"的工作原则，坚持坚定不移地对外开放，汲取一切先进的、有益的成功经验和做法，以开放、合作共赢的心态，与巨人们同行。❶ 李元伟在总结了举国体制得与失后，提出完善举国体制的

---

❶ 李元伟.2007 中国篮球发展高峰论坛——大视野大发展大未来［EB/OL］.（2008-11-14）［2014-3-22］http://www.basketball.cn.

总的思路是：建立与社会主义市场经济体制相适应的、符合当代体育发展规律的新型组织管理体制、训练竞赛体制和社会化保障体系，进一步提升我国竞技体育的国际竞争力，使体育事业的整体发展水平在新世纪跨上一个新的台阶。❶

赵国华在其博士论文《我国竞技篮球职业化发展战略研究》中认为，行政主导与市场行为的冲突与博弈、对国外职业篮球管理模式的过度模仿、资源配置对政府职能的过分依赖，是我国竞技篮球职业化管理体系中存在的主要问题。竞赛体系存在的问题主要包括竞赛类型的开放与封闭缺少长远规划、竞赛阶段的赛季时段衔接不够、竞赛层次彼此脱节、竞赛规模相对偏小、竞赛方式单一、竞赛方式休克运行带来经济负担与赛训矛盾、竞赛方法稳定性不够等；而训练体系中训练系统的尴尬与困扰、训练目标的分化与冲突、不同训练层次脱节、职业化篮球训练理念的设计缺失等问题尤为突出。❷

师灿斌在其博士论文《中国男子篮球职业联赛发展路径研究》中认为，影响和制约 CBA 职业联赛发展的重要原因，包括国内优秀球员数量不多及水平有限、教练员综合能力欠缺、优秀裁判员短缺、联赛高层次管理人才不足等多个方面，与球迷基础薄弱和消费习惯有关。同时，俱乐部的规范化建设和地区市场的开拓不力，也限制 CBA 职业联赛进一步发展。当前，CBA 职业联赛的改革和发展，有利的政治环境、经济环境、社会环境和体育环境，CBA 职业联赛的发展有自己的优势，也面临很好的发展机会。在具体的合作上，NBA、盈方公司等境外资本可以共同成为 CBA 职业联赛的战略合作伙伴。CBA 职业联赛将保障 NBA 的投资收益；同时 NBA 在联赛架构、赛事组织、运营模式、市场推广。❸

---

❶ 李元伟.关于进一步完善我国竞技体育举国体制的研究[G].国家体育总局体育科学研究论文集，2002：1-28.

❷ 赵国华.我国竞技篮球职业化发展战略研究[D].苏州：苏州大学，2013.

❸ 师灿斌.中国男子篮球职业联赛发展路径研究[D].上海：上海体育学院，2009.

　　王郓、褚翔在论文《我国中职篮发展模式的路径选择与战略取向》中认为，我国中职篮的发展路径包括"渐进式"改革中职篮的组织管理体制；发挥后发优势，借鉴 NBA 成功运营模式；完善相关制度，突出中国篮球文化特色；拓宽职业篮球高水平后备人才培养渠道，提升中职篮人力资源的素质。中职篮发展的战略取向主要包括创造良好政策环境，进一步扩大市场规模；加强中职篮的管理与服务意识，树立良好的中职篮品牌；加快中职篮组织的实体化进程，不断创新管理模式；加强俱乐部制度建设，做大做强职业篮球产业；扩展中职篮劳务要素市场，完善职业篮球人才链。❶ 王郓等在《CBA联赛市场的现状、问题与对策》中认为，中职篮在市场结构、运行机制、市场行为和市场外部环境等方面均存在问题，其应对策略主要有加快市场体系和要素市场的培育与完善，完善 CBA 联赛组织结构、市场主体建立合理的产权制度和治理结构，创造良好的政策环境、制定与完善相关法律、法规、制度。❷

　　马孝煜在其硕士论文《中国男子篮球联赛—中职篮—若干制度研究》中认为，产权不清是中职篮的根本性问题，必须厘清产权各要素的归属，建立完备的产权制度。可将"关键设施"理论和"相称性"要求作为标准，对中职篮准入制度进行修改。NBA 联赛的选秀制度为联赛输送了新鲜血液，转会制度促成了球员流动与技术交流，薪金制度限制了优秀球员的垄断，三种制度共同作用，有效地均衡了球队间的实力。CBA 联赛没有实际意义上的制衡制度，选秀制度只针对外援，转会制度限制过大，薪金制度无俱乐部遵守。❸

　　杨扬在论文《我国男子篮球职业联赛竞争性平衡研究》中认为，中职篮竞争性平衡水平与 NBA 的差距比较悬殊的原因可能有：我国职业篮球联赛没

❶ 王郓,褚翔.我国 CBA 联赛发展模式的路径选择与战略取向[J].武汉体育学院学报,2011,41(1):66-70.
❷ 王郓,池建,何斌,等.CBA 联赛市场的现状、问题与对策[J].武汉体育学院学报,2008,42(4):45-49.
❸ 马孝煜.中国男子篮球联赛—CBA 联赛—若干制度研究[D].开封:河南大学,2013.

有形成真正意义上的职业联盟、俱乐部经济状况参差不齐、联赛限薪制度执行力度不强、后备人才培养体系不科学、选秀制度不完善、外援限制过多、球员转会不畅通，以及俱乐部准入制度的不健全。❶

郭晓捷、顾永军在论文《我国职业篮球产业组织主体优化的路径选择——兼论职业篮球俱乐部发展走势》中认为，我国的篮球产业虽然有了较大发展，但目前总的来看其发展有较大的不足之处。不足之处主要体现在产业规模不大、市场行为不成熟，缺乏相应的法律、法规进行约束等几大方面。为了促进篮球产业的积极发展，要注意广开门渠，积极应对挑战，优化产业发展路径。❷

孙义良等在论文《我国职业篮球俱乐部现状与发展走向研究》中认为，我国职业篮球俱乐部面临的主要问题是产权不清、责权不明，经营管理体制不完善，市场开发不足，内部管理制度不健全；体育局与企业合资型俱乐部是篮球职业化的阶段性产物，企业独资型俱乐部将成为我国职业篮球俱乐部的发展走向。❸

张瑜在其硕士论文《中美职业篮球俱乐部管理体制的比较研究》中认为，NBA 在组织管理、球队建制、市场运营、法规保障及后备队伍的培养方面，已经形成了一套完善的体系。因此，此项运动也堪称世界职业体育的典范。NBA 的组织机构是根据市场规律专门创办的，我国职业篮球俱乐部投资合作形式多样，导致存在产权不清晰和利益分配不合理等问题。我国篮球市场的经营者不是管理者，管理者往往又没有经营经验，因此造成经营者得不到与篮球市场发展相适应的政策，而管理层的权力和职能范围过大，使俱乐部与管理层存在诸多利益矛盾，从而影响并制约了 CBA 篮球市场的良性发

❶ 杨扬.我国男子篮球职业联赛竞争性平衡研究[D].上海:上海体育学院,2009.
❷ 郭晓捷,顾永军.我国职业篮球产业组织主体优化的路径选择——兼论职业篮球俱乐部发展走势[J].首都体育学院学报,2009(4):478.
❸ 孙义良等.我国职业篮球俱乐部现状与发展走向研究[J].武汉体育学院学报,2008(3):30.

展。在后备力量、教练员、裁判员方面，美国的中学生和大学生篮球运动员数量和水平远远超越我国。我国教练员和裁判员的差距突出表现在专业技术和科学能力知识训练体系上。❶

崔鲁祥在其博士论文《中国职业体育利益相关者分析及协同治理——职业篮球、足球实证》中认为，中国职业体育利益相关者在重要性、主动性和紧急性三个维度上是存在差异的；核心利益相关者有俱乐部、项目协会、运动员和教练员；中间利益相关者有裁判员、赞助商、政府、媒体和观众；边缘利益相关者有项目运营公司、比赛场馆、广告商和中介等。因职业体育各利益相关者的利益需求存在差异，故彼此间存在利益和权力的博弈。博弈总会导致个体理性与集体理性之间的冲突，围绕冲突会产生有利于实现双方利益最大化的均衡解，但在职业体育改革中却不一定被博弈双方理性选择。欧美职业体育制度通过自下而上的方式逐渐发展完善，属于典型的利益相关者协同治理机制。我国职业体育是由政府主导的自上而下渐进性改革，对利益相关者利益需求的忽视、治理结构的不健全、制度建设的系统性缺失等导致利益相关者之间冲突频发。❷

张可在其硕士论文《CBA 赛制变化对中国篮球运动职业化发展影响的研究》中认为，中职篮内部的产权不明晰、管理体制不通畅、法规体系不健全、俱乐部之间竞技能力失衡、俱乐部经营状况不佳等因素，是中职篮赛制不稳定的根本原因。2009—2010 赛季赛制变化，篮管中心认为中职篮巨额的亏损和球员的伤病是赛制变化的原因，并针对以上问题提出了解决方案，即缩短赛程和限薪。缩短赛程确实在一定程度上降低了中职篮的运行成本，而限薪制却因阴阳合同而失败。赛程的缩短也不利于球队年轻队员的锻炼。这种情况不利于 CBA 的可持续发展。联赛的亏损和球员的伤病，也应该从中职

❶ 张瑜.中美职业篮球俱乐部管理体制的比较研究[D].延安:延安大学,2010.
❷ 崔鲁祥.中国职业体育利益相关者分析及协同治理——职业篮球、足球实证[D].北京:北京体育大学,2012.

篮内部问题着手，最大限度地解决问题。❶

　　张成云在论文《职业篮球俱乐部经营战略分析》中认为，由于我国竞技体育实行的是"举国体制"，任何项目和俱乐部都要围绕为国争光的目标和任务行进。现行篮球管理体制和运行机制，没有给俱乐部更大的经营权限和经营空间，其机构设置、配置资源、制定制度和规则都出于政府角度考虑，而忽略了俱乐部的发展和人民群众的需求，致使 CBA 在整体规模上、商业化运作水平、产品结构上与成熟的篮球市场差距加大。这些都不利于篮球市场的健康发展。❷

　　邓梅花、张成云在论文《中职篮体制之改与体制之困》中认为，中职篮赛制不确定，配套相关法律制度欠缺，准入门槛较低；在球员转会、外援管理及俱乐部经营等方面存在不足。作者建议完善联赛法规，严打假球、黑哨等现象；建立应联赛电视转播权制度和俱乐部盈利模式等体制，提高联赛的品牌效应、经济效应及规模效应。❸

　　刘卫东在其博士论文《竞技篮球运动制胜规律的研究》中提出，影响训练和比赛的主要主观因素包括教练员和运动员因素。教练员因素有教练员执教能力，包括篮球理念、训练方法与安排、与队员和裁判的关系、对规则的理解以及在比赛当中的临场指挥能力等；运动员因素有运动员的竞技能力、和其他队友之间的关系以及由此产生的团队合作精神、与教练员和裁判的关系、球星和替补队员的作用等。训练和比赛的主要客观制胜因素主要包括对手运动员和教练员的竞技状况、裁判因素、主客场的差异，以及对规则的理解和一些偶发因素等。❹

　　综上所述，当前中职篮职业化改革，有利的政治、经济、社会和体育环

---

❶　张可. CBA 赛制变化对中国篮球运动职业化发展影响的研究[D].西安:西安体育学院,2011.

❷　张成云.职业篮球俱乐部经营战略分析[J].体育文化导刊,2009,3:74-77.

❸　邓梅花,张成云. CBA 联赛体制之改与体制之困[J].体育文化导刊,2011,10:54-58.

❹　刘卫东.竞技篮球运动制胜规律的研究[D].北京:北京体育大学,2008.

境条件已经成熟。但作为我国社会转型和经济转轨的产物，CBA 职业联赛自身所具有的营利和公益二重性，很容易受到政治与经济的双重制约。❶ 政府决定了联赛管理机构的设置与资源的配置，制度和规则的制定也都是从政府角度出发的，联赛市场的投资经营者不是管理者，而联赛管理者却往往没有经营经验，加上管理层对联赛市场管理范围过大，使俱乐部经营权限和空间的极度受限，造成俱乐部与管理层存在诸多利益冲突，也导致中职篮在整体规模、商业化运作水平和产品结构等方面与成熟的篮球市场要求相差甚远。这些不利因素影响中职篮篮球市场的健康发展，也导致行政主导与市场行为之间的博弈与冲突。另外，联赛内部也存在产权不明、管理不顺、法规不全、俱乐部经营状况不良的现象。

竞赛体系虽然经历了二十多年的发展，形成了一定规模和效应，但也存竞赛规模小、赛季时间短、竞赛缺乏长远规划和竞赛方式不稳定等带来的俱乐部经济负担。当前，联赛的竞赛方法不稳定、赛训矛盾和相关法律制度建设滞后等，也导致了国内优秀球员的紧缺、教练员综合能力不足、俱乐部发展建设缓慢和地区市场开发受限等。

学者们也针对当前中职篮的发展困境，提出了具体的改革途径：借鉴 NBA 发展的成功经验并将其与中国国情相结合，充分发挥后发优势，逐步进行中职篮的组织管理体制改革；根据我国经济体制改革发展需要，研究联赛产权各要素的合理归属，建立系统的、完备的产权制度；拓宽职业篮球高水平后备人才培养渠道，提升中职篮人力资源的素质。创造良好政策环境氛围，不断扩大市场规模，树立良好的中职篮品牌，不断创新管理模式，做大和做强职业篮球产业，完善职业篮球人才链；制定与完善相关法律、法规、制度。

---

❶ 周进强.我国职业体育俱乐部的法律资格、特征及其设立问题研究[J].天津体育学院学报,2000,15 (4):11-14.

二、从系统不同主体视角进行的研究

孙民治等在《篮球运动高级教程》中认为，健全法规，依法治球，形成新的管理网络，理顺纵横管理职能关系；全面规划，采取非常措施，培养造就一批结构合理、综合素质高的教练员、运动员、裁判员队伍，这是振兴中国篮球事业的希望所在；应切实掌握优秀篮球运动人才培养和成长的规律，落实从学校抓起和从青少年着眼的方针，多途径地培养与储存篮球后备人才；积极倡导篮球运动的科学研究，建立起我国新颖的篮球理论体系和训练实践科学程式，促进科学化训练、竞赛、管理和教育水平的提高。❶

朱磊在其硕士论文《中职篮运营方式的SWOT分析》中认为，中职篮运营的优势主要是联赛具有垄断性、联赛形象好；吸引NBA球员加盟，球员进入NBA联盟；为赞助商带来无形资产。劣势主要是联赛欣赏程度较低，管理人员缺乏经验，媒体利用不充分，衍生产品开发差，教练及球员文化素质不高，选秀及转会制度不健全。机会主要是篮球人口众多，篮管中心保障，体育发展环境好，群众对高水平比赛有需求，很多城市有举办比赛的能力。威胁主要是国外大体育公司冲击，NBA抢占市场，其他竞技表演活动分割市场，国家队训练比赛影响联赛，赞助商更替频繁，俱乐部和篮协利益有时存在冲突。❷

叶红明在硕士论文《中职篮产权的结构研究》中认为，中职篮产权的产生是自上而下的，是通过国家行政权力而产生的，直接对产权结构产生影响，进而影响产权的效率；中职篮产权主体结构的不合理性导致了各主体之间的利益不一致，使他们产生了许多利益上的矛盾；而权力束结构不够完整，缺少电视转播权、球员转会权等，使联赛产权利益非最大化；中职篮产权与

❶ 孙民治.篮球运动高级教程[M].北京:人民体育出版社,2004:8.
❷ 朱磊.CBA联赛运营方式的SWOT分析[D].北京:北京体育大学,2009.

NBA 联赛产权的主要区别源于两个国家的历史文化与经济体制上的差别。中职篮还年轻，其发展具有后发优势，可以借助于 NBA 的优点来弥补其发展中的不足。❶

孟涛在其硕士论文《中职篮产业发展现状与模式研究》中对我国 CBA 职业篮球联赛的产业发展现状进行了分析。他通过对 CBA 的品牌定位、CBA 的整体化运作模式、CBA 的多元化经营模式、CBA 人才引进与赛事开发模式、CBA 产业的公关模式、CBA 球星管理、CBA 门票营销价格等各个方面的研究，总结出 CBA 产业发展中的问题；并结合我国篮球产业发展的实际，以美国 NBA 职业联赛的产业发展模式为借鉴，提出了 CBA 体育产业发展的创新模式。❷

李剑在论文《对 CBA 职业联赛赛场文化系统结构剖析》中认为，CBA 职业联赛赛场文化的构建是提高联赛比赛水平、有效遏制球场暴力的发生和吸引更多的消费者到现场观看比赛的重要手段。我国 CBA 赛场文化系统结构应包括竞技文化、观众文化、产业文化、娱乐文化和建筑文化五个子系统。竞技文化、观众文化、产业文化、娱乐文化和建筑文化在发展度（数量维度）、协调度（质量维度）和持续度（时间维度）三个维度上的互相联系、互相作用，构成了我国 CBA 职业联赛赛场文化发展的系统。❸

李晓蕊在其硕士论文《NBA 与 CBA 主场文化比较研究》中认为，NBA 主场文化与 CBA 场文化特征的相同点体现在二者都具有体质性、地域性、时代性、产业性、教育性与人文性的特点；不同点是，二者的全球性与本土性、娱乐性与功利性、商业运作性与政府企业赞助性差异。NBA 与 CBA 主场文化的价值相同点，体现在二者都为联赛文化的形成与发展奠定了基础；都将各自联赛所创造的物质财富和精神财富有机地结合在一起；都成功地打造了各

❶ 叶红明. CBA 联赛产权的结构研究[D].北京:北京体育大学,2007.
❷ 孟涛. CBA 联赛产业发展现状与模式研究[D].北京:北京交通大学,2008.
❸ 李剑.对 CBA 职业联赛赛场文化系统结构剖析[J].体育与科学,2010,31(4):82-86.

自联赛的品牌效应，并切实扩大了各自联赛的发展空间；都增强了主场城市群众的社会凝聚力；特殊价值具体体现在，主场文化对各自国家的社会文化和经济两方面的贡献有所不同。❶

陈鹏在其硕士论文《中职篮官方网站项目中的沟通及风险管理》中，对中篮盈方公司与 SOHU 公司合作开发建设中职篮官方网站，运用沟通管理和风险管理的理论应用展开了详细的论述。其中，沟通管理主要分析论述了项目启动和实施阶段的沟通方法、沟通问题、原因及解决办法。风险管理主要根据项目总体情况和在线视频版块内容进行了风险的规划、识别、分析、应对和监控的应用和分析。❷

李晓宇在其硕士论文《NBA 与 CBA 品牌形象传播策略的比较研究》中经过深入分析，找出了一些品牌传播应该使用的方法策略：①要注重品牌形象的亲和力，国外品牌发展海外市场要格外注意本土化，本土品牌更要善加利用特有的亲和力以贴近受众。②合理化运用媒体宣传，预防负面消息传播。③做好互动交流，调查受众动机，一切运作都围绕受众来设置。④传播要做到全方位细致传播，要整合各种传播手段全面渗透传播。⑤重视"去把关人"等新传播理念。❸

潘垌同在其硕士论文《影响 CBA 篮球联赛发展的大众传媒分析》中认为，应加强电视转播权的传播，提高转播技术、拓展传播范围；制定与完善联赛制度，保证大众传播的效果；打造篮球明星，塑造媒介形象，提升中职篮吸引力；强化多媒体合作，提升中职篮影响力；提高赛事质量，提升中职篮竞争力。❹

刘岗在其博士论文《中国男子篮球职业联赛品牌管理研究》中认为，中

❶　李晓蕊.NBA 与 CBA 主场文化比较研究[D].西安：西北师范大学,2010.
❷　陈鹏. CBA 联赛官方网站项目中的沟通及风险管理[D].北京：北京邮电大学,2009.
❸　李晓宇. NBA 与 CBA 品牌形象传播策略的比较研究[D].宁波：宁波大学,2010.
❹　潘垌同. 影响 CBA 篮球联赛发展的大众传媒分析[D].沈阳：沈阳体育学院,2013.

职篮的品牌核心价值，建议从"进取""进步""成长""提升"等词中确定。中职篮的品牌定位为"高性价比的现场体育赛事体验"，中职篮的品牌符号包括品牌名称、品牌标识、品牌口号和品牌音乐。中职篮的品牌识别、品牌定位和品牌符号，共同构成了中职篮品牌的静态内涵。中职篮是典型的即时体验类产品，每一场比赛对消费者而言均是感官体验为主、情感体验和成就体验为辅的综合体验过程。中职篮的品牌提升是从品牌强化、品牌商业开发和品牌国际化等方面展开的。❶

刘杰虎在其硕士论文《中职篮品牌的构建》中认为，当前的经济环境、人口环境、社会文化环境，为CBA联赛品牌的构建提供了一个舒适的发展环境。CBA联赛本身在社会上的品牌形象、知名度就很高，市场开发逐步向纵深发展。CBA联赛品牌现状包括联赛品牌名称、品牌标识、品牌知名度、美誉度和品牌质量五个方面，CBA联赛品牌构建中存在如下一些问题：俱乐部管理人员缺乏运营经验；教练员和球员的文化素质较低；NBA联赛进入中国市场形成对CBA联赛市场的强烈冲击；联赛赞助商的频繁更替。❷

董广强在其硕士论文《我国职业体育联赛形象塑造的研究——以中职篮为例》中认为：①中职篮由于发展时间比较短、管理机制尚不完善等原因，所以尚未建立起一套比较完备的理念识别、行为识别和视觉识别体系。②通过实施"北极星计划"，中职篮的品牌价值有所提高，联赛形象也有所改善，但与NBA联赛相比仍有较大差距。③中职篮在形象传播过程中要注意和把握信息的聚合性、媒介的多元性和受众的目标性等特点。④中职篮在形象塑造过程中，要避免陷入联赛形象无用论、联赛形象万能论、联赛形象趋同化和联赛形象盲目化这四种误区。❸

项飞在其硕士论文《中国男子篮球职业联赛球队冠名现状研究》中认

---

❶ 刘岗.中国男子篮球职业联赛品牌管理研究[D].北京:北京体育大学,2011.

❷ 刘杰虎.CBA联赛品牌的构建[D].上海:上海体育学院,2011.

❸ 董广强.我国职业体育联赛形象塑造的研究——以CBA联赛为例[D].北京:北京体育大学,2010.

为，中职篮球队冠名权权属类型有两种：俱乐部投资公司冠名和第三方企业冠名。目前，中职篮球队冠名收入是各俱乐部经营收入的主要部分，各俱乐部在球队冠名收益方面存在较大差距。CBA 俱乐部球队冠名变更频繁。冠名合同期限短，冠名企业不稳定且存在违约风险。中职篮的媒体参与逐年增加，电视转播次数也在增多。网络媒体的兴起，将大大增加对球队冠名企业的曝光度。中职篮赛程持续时间短，每支球队每赛季比赛场次明显偏低，不利于CBA 俱乐部在球队冠名权的开发方面获取更大的利益。❶

吴乐在其硕士论文《中职篮体育美学特征研究》中认为：①中职篮的核心主体运动员的身体形态与 NBA 球员相比普遍偏瘦，肌肉线条不明显。运动服饰色彩区别度不高，缺乏传统色彩的传承。本土球员缺乏能够调动观众热情的扣篮。队员的意志品质美与运动员的技战术相互联系是联赛核心美的重要特征，联赛各个球队的实力差距明显，缺乏一定的悬念美。②中职篮的各个体育场馆在功能上，全部基于实用主义功能设计风格，部分场馆建设具有美学象征意义。相比 NBA 联赛场馆，大部分场馆的建设规模不大，且缺少俱乐部篮球文化氛围。篮球宝贝在动作、造型、道具的选择上大多照搬 NBA 的模式，缺乏传统文化表演，且与现场的比赛氛围融合不佳。③中职篮的观众分为成熟型观众和非成熟型观众。联赛发展过程中所表现的体育美学特征，使观众从非成熟型向成熟型转变。❷

刘红建、孙庆祝、徐晨等在论文《NBA 软实力建设经验及对 CBA 的启示》认为，NBA 软实力是指存在于 NBA 主体发展过程中的，能够有助于NBA 主体参与竞争，或对竞争结果产生直接影响的精神性力量。NBA 软实力的构成因素主要有制度力、文化力、竞争力、吸引力和影响力等。NBA 在这五个方面有丰富的建设经验，从而使自身成为世界上最具影响的国际性职业

---

❶　项飞.中国男子篮球职业联赛球队冠名现状研究[D].北京:北京体育大学,2013.
❷　吴乐. CBA 联赛体育美学特征研究[D].北京:首都体育学院,2011.

运动组织结构之一。NBA 软实力的建设经验，对于我国 CBA 联赛软实力的建设有重要的启示。❶

张宁在论文《中职篮外籍球员引进机制的嬗变与反思》认为，中职篮发展之症结主要有以下几方面：①利益失衡，篮协政绩苛求与俱乐部资本诉求的矛盾。②环境失稳，外援对联赛主导权的霸占严重破坏竞赛环境。③决策失效，外援制度变迁多为亡羊补牢而非未雨绸缪。④传播失畅，外援先进技战术理念的本土化传播遇阻。❷

马春林在论文《CBA 联赛引援变迁与中国竞技篮球运动发展的瓶颈》认为，家长式管理与职业化管理需求的矛盾，先进运动理念本土化遭遇梗阻，高水平竞技人才培养环境的失衡等因素，成为阻碍中国竞技篮球运动发展的绊脚石。因此，只有完善竞技篮球运动管理制度，建立科学管理体系，正确认识与把握欧美先进运动理念，培育稳定、可持续发展的竞技环境，才能够突破中国竞技篮球运动发展的瓶颈。❸

黄廷芳在其硕士论文《CBA 引进外籍球员对本土球员影响的研究》中认为，外籍球员的到来带来了先进的欧美篮球文化理念，带来了先进的技术，带动了本土球员在比赛和训练中的积极性，增强了本土球员的自信心。但外籍球员的引进占据了本土球员大量的上场时间，影响本土球员，尤其是年轻球员的上场时间，不利于中国篮球的持续健康发展。同时，外籍球员语言交流上存在障碍，在球场上和训练中难以交流，形不成默契，从而影响比赛和训练的质量。大多数教练员青睐于使用外籍球员，为外籍球员设定战术，丧失了母队的原来形成的技战术风格，破坏了国内原有的战术体系，导致国家

---

❶ 刘红建,孙庆祝,徐晨. NBA 软实力建设经验及对 CBA 的启示[J].天津体育学院学报,2009,24(6)：476-479.

❷ 张宁.CBA 联赛外籍球员引进机制的嬗变与反思[J].成都体育学院学报,2014,40(8):59-62.

❸ 马春林. CBA 联赛引援变迁与中国竞技篮球运动发展的瓶颈[J].北京体育大学学报,2012,35(1):26-31.

队实力下降。❶

王菲在其硕士论文《对中国男子篮球职业联赛运动员转会现状的研究》中认为：①目前，造成 CBA 运动员流通困难，主要原因就是其转会方式单一。制定转会制度时，过多地考虑了地方和俱乐部的利益，从而忽视运动员的自主转会的权力。②国内临时转会制度（倒摘牌制）如同虚设，没有任何大牌运动员是通过这种方式转会的。俱乐部为保存本队实力，只把球队的边缘人物挂出来，由于对其他球队的年轻运动员不熟悉，宁愿"摘回"自己球队的年轻运动员。③由于俱乐部高管更注重比赛成绩，因而过分依赖外援，使年轻运动员上场时间短暂，缺少比赛经验和实战锻炼的机会，忽略了锻炼年轻运动员和训练后备人才这一重要问题，严重阻碍了我国篮球后备人才的培养。④我国篮球后备人才培养思想陈旧，一直是"青少年业余体校——地方青少年体校——地方俱乐部二队——俱乐部一队"的传统培养模式。这样就导致参与篮球运动的青少年人数有限，培养的方式单一。❷

赵志强在其硕士论文《构建 CBA 仲裁机构的研究》中认为，CBA 内部纠纷解决机制不完善，仲裁途径欠缺，致使仲裁解决纠纷的优点无法在 CBA 中发挥，而且还常常造成中职篮内部的纠纷协商或调解不成当事人就直接提起诉讼的现象，而诉讼并不是解决 CBA 内部纠纷的最好方式。CBA 目前还存在法律、法规不完善、官员权力不愿外放等问题。❸

陈新键在《NBA 与 CBA 职业联赛裁判制度对比研究》中认为，CBA 职业联赛实施职业裁判制度是联赛发展的需要和改革的必然；CBA 职业联赛进行裁判职业化改革应该采用"诱导性的制度变迁"；建议 CBA 采用"三位一体，分步到位"的裁判制度改革方法。这种方法是先诱导小部分具备职业裁

❶ 黄廷芳. CBA 引进外籍球员对本土球员影响的研究［D］.成都:成都体育学院,2013.
❷ 王菲. 对中国男子篮球职业联赛运动员转会现状的研究［D］.呼和浩特:内蒙古师范大学,2013.
❸ 赵志强.构建 CBA 仲裁机构的研究［D］.北京:北京体育大学,2009.

判能力水平又有入职意向的作为职业裁判；其次，挑选一部分具备职业裁判能力水平但没有入职意向的作为兼职裁判；再挑选一部分基本具备职业裁判能力，执裁时间和精力对联赛有保证的中青年裁判员作为专业裁判，共同构成 CBA 职业联赛裁判员，专门完成联赛执裁任务；最后，提高裁判员待遇，诱导兼职和专业裁判员转为职业裁判员，扩大联赛职业裁判员比例，逐步过渡到全部为职业裁判员，独立成立 CBA 职业裁判联合会。❶

张培峰、汪洋、张睿玺、张宁在《中国篮球裁判员体制问题分析与对策研究》中认为，业余制的篮球裁判员成为制约我国篮球事业发展的体制性障碍。同时，业余制裁判在管理监督体制上存在弊端。相关法律、法规不健全、监督部门权力过于集中、裁判员培训和管理机制不健全、裁判员执法报酬较低等弊端，制约着我国篮球裁判员的发展。此外，我国的业余制裁判与 NBA 职业制篮球裁判员相比，差距显著主要表现在业务水平、职业道德、心理素质，以及应对突发事件的能力上。❷

柳建庆在其博士论文《中国篮球教练员职业地位获得研究》中认为，教练员的学历水平大幅度提高，而教练员非体育专业学历状况没有得到改善，CBA 的教练员正处在不稳定、创造提高期，教练员身体健康状况较差。其中，60.8%的教练员有急性、慢性伤病。教练员的职业声望高于运动员职业，大学教师的职业声望高于教练员职业。教练员的学历、教练员的运动经历、执教成绩、执教经历和教练员推荐与教练员职业地位获得了存在显著的线性相关。中国篮球教练员之间的强信任关系，导致了业缘关系、地缘关系形成。❸

舒刚民在其博士论文《中国竞技篮球教练员人才资源开发与管理研究》

---

❶ 陈新键. NBA 与 CBA 职业联赛裁判制度对比研究[J].北京体育大学学报,2013,36(10):123-135.

❷ 张培峰,汪洋,张睿玺,张宁.中国篮球裁判员体制问题分析与对策研究[J].成都体育学院学报, 2010,36(11):54-57.

❸ 柳建庆.中国篮球教练员职业地位获得研究[D].北京:北京体育大学,2008.

中认为，中国竞技篮球教练员人才资源现状基础薄弱，资源开发认识不足，管理体制僵化，机制运行不畅，进行人才资源开发与管理势在必行；开发与管理的核心在于教练员人才的培养和岗位培训，需要厘清"素质—知识—能力"的发展关系，坚持素质、知识、能力并重的价值取向；坚持"体教结合""通专结合"全面发展，突出能力的培养理念；制度创新要求管办分离，政府机构发挥宏观调控作用，吸引社会力量和民间资本参与。明确权责后，篮球运动中心逐渐向单项协会过渡，最终形成协会管理体制。❶

窦海波在其硕士论文《CBA 职业俱乐部外籍教练执教效果及影响因素的研究》中认为，俱乐部引进外籍教练的渠道比较混乱和多样化。一些俱乐部独立操作，擅自和盲目聘请外籍教练，给俱乐部造成利益损失。外籍教练的执教普遍存在短期行为。篮球理念、中西方文化和执教背景的差异，给外籍教练在中国职业篮球俱乐部中的执教行为产生了一定的影响。外籍教练与球员之间矛盾影响外籍教练的执教行为。总体来说，外籍教练敬业的职业精神、良好的职业素养、先进的训练方法和高超的临场指挥艺术，使本土球员和教练受益匪浅。❷

李成梁、崔鲁祥在《中职篮 11 年发展历程中我国国内球员的变化分析》中认为，中职篮 11 年的发展历程中，规则的变化使比赛节奏加快，比赛场次增多，整个比赛得分有所增加。2 分投篮命中率下降，外线投篮命中率由所提升，犯规次数和篮板球增多。❸

唐建倦在其博士论文《中国竞技篮球后备人才培养运行机制研究》中认为，以"运行机制"作为审视竞技篮球后备人才培养历史、现实与未来的出发点，并以此建构竞技篮球后备人才培养理想模式，可能是深化研究如何培

---

❶ 舒刚民.中国竞技篮球教练员人才资源开发与管理研究[D].北京:北京体育大学,2012.

❷ 窦海波. CBA 职业俱乐部外籍教练执教效果及影响因素的研究[D].北京:北京体育大学,2007.

❸ 李成梁,崔鲁祥,等.CBA 联赛 11 年发展历程中我国国内球员的变化分析[J].沈阳体育学院学报, 2008,27(1):98-100.

养竞技篮球后备人才的一个重要路径；并对中国竞技篮球后备人才培养体制的建立及现状、后备人才培养运行机制的特质、后备人才培养运行机制目标模式的重构，以及后备人才培养运行机制的改革与完善进行了研究。❶

都娟在其博士论文《后发优势与我国优秀篮球后备人才的培养》中提出，我国在训青少年篮球运动员人数远远低于美国的同期水平。中国篮球后备人才的质量与国外先进水平的差距，主要体现在体能差及对抗能力差，基本技术不扎实，战术运用的灵活性差，对篮球缺乏热爱等几个方面。目前，造成我国后备人才培养落后局面的原因主要包括无材参选（有人才，但不愿从事篮球专业训练）、训练体制僵化、教练员训练观念落后、教练员理论知识缺乏、教练员执教技能差、篮球技战术落伍，缺乏借鉴和创新、虚报年龄参赛、摘要后发优势与我国优秀篮球后备人才的培养退役运动员安置困难、"学训矛盾"突出、社会赞助少、科研设备缺乏等。❷

杨再淮、项贤林、倪伟、金赟、周战伟在《我国竞技体育后备人才目标市场的研究》中认为，我国竞技体育后备人才市场还远远没有满足青少年运动员及家庭的需求。这篇文章通过理论分析和调查研究认为，我国竞技体育后备人才的市场定位，一是满足人们的健康需求；二是满足家庭（个人）的升学需求；三是满足择业需求。对市场认同率较高的项目，后备人才的培养可以率先进入市场运作，其他项目短期内可不急于进入市场运作。❸

陈兰波在其博士论文《我国优秀篮球运动员的成长与培养》中认为，我国开明的社会主义民主制度、不断增强的综合国力、安定的社会秩序、人民群众对体育的喜爱，以及政府对体育事业的大力支持和投入，为优秀篮球运动员的成长提供了良好的大环境和历史机遇。家庭环境对优秀篮球运动员的

❶ 唐建倬.中国竞技篮球后备人才培养运行机制研究[D].北京:北京体育大学,2007.
❷ 都娟.后发优势与我国优秀篮球后备人才的培养[D].苏州:苏州大学,2007.
❸ 杨再淮,项贤林,倪伟,金赟,周战伟.我国竞技体育后备人才目标市场的研究[J].体育科学,2006,26(4):14-20.

成长具有非常重要的作用。优秀篮球运动员的成长、成才的发展过程是受外部和内部因素影响和制约的，从影响的权重来看，依次是训练学因素，遗传学因素，社会学因素和心理学因素。我国篮球科学选材研究工作在理论与实践结合上还存在一些问题。对优秀篮球运动员成才规律的研究较少，对科学选材的基础理论研究较少，选育结合的理论研究不足。❶

蔡美燕等在论文《我国职业篮球俱乐部后备人才培养影响因素研究》中认为，职业篮球俱乐部后备人才培养是我国竞技篮球后备人才培养和输送的新途径和主渠道。影响我国职业篮球俱乐部后备人才培养的主要因素有政策与制度因子、社会经济因子、教练员因子、科技因子、观念因子。我国职业篮球俱乐部后备人才培养没有比较完善的培养体制，没有较充足的资金保障，运动员的待遇不好，专业化训练程度不高，不能达到"举国体制"与"职业化"结合双赢的效果，但对后备人才的文化学习不够重视，教练员大多还是以经验进行选材和训练，掌握和运用先进的电子设备进行训练的监测控制方面的能力不够。❷

综上所述，当前运动员培养的"家长式"管理方式与职业化管理需求的矛盾，使先进的运动训练和培养理念本土化受阻，造成我国高水平竞技篮球人才培养环境失衡。引进联赛外籍球员虽然带来了先进的篮球技术理念，提高了联赛的观赏性，但由于外援对联赛主导权的霸占严重破坏竞赛环境，影响本土球员的上场时间，进而影响了中国优秀球员的培养。另外，由于语言交流不畅因素导致优秀外援先进的战术等理念本土化传播遇阻。教练员过多使用外援不但使球队原有技战术风格丧失殆尽，也破坏了国内所特有的战术体系。球员转会方式单一，转会制度（倒摘牌制）形同虚设，大牌球员很难通过该途径实现流动。一些学者认为，我国开明的社会民主制度与快速发展

❶　陈兰波.我国优秀篮球运动员的成长与培养[D].苏州：苏州大学,2006.
❷　蔡美燕.我国职业篮球俱乐部后备人才培养影响因素研究[J].山东体育学院学报,2011,(4):70.

的综合国力，加上人民群众的喜爱和政府对体育事业重视与投入，为优秀球员的培养提供了良好的环境和机遇。但我国在训青少年篮球运动员人数远远低于美国的同期水平，后备人才培养质量与国外相比，显示出体能差、对抗能力差，基本技术不扎实，战术运用的灵活性差，对篮球缺乏热爱等几个方面。后备人才培养体系呈现出训练体制僵化、理念落后、学训练矛盾突出、科研设备不足等现象。教练员还是以经验为主要手段进行球员选材和训练，普遍欠缺利用先进设备进行科学训练和监控的能力。国内训练界对科学选材的相关基础理论研究也比较少。因此，学者们认为，我国竞技篮球人才培养应该满足青少年的健康需求、升学需求和择业需求。

当前，中职篮存在教练员管理体制僵化、培养基础薄弱等问题。教练员普遍学历低、健康状况差，且教练员之间存在的强信任关系，导致了联赛教练员系统普遍存在业缘关系和地缘关系。外籍教练引进不规范，呈现出渠道多样化特征，很多外籍教练拥有较好的职业素养和先进的训练、竞赛理念，使国内球员和教练受益匪浅，但外籍教练普遍存在短期执教的行为特征。学者们建议应厘清素质、知识和能力之间的相互关系，坚持三者并重的原则，开展教练员人才培训、培养工作。相关法律、法规不健全、监督部门权力集中、业余制裁判管理机制和裁判员执法报酬较低等，是当前联赛裁判员管理监督体制存在的主要问题。中职篮实施职业裁判制度是联赛发展的需要和改革的必然。CBA 职业联赛进行裁判职业化改革应该采用"诱导性的制度变迁"。应 CBA 采用"三位一体，分步到位"的裁判制度改革方法。通过提高裁判员收入，诱导当前的裁判员群体转为职业裁判员，最终成立 CBA 职业裁判委员会。

另外，一些学者认为，我国当前的经济环境、人口环境、社会文化环境为 CBA 联赛品牌的构建提供了一个舒适的发展环境。虽然联赛经过多年发展，在社会上也创造了一定的品牌形象和知名度，但当前管理人员的运营经验缺乏、教练和球员较低的文化素质、NBA 对中职篮市场的冲击，以及赞助商的更替频繁等因素对其发展造成了很大的影响。赛程较短、比赛场次偏低是影响 CBA 俱乐部球队冠名权开发不佳的最主要因素，也导致由于冠名企业不稳定而造成的球队冠名变更频繁，目前尚未建立起一套比较完备的理念识别、行为识别和视觉识别体系。中职篮的形象传播应该把握"受众的目标性、信息的聚合性和媒介的多元性"等多元特性，防止联赛形象走进无用论、万能论或趋同化、盲目化等误区。应该将联赛品牌定位为"高性价比的现场体育赛事体验"，以服务受众为中心展开工作，发挥本土品牌的亲和力功能重视媒体宣传的重要性和合理性，预防负面消息传播，并从强化品牌商业开发国际化等方面进一步提升中职篮品牌的影响力。

另外，一些学者对中职篮的运营方式、产权结构、仲裁机构、赛场文化、大众传媒和体育美学等方面进行了研究。

（1）对联赛利用 SWOT 进行的分析。中职篮运营优势是当前联赛的社会形象好，运营市场具有垄断性，可以为赞助商带来无形资产价值。其劣势是比赛欣赏的质量不高，管理人员专业化不够，媒体利用不充分，产品开发差等。我国喜爱篮球的人口众多，篮球管理中心有保障，体育发展环境好，群众对高水平比赛有需求等是开展联赛的机会。中职篮面临的威胁是 NBA 和其他竞技体育和文化表演活动分割市场等。

（2）对 CBA 产权的研究。中职篮产权的产生是自上而下的，其主体结构的不合理性导致了各主体之间的利益不一致，使它们产生许多利益上的矛盾。同时，由于电视转播权的缺失，球员转会权的不足，使联赛产权收益不能实现最大化。

（3）构建 CBA 仲裁机构的研究。联赛法律法规不健全和管理者权力不下放等原因，使 CBA 纠纷解决机制长期得不到完善，也制约了仲裁解决纠纷的功能无以发挥。

（4）对中职篮赛场文化的研究。构建联赛赛场文化可以有效遏制球场暴力的发生和吸引更多球迷观众现场看球，进而提高联赛比赛水平。竞技文化系统、观众文化系统、产业文化系统、娱乐文化系统和建筑文化系统五个方面共同组成了 CBA 赛场文化大系统。这些子系统在数量与时空维度上均存在相互作用与联系。

（5）中职篮发展的大众传媒分析。学习 NBA 传媒策略发展经验，提高转播技术质量，扩大传播范围，强化多媒体共赢合作，提升中职篮品牌影响力。

（6）中职篮体育美学特征研究。CBA 球员体型普遍偏瘦，肌肉线条美感不足；运动服饰色彩区别度不高，缺乏传统色彩的传承；球队比赛场馆规模普遍偏小，赛场各俱乐部特有篮球文化体现不足等。

综上所述，前期学者们对中职篮的研究主要集中在产权结构、市场运作、利益分配、品牌构建、赛制变化、文化环境、后备人才培养、裁判员、教练员、外援及教练引进等方面。同时，上述的相关研究均是从中职篮的各个组成部分的角度运用线性的分析思维模式进行分析而得出的成果，缺少对中职篮复杂系统组成部分的交互关系，以及产生的整体现象和行为原因的综合性研究。

第二节　国外研究进展评述

对国外职业篮球的研究主要集中在 NBA、欧洲职业篮球联赛方面。

杨铁黎在其著作《职业篮球市场论》中认为，美国职业篮球（NBA）成功的经验是：拥有市场经济条件下的特殊运营机构，保证 NBA 迅速发展的特殊政策，具有严格的法规制度，与媒体建立密切的合作关系，拥有全面灵活的公关手段和优秀的经营管理人才，媒体上升到一个很重要的位置。作为一

个商业实体，NBA 需要推广和营销，而媒体是 NBA 推广和营销的重要手段等。❶

王建国在其论文《NBA 制衡机制的研究》中认为，竞争平衡机制极大地促进与调动了各球队在市场开发过程中的积极性。选秀制度、转会制度、卡特尔制度及区域保护等，是职业篮球整体发展和可持续发展的基本制度基础。这为职业篮球联盟存在的积极作用做出了强有力的注解。❷《NBA 联盟的利益主体及利益博弈分析》一文认为，把 NBA 联盟划分为联盟公司与球队企业，联盟层面的利益博弈存在于劳资双方、球队老板间及球员三个方面；而球队层面的利益博弈则存在于不同球队的球队老板与球员。❸

杨刚在其论文《前瞻与启示：NBA 联盟经营模式与 CBA 发展战略 一个基于新制度经济学的视角》中认为，NBA 是当今世界职业体育联盟中的一个成功典范，其独特的经营模式和科学合理的管理制度体现了新制度经济学的相关理论。衡量一个职业体育联盟成功与否的标准主要有整体规模、竞技水平、赢利能力和融资能力四个方面，作者运用新制度经济学的交易成本理论、产权理论、契约理论和制度变迁理论分别分析了 NBA 在组织结构、产权制度安排、经营方式和创新意识四个方面的成功经验。❹

郭永东在其论文《欧洲篮球与世界竞技篮球主流板块迁移》中认为，欧洲篮球得益于欧洲联赛，联赛的发展使欧洲篮球跨越国界，不但推动了欧洲篮球的区域化发展，而且有力地推动了篮球运动全球化发展的进程，引进和输出人才加强了世界篮球运动区域间的互动和交流。❺

---

❶ 杨铁黎.职业篮球市场论：兼谈我国职业篮球市场的现状与改革思路[M].北京：北京体育大学出版社，2003：37.
❷ 王建国.NBA 制衡机制的研究[D].北京：北京体育大学，2005：77.
❸ 王建国. NBA 联盟的利益主体及利益博弈分析[J].体育学刊，2007，14(7)：39-42.
❹ 杨刚.前瞻与启示：NBA 联盟经营模式与 CBA 发展战略一个基于新制度经济学的视角[J].西安体育学院学报，2010(5)：513.
❺ 郭永东.欧洲篮球与世界竞技篮球主流板块迁移[J].成都体育学院学报，2008(6)：34 -39.

魏磊在其论文《美国职业篮球联赛（NBA）发展的启示》中认为，美国职业篮球的发展与完善过程受职业篮球联盟的影响最大，历任 NBA 总裁都对职业篮球的发展做出了时代性的贡献。普多洛夫（1946—1963）建立了职业篮球运作的基本体系，坚定了职业篮球的市场化和娱乐化方向；J. 威乐特肯尼迪（1963—1975）维持了联盟的艰难运营，推出了职业篮球全球化的理念；奥布莱恩（1975—1984），统一联盟、培养球星、开发了市场；大卫·斯特恩（1984—）将 NBA 推向全球化理念并付诸实践，建立了独特的职业体育商业运行体系，完成了 NBA 全球化的发展布局。❶

周清泉在其硕士论文《NBA 球员格式合同法律问题研究》中认为，NBA 球员格式合同是代表球员利益的 NBA 球员工会和代表球队利益的 NBA 联盟所签订的集体议价协议的一部分，是 NBA 职业联盟几十年发展中球员和球队双方利益博弈的结晶。NBA 球员格式合同所规定的内容是十分全面的，是 NBA 球员工会和 NBA 联盟协商拟定的。球员和球队只能在事先拟定的合同内容下进行签约，合同的内容具有事先拟定性。因此，NBA 球员格式合同是格式合同。NBA 球员格式合同签订后，球员应该代表球队比赛，发挥高质量的竞技水平，其实质就是向雇主提供自己的劳动力。球队应该按时向球员支付薪金，其实质就是向劳动者提供劳动报酬。NBA 球员格式合同具有劳动合同的特点，是劳动合同。❷

王庆伟等在其论文《澳大利亚高水平运动员培养体制调查研究》中介绍了澳大利亚的体育后备人才培养体制，指出澳大利亚体育后备人才基层培养组织是社区俱乐部，培养高水平运动员的中层体育组织是州立单项运动协会和州立体校，联邦政府主要负责高水平运动员的培养。澳大利亚运动员成长路径多样化，如可以从小社区体育俱乐部直接进入国家体育学院或职业体育

❶ 魏磊.美国职业篮球联赛(NBA)发展的启示[J].体育科研,2010,(3):45-50.
❷ 周清泉. NBA 球员格式合同法律问题研究[D].湘潭:湘潭大学,2011.

俱乐部进行训练，并不一定需要逐层向上流动，关键取决于个人自身的运动素质。同时，澳大利亚各种级别的体育俱乐部里有众多的体育经纪人，为具有运动天赋的体育人才提供了更多的机会，也便于在更广泛的范围内发现体育特殊人才。❶

鲍明晓在其著作《中国职业体育评述》中认为，美国的联盟制实际上是指职业队的业主们为了追求自身利益最大化，把经营权委托给联盟组织，让联盟代表俱乐部的共同利益来进行经营和管理的一种制度，也是按照现代企业制度规范建立的一种经济上的合资企业，法律上的合作实体。❷

从宏观角度来看，一些学者借助新制度经济学的相关理论（如产权理论、契约理论、交易成本理论等），从联赛的融资、盈利和竞技能力和整体系统规模等方面分析了 NBA 在产权制度归属、组织管理结构、经营运行方式和创新意识培养等方面的成功经验。在市场经济体制条件下，NBA 联盟享有国家反垄断豁免政策，拥有专业的联盟运营管理机构和严格完善的系列法规制度，重视与媒体保持良好的、密切的合作关系，加上拥有优秀的经营管理人才和全面灵活的公关手段，保证了 NBA 职业联赛发展走向成功。NBA 联盟的利益博弈主要存在劳资双方、球队老板间和球员等方面，而球队层面的利益博弈主要是不同球队之间以及球队老板与球员之间。NBA 联赛选秀、转会、卡特尔和区域保护等制度极大地激发了各俱乐部对市场开发的热情。在 NBA 的软实力方面，制度力、影响力、竞争力、文化力和吸引力等方面的丰富建设经验，使 NBA 成为世界上最具影响的国际性职业运动组织之一。❸ 与 CBA 赛场文化特征相比，NBA 赛场文化更呈现出娱乐性与功利性、商业运作

---

❶　王庆伟,许广树,李贵成等.澳大利亚高水平运动员培养体制调查研究[J].体育科学,2004,25(1):
　　36-39.
❷　鲍明晓.中国职业体育评述[M].北京:人民体育出版社,2010:112.
❸　刘红建,孙庆祝,徐晨.NBA 软实力建设经验及对 CBA 的启示[J].天津体育学院学报,2009,24(6):
　　476-479.

性和企业赞助性于一体的特征。❶ NBA 球员格式合同是球队与球员双方几十年利益博弈的结晶，其内容规定十分全面、详细，合同也体现出了对球员、球队利益的保护。也有学者认为，美国的体育职业联盟制实际上是俱乐部的投资人（老板们）共同把经营权委托给联盟组织进行具体经营和管理操作，进而通过专业的经营机构实现收益最大化，这一形式也符合现代企业制度规范特征。

另外，一些学者对欧洲篮球和澳大利亚高水平运动员培养体制等方面进行了调查研究。欧洲篮球职业联赛是由欧洲众国共同组建的跨越国界赛事，推动了欧洲众国职业篮球发展的一体化和全球化。同时，它也通过人才交流，加强了与其他大洲竞技篮球运动的互动和交流。社区俱乐部是澳大利亚体育后备人才基层培养的主要组织，州立单项运动协会和州立体校是培养高水平运动员的中层体育组织，联邦政府主要负责高水平运动员的培养。各级体育俱乐部拥有大量的体育经纪人，该人群充分发挥他们的职业特长，为众多具有运动天赋的青少年和俱乐部之间建立了完善的输送通道。

综上所述，发达国家的相关联赛及其后备人才培养机制都有很成功的经验。起步较晚的中职篮，具有可以参考和借鉴发达国家联赛发展经验的后发优势。但是由于各国的体制不同，社会文化背景不同，人的意识形态不同，也决定了中职篮必须结合我国政治、经济、文化环境的具体特点来学习发达国家的先进经验，绝不能全盘照搬。

第三节 职业联赛运行机制研究评述

在对 2000 年至今关于职业体育运行机制的文献查询中发现，国内硕博士

---

❶ 李晓蕊.NBA 与 CBA 主场文化比较研究[D].兰州:西北师范大学,2010.

论文和核心期刊中的相关研究共计十余篇，相关书籍也不多。其中，具有代表性的学者有张林、王庆伟等。这些学者初步对职业体育运行机制进行了概念界定和分类，并对当前国内外相关职业体育的运行机制进行了比较和评价。

其中，学者张林以职业体育俱乐部运行机制作为重点内容，剖析国外职业体育俱乐部运行机制的特点，在分析我国竞技体育改革与职业体育俱乐部发展历程的基础上，阐述了我国职业体育俱乐部运行机制所发生的变化和背景；并联系现代职业体育俱乐部的本质特征与我国国情，探讨我国职业体育俱乐部运行机制的目标模式与组织管理措施。张林将国外职业体育俱乐部运行机制分为组织机制、市场机制、投资机制、发展机制、竞争机制、压力机制、自律机制和政府的管理机制八方面对其现状进行了论述，认为以欧美国家为代表的职业体育俱乐部制度经历了百余年的发展和完善，逐步形成了独特的运行机制。这些运行机制的形成与其处于相对完善的市场经济体制中有密切的关系，也在一定程度上反映了市场经济条件下职业体育俱乐部运行的规律性。我们从中得到的启示是：职业体育俱乐部的运行和发展依赖于完善的管理体系，并由此形成俱乐部、协会和俱乐部联赛之间的协调关系；职业体育俱乐部的各种活动和计划制订必须以市场需求为向导，不断地提高经营管理与服务水平，努力拓宽资金来源渠道，并按照市场收益合理使用资金，使之在经济上保持良性循环。投资俱乐部的利益回报是多方面的，其中最主要的是，俱乐部的市场价值在不断提高的基础上获得长期利益回报。俱乐部的生存发展潜力与其社会基础有密切关系。俱乐部的成功运作必须致力于打造深厚的社会基础，并紧紧依托于社会。公平与合理竞争是俱乐部发展的必要条件，竞争所产生的优胜劣汰有助于提高俱乐部的经营管理水平，提高经济效益，使俱乐部有限资源实现合理配置。劳资协商制度有助于维护运动员的切身利益，协调和缓和利益冲突，提高俱乐部依法办事能力和管理水平。俱乐部行业的自律机制是俱乐部运行的重要部分，它有助于规范和约束俱乐部行为，使俱乐部保持经济上、运动水平上的相对平衡，维护俱乐部的整体利益。为了弥补市场缺陷和维护社会公众利益，政府要对职业体育俱乐部实行一定限度的管理和约束。以上机制的实施能够反映出市场经济体制中职业体育俱乐部的运行发展规律。学者张清林还将我国职业体育俱乐部运行机制分为目标机制、组织机制、动力机制、约束机制四方面对其现状进行了论述。他认为，我国职业体育俱乐部处于公有制为主体的社会主义市场经济体制条件下，有我国国情的特殊性，不可能也没有必要完全照搬国外职业体育俱乐部的运行模式，但对于能够反映当今职业体育俱乐部发展规律的人类社会的共同精神财富则应该积极地学习和借鉴。❶

　　当前，我国体育俱乐部还处于职业化的初级阶段，无论联赛的产权关系还是市场主体地位均未确定，俱乐部仍然在一定程度上处于经济软约束的状态。许多俱乐部一味追求比赛成绩，追求经济上的强刺激，并不在经营管理和开发上下功夫，而是一味加大投入，甚至相互攀比滥发工资奖金，买外援和球星等。这种高投入、低产出使俱乐部在经济上陷入了恶性循环。这些虽然是工资、奖金和经济约束的问题，但却深刻反映了我国职业体育俱乐部激励机制和约束机制发展的不平衡，反映了计划经济体制下专业运动队的运行机制在当今俱乐部制度中的回归。职业体育俱乐部在我国尚属刚刚出现的新生事物，我国对职业体育俱乐部的认识尚肤浅，对其性质、地位、管理体系、组织形式、经营管理、投资体系等问题的研究均落后于实际需求，时常用计划经济下的竞技体育的观念、思维方式来看待当今的职业体育俱乐部。当前正处于社会转型期的我国职业体育俱乐部的运行机制的转换，符合体育社会化、产业化、市场化的发展方向，也取得了一些可喜的变化。但由于受到体制、观念、认识水平等因素的影响，我国职业体育俱乐部的运行机制转化应该从局部、渐进的层面上进行。当前，不同程度带有计划经济体制下的专业

---

❶　张林.职业体育俱乐部运行机制[M].北京:人民体育出版社,2001:18-61,100-144.

运动队运行的固有痕迹，都存在一定的缺陷。这也说明，我国职业体育俱乐部运行机制的转换和完善将是一个长期复杂的过程。

王庆伟主要以美国篮球职业联盟（NBA）为研究对象，探讨和总结了美国篮球职业体育联盟（NBA）的发展历程、社会贡献性、组织结构和运行机制等方面，并对美国职业体育联盟的运行机制做了详细的论述，总结出美国职业体育联盟机制。它包括目标机制、投资机制、市场机制、营销机制、竞争机制、激励与约束机制、监督机制等。其中，在目标机制方面，存在职业体育俱乐部和联盟利益一体化的目标一致取向；在投资机制方面，俱乐部完全属于俱乐部业主个人投资；在市场机制方面，市场是联盟和俱乐部生存发展的主要依托；在营销机制方面，利益共享性是联盟整体营销和俱乐部个体营销共同的特征；在竞争机制方面，联盟收益再分配和优秀运动人才的均衡分配是实现竞争均衡的主要途径；在激励机制方面，联盟整体利益最大化与各俱乐部追求自身利益最大化相一致；在约束机制方面，规章制度的硬约束和密切相关的自律性软约束相结合实现约束目标；在监督机制方面，主要以平等双向监督和公司治理结构监督相结合进行监督。综上所述，美国职业体育联盟的运行机制经过长期的摸索与不断地完善已比较成功，俱乐部与联盟之间利益统一体的形成是其成功的根本原因。同时，美国的法律所赋予职业体育联盟的"反垄断法"豁免权，使这种利益统一体逐渐发展成为垄断型组织。这种具有垄断性的职业体育联盟是美国职业体育发展的需要和必然趋势。我国行政垄断型职业体育联盟则表现出利益异体化，即体育组织联盟内部存在多个利益主体，协会（中心）、民办俱乐部等。在这种利益冲突表现突出的多主体参与特征下，其运行机制与美国职业体育联盟相比表现出了诸多缺陷。目标机制方面，依然充斥着浓厚的行政色彩；在投资机制方面，虽然多种复杂主体投资介入（包括国企、事业单位、地方政府等），但还是表现出公共财政投资倾向为主；在市场机制方面，表现出半行政、半市场的机制特点，主要以市场机制与行政机制共同产生作用；在营销机制方面，表现为以联盟整体营销为主和俱乐部个体营销为辅的相斥性机制；在竞争机制方面，俱乐部之间实力差距很大，还没有形成成熟的均衡竞争的机制；在约束机制方面，主要以自上而下的行政机制硬约束为主；在主要激励机制方面，以俱乐部个体利益激励为主；在监督机制方面，主要以联盟整体的自上而下的单向监督为主。另外，我国当前的垄断型职业体育组织还缺少相应的政策法规作为发展保障依据。例如，俱乐部产权不清，协会章程所含内容与当前国家法律法规相矛盾，缺乏专项职业体育立法等。通过将美国职业体育联盟和我国行政垄断型职业体育联盟的运行机制进行比较，可以看到北美与欧洲职业体育运动的运行机制有一定的差异，但相似之处远远多于不同之处。它们的市场日趋成熟和稳定，各项制度也比较规范和完善。与欧美成熟的市场垄断型职业体育联盟相比，我国职业体育行政垄断色彩浓厚，经营机制落后，法制建设滞后，激励与约束失衡等，但发展市场垄断型职业体育联盟是必然趋势。❶

姜韩把中职篮运行机制分为决策机制、动力机制、管理机制、约束机制、经营机制五个方面进行了阐述。其中，决策机制"是指政府决策参与主体之间相互联系和相互作用的模式"。决策机制分析所关注的问题，主要是如何确立各种参与决策主体之间相互联系、相互作用的方式和过程。当前，在中职篮系统中，作为决策主体的篮协不可能客观而均衡地顾及决策参与主体的利益诉求。目前，尽管联赛发展融入了多种所有制形式和多元利益主体的积极参与，但是篮协一家说了算的决策机制尚未得到根本改观。动力机制是指推动事物发展的动力要素，以及这些要素在事物发展过程中如何起作用。具体到中职篮职业化改革的动力机制，其实质是指满足联赛参与主体的利益，充分发挥其工作积极性，调动其潜在能动性，最终形成合力促进中职篮职业

---

❶ 王庆伟.我国职业体育联盟理论研究[M].北京:北京体育大学出版社,2007:50-63,77-115.

化改革稳步发展。由于国情和体制的原因，中职篮职业化改革的制度设计具有明显的"双轨制"特点。同时，作为联赛的两大主体，篮协和俱乐部由于不同的角色定位也造成了不同的发展动力。篮协作为政府的职能部门，职责和使命（领导人的政绩需要也是重要因素）决定了竞技成绩提高是其主要发展动力。而俱乐部作为市场主体形式之一，追求市场回报是其原始发展动力。其约束机制分为外生性和内生性。外生性约束机制来自组织外部，如行政、法律等。内生性约束机制来自组织内部的约束，如管理体制的约束等。由于中职篮职业化改革是多种利益主体参与的市场化、社会化探索，而不同利益主体有不同的约束机制。目前，我国政府关于职业体育发展的规章制度和行为规范基本缺失，对于联赛的约束是通过政府的职能部门代替行使监督约束职能了，于是便形成了篮球协会（简称"篮协"）约束自己的局面。目前，篮协的约束主要来自国家体育总局，而约束的主要形式就是竞技成绩的好坏，以及领导人的工作和绩效考核。对于联赛及篮协如何发展规划联赛，基本处于约束缺失的局面。篮协对于俱乐部的约束是通过联赛章程和后来的准入细则来对俱乐部进行约束的。其次，俱乐部之间竞争约束，随着我国职业体育俱乐部逐步进入联赛市场，市场经济特有的"优胜劣汰，适者生存"的竞争机制正在对俱乐部的运行发挥日趋明显的约束作用。目前，中职篮职业化改革管理机制的突出特征是"政企合一，管办不分"。这里的"政"既包括篮协，又包括与企业合办俱乐部的相关省市体育局。篮协本是一个公益性的社会团体，但实际上篮协的角色是政府的职能部门。篮球运动管理中心（简称"篮管中心"）是篮协走向实体化的过渡组织，但是目前二者是"一套人马，两块牌子"。这种"管办不分""政企合一"的运行管理机制严重制约了职业联赛的健康发展。在经营机制方面，俱乐部只有部分经营空间，目前主要是门票和冠名，缺乏足够的经营空间，另一方面缺乏高水平的赛事载体。篮协拥有大部分联赛经营开发权限，由于篮协是政府职能部门，搞经营开发不是其专长，于是篮协委托中职篮赢方进行联赛整体经营开发，篮协专注于联赛和篮球运动的管理和规划，于是形成了"举国体制办篮球，资本主义搞市场"的中国特色联赛经营机制。通过以上分析，笔者认为，联赛的职业化改革还是联赛管理者（篮协）的独家决策，联赛约束管理者的机制也缺乏科学性和透明性，联赛经营机制呈现出"举国体制办篮球，资本主义搞市场"的中国特色。❶

另外，学者刘成（2007）❷、何元春（2009）❸、徐晓伟（2013）❹、张扬（2013）❺等人对我国职业乒乓球、商业性散打、职业足球等项目的运行机制进行了研究。其中，刘成等以 CUBA（中国大学生篮球联赛）和大超联赛的运行机制（包括训练、管理体制、竞赛体制等），以及部分参赛高校为主要研究对象，从管理体制、训练体制、竞赛体制及技战术水平等方面对 CUBA 与大超联赛运行机制展开全方位、多层次比较研究。无论是 CUBA 还是大超球队，都未能形成一套具有鲜明指导意义、推而广之的运动队管理体制。各参赛高校篮球运动队的组织机构存在不健全现象，大部分参赛高校篮球队仍隶属于体育教研部或下设的运动训练教研室领导下进行训练和竞赛工作，运动队的管理机制、管理手段还处于行政计划管理下，缺乏竞争机制，行之有效、可借鉴的运动员、教练员的管理方法没有落实。高校竞技体育的"体教结合"仅仅实现了某种程度上的极少部分衔接，或完全局限于高校内部体育管理部门与其他教育部门之间的结合，"体教结合"的概念不清，体育系统对高校运动队训练工作的扶持和支持不足，缺乏制度化、政策化保障，体育与教育系统两家主管部门共同管理竞训和教育工作的真正意义上的"体教结

❶ 姜韩.CBA 联赛职业化改革运行机制及其优化[J].南京体育学院学报,2013,27(1):118-121.
❷ 刘成,王满秀,熊曼丽.CUBA 与大超联赛运行机制比较研究——对我国高校竞技篮球"体教结合"的审视[J].北京体育大学学报,2007,30(2):270-275.
❸ 何元春,文秀丽.乒超联赛主场经营状况调查及其运行机制研究[J].北京体育大学学报,2009,32(3):40-44.
❹ 徐晓伟.我国男子篮球职业联赛运行机制存在问题的研究[J].西安体育学院学报,2008,25(5):12-13.
❺ 张扬.中日两国职业足球联赛运行机制的比较研究[D].济南:山东师范大学,2013:13-15.

合"模式在大多数高校中还没有得以有效地构建和实施。CUBA 与青年联赛相比仍存在较大差距，CUBA 强队水平仅接近青年联赛中的弱队。CUBA 技战术水平提高不快，与它严格限制球员资格的准入制度有必然的联系。这种铁腕政策对保持赛场的纯洁性、公平性起到了积极的作用，但必然也带来了一些负面效应。何元春等以 2008 年乒乓球超级联赛的运作情况为研究对象，总结了 2008 年乒乓球超级联赛经营状况的得与失，分析并探讨了年度乒超联赛运作过程中所遇到的新情况、新问题及其优化路径，并对乒超联赛运行机制及其管理体制现状，针对俱乐部经理及相关教练员进行了访谈。结果表明，2008 年乒超联赛观赏性和俱乐部体制管理的规范程度等，都较 2006 年有了一定程度的完善，但改革的成效还待进一步巩固和落实。但是现在看来，乒乓球实行"双轨制"，现有的乒乓球俱乐部也绝大部分仍是在原有专业运动队基础上建立发展起来的，因此，在诸多俱乐部具体的运行过程当中，往往还夹杂着较多的政府行为和行政干预，从而也导致了俱乐部作为实体的独立性和自主性受到了不合理的制约。这也是当前很多的俱乐部和企业之间存在短期经营效应的一个重要原因。徐晓伟等从中职篮市场的供给主体、市场结构与规模、市场运行机制、市场行为、市场外部环境等多方面，对我国男子篮球职业联赛运行机制存在问题进行了研究。研究结果表明，目前职业联赛运行中存在着篮球市场供给分布过于集中，供给主体融资渠道单一，市场整体规模不足，市场运行应有的委托代理机制缺失，市场管制行为较多，市场管理、服务意识不足，市场主体运作不规范，社会转型过程中的"体制性约束"，相关的法律、法规不完善，劳务要素市场不健全等问题。张扬等通过对中日职业足球运行机制相关的后备力量培养、联赛设置，以及管理组织结构等关键环节的对比分析，认为虽然当前中国足球市场自职业化改革存在各种舞弊行为泛滥，但通过"打假风暴"使职业足球市场逐步步入正轨。随着我国政府对中国足球的高度重视，中国足球市场的前景还是一片大好的，应步步为营，稳扎稳打，一步一个脚印地发展中国足球。其次，在后备力量培养方面，从各种数据来源看，我国青少年足球人才后继乏人是导致这个阶段市场和竞技成绩失败的一大原因。日本足球重视普及、重视学校足球的开展、重视俱乐部梯队的建设，以及建立相对应的选拔与输送机制。而我国足球目前依然面临低下的普及率、混乱的培养渠道与输送机制，过分依赖经验主义等诸多问题。导致足球后备人才匮乏的原因包括职业足球大环境恶化，足球人口出路问题难解决，我国社会人口结构发生变化和现有学校教育体制的约束等。再次，日本足球教练的培养也是足球运动普及的重点之一。中国足球教练的培养一直被忽视，优秀足球教练后继无人也是中国足球整体水平下降的一大重要因素。最后，中国足球运动员和裁判员培训机制不发达。

以上学者也主要是从目标机制、管理机制、组织机制、训练机制、竞赛机制、运营机制和约束机制等方面进行研究的。这些学者的研究认为，我国的职业体育处于发展的起步阶段，各种运行机制还不完善，主要受到国家经济改革和市场转轨的环境所限制。中国体育职业化改革并不是简单地自我调整与完善，而是国家体制和多种因素对其作用下的改革。因此，我国体育职业化改革是一个全方位的、长期的探索过程。上述专家从职业体育和不同体育项目的职业化方面对其运行机制进行了探索，但大家对职业联赛的运行机制的研究均有异同，而且对该方面研究的系统性和深入性普遍欠缺。虽然中职篮在近年来得到了较快的发展，但随着环境的变化，联赛的各种运行机制也已经发生了较大的变化，因此迫切需要对当前中职篮运行机制的系统研究，以应对新形势下中职篮的改革与发展。

第三章 研究方法与思路设计

第一节 研究方法

本书以中国男子篮球职业联赛运行机制的复杂性为研究对象，通过以下方法进行了研究。

一、文献资料法

本书主要利用中国知网（CNKI）、万方数据资源系统、SCIE/SSCI/BP 数据库、EBSCO 运动数据库等平台查阅了国内外相关电子期刊、硕博士学位论文等资料。笔者到北京体育大学图书馆、国家图书馆查阅关于复杂性科学、经济学、管理学、社会学、运动训练学和比较学等基础理论方面的专著；查阅国家体育总局、篮球运动管理中心、国际篮联、NBA 有关的文件等文献资料；查阅中国篮协官方网站（www.cba.gov.cn）、国际篮联网站 www.fiba.com、NBA 官方网站 www.nba.com 关于竞技篮球运营与管理等方面的资料，为本书内容与结构的设计提供参考，并依据相关资料来论证本书的观点。

二、专家访谈法

本书采用提纲式问卷，对从事职业体育及竞技篮球理论研究的 6 名专家和 6 名中职篮管理专家和教练员进行了访谈。另外，针对本书使用了相关的统计学方法和系统学方法对统计学和系统科学方面各 2 名专家进行了咨询，详情见表 3-1。

表 3-1　访谈专家情况表

学科/工作领域	职称/职务/单位/名单	从事相关工作平均年限（年）
体育社会、管理学	华南师范大学教授 1 人，北京体育大学教授 1 人	25
竞技篮球研究	北京体育大学教授 4 人	29.8
竞技篮球管理	原篮管中心主任 1 人，篮管中心竞赛部主任 1 人	20.5
俱乐部管理	原山西汾酒俱乐部总经理 1 人，山西汾酒俱乐部总经理 1 人	7.5
竞技篮球教练	福建浔兴俱乐部主教练 1 人，四川金强俱乐部主教练 1 人	20
统计学	北京体育大学教授 1 人，北京大学人口研究所教授 1 人	35.3
系统科学	中北大学教授 2 人	23

注：尊重专家匿名意见，名单略。

三、德尔菲法

（1）专家的确定。对近年来关于篮球职业联赛文献中出现的运行机制评价指标进行收集、整理和归类，初步形成中职篮运行机制评价指标体系。在此基础上，本访谈以从事篮球专业研究 10 年以上或从事职业篮球管理、训练和竞赛工作 5 年以上为标准，共计选取了 5 名教练员、5 名职业篮球管理者和 10 名高校教师组成专家组，对指标体系进行修订和评价，见表 3-2。

表 3-2　德尔菲法调查专家情况统计表

工作领域	职称/职务/单位/名单	从事相关工作平均年限（年）
国家队	原国家队主教练 1 人，现国奥队主教练 1 人，共 2 人	29
中职篮	四川金强俱乐部、浙江广厦俱乐部、江苏南钢俱乐部主教练，共 3 人	15
篮管中心	篮管中心竞赛部主任、事业发展部主任，共 2 人	9
俱乐部	原山西汾酒俱乐部总经理、辽宁药都俱乐部总经理、福建浔兴俱乐部副总经理，共 3 人	8.3
高校篮球科学研究	教授 9 人/副教授 1 人：北京体育大学教授 6 人，沈阳体育学院教授 1 人，上海体育学院教授 1 人，成都体育学院教授 1 人，武汉体育学院副教授（博士）1 人	28.2

注：尊重专家匿名意见，名单略。

（2）调查阶段情况。（详见评价指标体系的构建过程）

（3）专家积极系数。专家积极系数是指专家对研究关心及合作程度，由调查回收率来表示。一般认为，50.00% 回收率是可以用来分析的最低比例，60.00% 回收率是好的，70.00% 回收率是非常好的结果❶。本研究 3 轮专家的积极系数分别为 85.00%、94.12%、100.00%，反映了专家对本研究的支持，见表 3-3。

---

❶　崔瑞华,王泽宇.辽宁省公共体育设施建设与经济发展的协调性分析[J].武汉体育学院学报,2012,46(4):13-18.

表 3-3　德尔菲法专家积极系数表

不同领域专家	发出调查表数量			回收调查表数量			回收率（%）		
	第 1 轮	第 2 轮	第 3 轮	第 1 轮	第 2 轮	第 3 轮	第 1 轮	第 2 轮	第 3 轮
国家队教练	2	2	1	2	1	1	100.00	50.00	100.00
中职篮教练	3	2	2	2	2	2	66.67	100.00	100.00
篮管中心管理者	2	2	2	2	2	2	100.00	100.00	100.00
俱乐部管理者	3	3	3	3	3	3	100.00	100.00	100.00
高校专家	10	8	8	8	8	8	80.00	100.00	100.00
合计	20	17	16	17	16	16	85.00	94.12	100.00

（4）专家的权威性。按照社会学调查要求的基本原理，专家权威性可以根据专家判断系数和对咨询内容熟悉程度来评价。计算公式为：$C_r = (C_s + C_a)/2$。其中，C_a 表示专家对指标做出判断的依据情况，主要从理论依据、实践经验、国内外资料和直觉 4 个方面的影响程度进行判定。C_s 表示专家对条目的熟悉程度，分为 5 个等级，分别赋值。专家权威系数 $C_r \geqslant 0.70$ 即认为咨询结果可靠，且 C_r 越大，权威程度越大。[1] 本研究在前两轮调查表中设计了专家判断取舍各个指标依据和对咨询内容熟悉程度的选项，二者对应的量化值见表 3-4。

表 3-4　专家权威系数量化标准表[2]

判断依据	量化值	熟悉程度	量化值
理论分析	0.8	非常熟悉	1.0
实践经验	1.0	比较熟悉	0.8
国内外资料了解	0.6	模棱两可	0.6
自己直觉	0.4	比较不熟悉	0.4

❶ 董新光,晓敏,丁鹏,等.农村体育评价指标体系的研究[J].体育科学,2007,27(10):47-55.
❷ 张大超,李敏.我国公共体育设施发展水平评价指标体系研究[J].体育科学,2013,33(4):3-23.

第一轮发放调查表的统计显示，专家判断系数为 0.892，对内容熟悉程度值为 0.811，权威系数为 0.852；第二轮回收调查表数据显示，专家的判断系数为 0.876，对内容熟悉程度值为 0.793，权威系数为 0.835。两轮的专家权威系数 C_r 均大于 0.7，说明本研究德尔菲法选择的专家具备较高的权威。

四、实地考察法

笔者实地考察和调研了部分 CBA 俱乐部（辽宁、新疆、北京、山西、四川 5 个俱乐部）的经营、管理等方面的情况，实地考察和调研了国家篮球管理中心和中国篮球协会的具体管理情况。

五、问卷调查法

（1）调查问卷发放与回收。在确定本研究的基本内容后，于 2015 年 6~9 月份对国内部分篮球专家和教练员发放了调查问卷。共计发放问卷 60 份，回收 45 份。其中，向高校从事竞技篮球研究的教授或具有博士学位的副教授专家发放 20 份，回收 18 份（包括北京体育大学教授 7 人、成都体育学院 4 人、上海体育学院教授 1 人、西安体育学院 1 人、武汉体育学院 3 人、沈阳体育学院 2 人）；向篮管中心管理者发放了 10 份，回收 7 份；向俱乐部经理和工作人员发放了 10 份，回收 7 份（包括辽宁、山西、四川、福建、新疆 5 家 CBA 俱乐部的总经理 5 名，副总经理 2 名）；向职业队教练发放 20 份，回收 13 份（包括福建、四川、浙江、江苏、辽宁、八一、山西、新疆 8 家 CBA 俱乐部的主教练 5 名、助理教练 8 名），见表 3-5。

表 3-5　问卷调查专家情况表

专家类别	性别		职称/职务			年龄（岁）			从事相关研究/工作平均年限（年）
	男	女	高级	副高级	中级	<30	30~40	>40	
高校篮球专业教师	15	3	13	5	0	0	5	13	33.08
篮管中心管理人员	5	2	1	2	4	0	5	2	9.86
俱乐部管理人员	7	0	5	2	0	0	1	6	16.73
CBA 球队教练员	13	0	9	4	0	0	4	9	19.85
合计	40	5	28	13	4	0	15	30	19.88

（2）问卷的效度、信度。林震岩认为，如果问卷内容是以理论为基础的，而且是参考以往学者类似研究的问卷内容加以修订而来的，并经学术专家讨论和进行预测，即可具有相当的内容效度。[1] 由于该指标体系内容是根据以往学者的类似研究总结并经德尔菲法的专家先后 2 轮审核，故效度较好。信度检验则采取 Cronbach α 系数（或称 alpha 系数）对指标体系中同一维度下的各项目间一致性进行检验。经检验发现，一级指标体系 α 系数为 0.898；二级指标体系 α 系数为 0.948。在三级指标体系中，目标动力机制指标体系 α 系数为 0.870，组织管理机制指标体系 α 系数为 0.893，竞赛机制指标体系 α 系数为 0.817，市场营销机制指标体系 α 系数 0.955，竞争压力机制指标体系 α 系数为 0.938，激励机制指标体系 α 系数为 0.909，约束机制指标体系 α 系数为 0.918，监督机制指标体系 α 系数为 0.925，后备人才培养机制指标体系 α 系数为 0.949，外生环境机制指标体系 α 系数为 0.701。在探索性研究中，信度只要达到 0.60 就可接受，[2] 因此该问卷总体内部同质性信度较高。

六、复杂系统建模与仿真方法

复杂系统建模与仿真方法是基于复杂性科学理论的观点，侧重于以整体

---

[1] 林震岩.多变量分析——SPSS 的操作与应用[M].北京:北京大学出版社,2008:186-187.
[2] 朱洪军.中职篮服务质量的实证分析研究[J].体育科学,2011,31(10):11-20.

论、系统论对客观事物进行仿真研究的方法。目前，主要有基于数学手段、智能技术、定性、离散事件动态系统、复杂网络、综合集成建模与仿真等方法。[1] 本研究把中职篮运行机制指标体系放在复杂系统的范畴中，利用复杂网络研究方法中的 NW 小世界网络模型，对中职篮系统中主体的复杂关系进行仿真并加以解释，从中职篮运行机制组成要素的整体与部分之间、整体与外部环境之间的相互制约和相互作用的联系中，综合、系统地考察联赛运行机制情况，进而达到最优化的分析和处理问题。

七、数理统计法

本研究采用统计软件包 EXCEL2010、SPSS20.0 将专家数据建立数据库，并利用探索性因子分析方法，对中职篮运行机制指标体系的不同维度及整体做模型构建。此外，本研究还将问卷调查回收的数据代入模型，对相关维度和系统整体进行了实证评价。

第三节　本书研究思路设计

第一，本研究通过广泛阅读与研究社会复杂系统密切相关的各种书籍、核心论文和硕博士学位论文，以达到对复杂性科学和复杂社会系统研究基本理论的熟练掌握；并在此基础上收集国内外相关职业体育研究成果进行阅读和分析，以达到对当前国内外职业体育发展的深入了解。

第二，本研究针对当前中国男子篮球职业联赛的现状进行调查，并在收集前人研究成果的基础上，通过征求从事竞技篮球研究和工作的不同领域的专家意见，逐步确定中职篮运行机制的具体组成指标体系，如图 3-1 所示。

---

[1]　刘晓平,唐益明,郑利平.复杂系统与复杂系统仿真研究综述[J].系统仿真学报,2008,20(23).

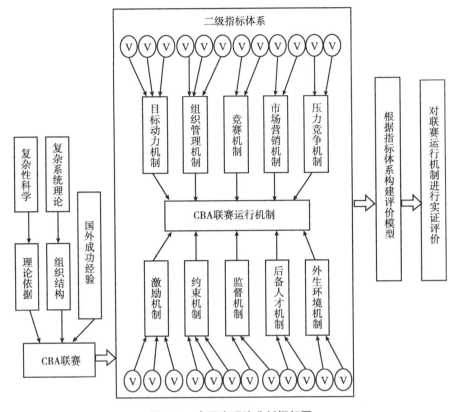

图 3-1　本研究理论分析框架图

第三，本研究在调研中国男子篮球职业联赛具体的管理、运营和竞赛等方面情况的基础上，结合专家对指标体系评价意见，构建中国男子篮球职业联赛运行机制评价指标体系模型，并结合调研的该联赛系统具体情况进行综合分析，找出当前该联赛系统的问题所在。

第四，本研究从复杂社会系统的角度针对中职篮运行机制指标体系的具体情况进行实证分析，以期待对联赛的改革和转轨进行审视，寻找中国男子篮球职业联赛职业化改革的较佳方案和途径。

第四章　中国男子篮球职业联赛运行机制复杂性研究的理论基础

第一节　基本概念界定

在对中职篮运行机制进行研究时，涉及的关键概念与术语有"机制""中职篮运行机制""复杂性、复杂系统"和"中职篮运行机制复杂性"等。因此，首先应弄清上述几个概念的特质及内涵。

一、"机制"与"运行机制"的概念界定

"机制"一词源自于希腊文"mechane"，指机器、机械的意思。《现代汉语词典》将其界定为机器的工作原理，有机体的结构、功能和相互关系。❶而《辞海》在定义为机器构造和动作原理的同时，将其范围引申到生物学和医学领域，主要从生物结构部分的相互关系及其发生变化过程对机制加以说明。❷ 其实，众多辞书都是从其原生意义出发并着眼自然科学来界定"机制"的，对机制概念的表述也大致相同，指出"机制"泛指事物之间的"有机联系"和"相互作用"。引申到体育科学领域，机制则指参与体育活动的有机

❶ 中国社会科学院语言研究所.《现代汉语词典》[M].北京:商务印书馆,1983:523.
❷ 《辞海》编辑委员会.《辞海》(缩印本)[M].上海:上海辞书出版社,1983:2862.

体构造与功能及相互关系。❶ 因此，机制本质上是指制约或决定某一系统存在的不同层次构成要素之间相互联系和作用的过程及内容。运行机制指事物正常运行时，其构成要素之间一系列相互联系的运行规则、程序及其形成的整体秩序。❷ 上述说明只有多种要素构成的系统才存在运行机制问题，系统中具有特定功能的各个要素都是为整体功能服务的，故运行机制的整体性决定了研究运行机制要从整体的角度进行。

二、中职篮运行机制的概念界定

因为众多社会体育事物或现象是由很多主体（包括人、组织等）组成的，且具有不同功能和作用的主体之间存在关联和相互作用，促使这些主体之间形成一定的运行方式，即体育现象的运行机制。中职篮是一个系统工程，它由影响中职篮运行和发展的相互联系、相互作用的多种主体构成。各主体都有其特定的功能和作用，并通过一定的规则将其链接起来，使其按一定的规律要求运转，从而形成系统的综合效应和整体功能。结合"体育现象运行机制"的概念内涵和中职篮的本质特征，本研究定义"中职篮运行机制"为：影响中职篮运行与发展的各构成要素的结构、功能及其相互联系，以及这些要素组成的主体产生影响、发挥功能的作用过程原理及其运行方式。虽然体育科学领域中的机制概念主要是借鉴自然科学方法论的产物引申而来的，但与自然科学领域机制的概念内涵相比，体育科学机制具有更多的复杂性。

三、"复杂性"及"复杂系统"的概念界定

诺贝尔奖得主 Murrya Gell-Mnan 发现，complex 来源于拉丁语词

---

❶ 郭志光.电子商务环境下的信用机制研究[D].北京:北京交通大学,2012.
❷ 中国医院管理编辑部.什么是运行机制[J].中国医院管理,1990(7):62.

complexus，意为拥抱、围绕和编织等，后来被逐渐引申为"将很多东西合在一起"的意思。❶《现代汉语词典》中对"复杂"一词解释为事物的种类、头绪等多而杂。❷成思危认为，"复杂性"（complexity）则是指"复杂"的性质或状态。即指事物的多层次、多因素和多变等特性，或事物组成要素之间及其与环境之间的相互作用，以及其整体行为的状态。❸

学者 Levy 给出了复杂系统的定义：一个系统的组成部分之间相互作用足够复杂，并且不能用标准的线性方程对它们进行预测。由于系统内外有众多的变量在起作用，以至于系统的整体行为只能被理解为系统中无数行为的全部总和的一种突现结果。❹梅拉妮·米歇尔在对昆虫部落、蚁群、大脑人体免疫系统、经济、万维网等研究后，对其定义为：复杂系统是由大量组分组成的网络，通过简单的运作规则产生出复杂的集体行为和复杂的信息处理，并通过学习和进化产生适应性。❺约翰·霍根等认为，复杂性科学是一门研究复杂性和复杂系统的交叉学科，它以研究自然、社会的复杂性和复杂系统为核心，并揭示其运作、演变规律的科学。❻

四、"中职篮运行机制复杂性"的概念界定

由于中职篮的主体是具有能动性的人、群体和组织等，因此和自然领域的机制相比，中职篮运行机制更具有人为性、非线性、不可预知性和突变性等特质。加上中职篮系统由许多具有相对独立结构、功能和行为的子系统组成，而且子系统之间和联赛系统与所处环境的社会相关复杂系统之间都存在作用与联系，这些使该系统表现出的每种复杂现象都是许多组元及其环境相

---

❶　蒋园园.复杂理论视域下的教育政策执行研究[D].上海：华东师范大学,2010:15.
❷　冯契.哲学大词典（修订本）[M].上海：上海辞书出版社,2001:344.
❸　成思危.复杂性科学探索[M].北京：民主与建设出版社,1999:142.
❹　Levy,S. Artifial Life[M].New York：Random House,1992:7-8.
❺　梅拉妮·米歇尔.复杂[M].湖南：湖南技术科学出版社,2014:3-15.
❻　霍根.科学的终结[M].孙雍君,译.北京：远方出版社,1997:287.

互作用的结果。据此，本研究定义中职篮运行机制复杂性为：中职篮在运行与发展过程中，影响系统运行与发展的各构成要素的结构、功能特征和其相互复杂关系，以及这些要素组成的主体产生影响、发挥功能的复杂作用过程原理和运行方式。

第二节　研究理论依据

一、系统科学是中职篮运行机制评价的较佳方法论基础

系统科学是一类新兴的学科群，是 20 世纪发展最快的一大类横断性、综合性科学。随着系统运动近五十多年来的不断发展，关于系统科学的理论体系与思维方式也日臻完善。它是当今科学发展前沿所产生的一系列揭示客观世界物质运动的普遍联系与共同规律的学科群。[1] 它从多角度探索客观世界新的物质本质联系和运动规律，为现代科学发展革新提供了新思路和新方法，也是人类客观认识世界的最新理论武器。系统科学与其他学科一样，也以客观世界为研究对象，但是作为一门新兴学科，又显示出一些与其他学科不同的特点。系统科学的研究对象，毫无疑问就是"系统"。但是随着系统科学的不断发展，逐渐区分出"系统"与"复杂系统"两大类研究对象，界点的侧重点也有所不同。以"系统"为研究对象的学者，如贝塔朗菲与克勒尔认为，系统科学着重考察各类系统的关系和属性，揭示其活动规律，探讨有关系统的各种理论、方法及其应用。[2] 以福罗特为代表的将"复杂系统"作为研究对象的学者强调，系统科学以揭示客观世界中各种复杂系统在演化过程中所共同遵守的内在规律为根本任务，是一门研究复杂系统之种类特性与演

---

[1]　程书肖.教育评价方法技术［M］.北京:北京师范大学出版社,2009:12.

[2]　Klir G J. Facets of Systems Science ［M］. Kluwer Academic Plenum Publishers,2001: 3.

化机制的现代前沿科学。❶

　　这两种对于系统科学研究对象的界定都有道理，从人类认识客观世界的进程来看，的确是按着由简到繁的顺序来进行，先从相对简单的线性系统入手，再到非线性系统，最后到复杂系统。但自然界中客观存在的系统在某种意义上绝大多数都是复杂系统，几乎不存在简单的线性系统。❷ 因此，可以近似地认为系统科学的研究对象就是复杂系统。从这一观点出发来考察科技创新系统，发现其运动过程也充满了复杂性。这种复杂性是由多种创新要素与创新资源相互影响、相互促进和重新组合所导致的。因此，本文主要借助以"复杂系统"为研究对象的相关系统理论进行研究，来探讨科技创新系统的复杂性。先要对系统科学的几个特点进行整体的把握。第一，系统科学的主要任务不是研究某一特定的或某一类具体的系统，而是要研究所有具体系统共同遵守的一般规律，即抽象的"一般系统"。系统科学的研究核心是揭示各类不同性质、不同领域、不同表象的系统之间所展现出来的存在方式和运动方式上的一致性，也就是所有系统在运动和演化当中所共同遵循的一般规律。第二，系统科学主要研究各类系统中的"系统性"性质，而不是"事物性"的性质，这也是系统科学与经典科学研究的不同之处。经典科学的学科是以具体事物为导向的研究，实体论就反映了这一点。而系统科学是一种以系统内各部分之间的关系为导向的研究，主要以系统为中心。经典科学和系统科学在探索和认识客观世界中发挥同等重要的作用，是现代科学两个互补的维度。第三，系统科学具有跨学科性。它具体表现为两点：一是不同的具体系统和不同的传统学科知识和相关的问题，在系统科学中作为整体而不是分门别类地进行研究，具有交叉性；二是系统科学的成熟理论和方法论也

❶　Flood R L, Carson E R. Dealing with Complexity — AnIntroduction to the Theory and Application of Systems Science[J]. Plenum Press, 1993: 36-49.

❷　葛永林,等.整体论、系统论与复杂性理论及其归宿[J].徐州工程学院学报,2013,(2):22-26.

适用于经典科学，具有横断性和综合性。系统科学的这种跨学科性对于不断划分甚至断裂为无数狭隘专业的经典科学具有统一的影响，它提供了统一的原理来超越它们相互之间的边界。❶ 系统论作为社会系统评价的方法论基础，也是中职篮这一社会系统评价的方法论基础，这有以下几方面原因。

1. 中职篮系统的整体性

系统科学从研究对象的整体角度入手，认为世界上各种系统都不是事物孤立、杂乱无章的偶然堆积，而是由存在着相互联系、相互作用的各个部分组成具有一定规律的有机整体。中职篮也是一个系统，是由若干子系统所构成的统一整体。联赛系统评价的过程也是通过考察子系统的情况和相互关系，最终对联赛作总体上的论证。

2. 中职篮系统的动态性

系统科学认为系统会根据环境的变动，不断地通过内部活动调整内部组织，以适应和协调与环境的关系。联赛中参与者对环境的判断和最终选择所做出的行为本身就是一个复杂的过程，联赛的整个发展也是一个动态过程。因此，在对联赛的评价过程中，应重视联赛发展的动态特征。

3. 中职篮系统的最优化

系统的最优化原理就是通过系统的组织、自我调节活动，达到系统在一定环境下的最优结构，发挥最佳功能。系统的最优化要求对联赛机制评价时，应该将联赛子系统的活动结合联赛的整体，去分析各个要素在整体系统中的地位和作用，了解它们之间的关系，确定它们在系统中的权重。

4. 中职篮系统的反馈性

系统科学解决问题的方法着眼于系统的信息，任何系统也只有通过信息的反馈才能了解系统存在的问题和状态，并为系统下一步的发展进行调控。

---

❶ 赵明.系统科学视域下的科技创新新主体复杂性研究[D].哈尔滨:哈尔滨理工大学,2014.

从本质上说，对联赛系统运行机制的评价也是一种信息的反馈，对系统运行机制评价的目的就是通过反馈的评价信息，使系统的参与者主体来根据反馈信息调节自己的行为，扬长避短，找到最适合自己的发展方式。

二、复杂性科学是系统科学的新发展

随着 20 世纪 40 年代贝塔朗菲提出的"一般系统"理论不断地发展和完善，现代的科学家们也逐渐意识到复杂系统的存在及其重要性，并陆续提出了"复杂性""复杂系统""复杂性科学"等不同的概念术语。但由于一般系统和复杂系统具有共同的研究对象，故系统科学的思维模式和研究方法也被用于研究复杂系统的性质和演化机制，以及揭示各种复杂系统在演化过程中遵循的共同规律。❶系统科学的研究对象是系统，它通过对系统的特征、类型及演化规律等的描述，来揭示系统的相似性或同构性。随着系统科学自身与其研究对象不断地演化发展，科学家们对系统中很多复杂问题也有了进一步认识。由于系统科学对复杂性研究越来越重视，作为以系统存在与演化规律理论研究为主的系统科学中也逐渐诞生了复杂性科学。复杂性科学与系统科学相同，其内容也具有方法论的内涵，也可以作为研究其他学科的工具。另外，复杂性科学方法论及其研究方法均已经超越了还原论。因此，用复杂性的思维和方法去评价中职篮系统运行机制，可以使我们更加全面地分析联赛系统中存在的问题。复杂性科学是在系统科学基础上发展起来的，故复杂性科学是系统科学发展的新阶段。中职篮系统是社会巨系统的一个子系统，用复杂性科学的思维对其运行机制的评价，能够使联赛运行机制的评价理论和实践更加系统化、科学化。

---

❶ 齐磊磊.论"系统科学"与"复杂性科学"之异同[J].系统科学报,2008(10).

三、复杂性科学介绍

1. 复杂性科学的由来

两个世纪以前就有了对复杂性科学的相关研究，但复杂性科学作为一个正式的学科或学术领域，开始得到科学界共同的承认并引起了很多学科领域科学家的兴趣。例如，著名的诺贝尔奖获得者盖尔曼（M. Gell—Mann）、阿罗（K. J. Arrow）和安德森（P. W. Anderson），仅仅是在 20 世纪 80 年代的事。复杂性科学是以复杂性为研究对象的新学科，其理论的严谨性不亚于现代科学引以自傲的很多学科。

从 20 世纪 90 年代开始，随着首个专门研究复杂性科学的研究组织——美国圣塔菲研究所（SFI）成立，复杂性科学理论的一系列成果开始出现，诸如圣塔菲研究所的专刊《复杂性》，霍兰连续出版的《隐秩序：适应性造就复杂性》（1994 年）、《涌现》等专著，以及复杂适应系统理论的软件平台——SwARM 等。我国的著名科学家钱学森及其团队，也早在 20 世纪的 80 年代中期对复杂性科学展开了一系列的研究，并提出了开放复杂巨系统（OCGS）理论（1989 年）。

2. 复杂性科学的内容

复杂性科学将复杂性和复杂系统作为研究对象，但众多学者对其名称界定为复杂性科学还是复杂性研究，产生了分歧。黄欣荣认为[1]，不管是复杂性研究还是复杂性科学，都存在于许多学科中，把它们称为复杂性科学。这是因为它们的方法论立场及其使用的研究方法均超越了还原论所持有的立场及其分析方法界限。当前，众多科学家在自然科学文献中都使用"复杂性科学"来进行复杂性研究，并把分形理论、混沌理论和元胞自动机理论等相关

---

[1] 黄欣荣.复杂性科学方法及其应用[M].重庆:重庆大学出版社,2012:3.

研究均归为复杂性科学，因此复杂性科学与复杂性研究的称呼并不排斥。复杂性科学的研究具有以下的特点。复杂性科学表达一种全新的思维方式，是分散在许多互涉学科中，存在于政治、语言、大脑、市场、交通甚至整个人类社会的每一个角落，很难说清它的边界所在。它试图打破经典科学的简化理性传统思维方式，把多样性、无序性、个体性因素引进科学的视野，是我们思维方式的一次重大转换。吴彤总结出复杂性科学大体包括现代系统科学中的耗散结构理论、协同论、超循环理论、突变论和复杂巨系统理论，非线性科学中的混沌理论、分形理论等，以及计算机仿真研究中的进化编程、遗传算法、人工生命、元胞自动机等，这些可视为复杂性科学的内核。❶ 而黄欣荣认为，因为耗散结构理论、协同论、超循环理论、突变论等理论已经被划入系统科学发展的第二阶段的自组织理论，自组织理论主要研究复杂系统自组织形成过程及发展机制等问题，重点探讨一定的内外部条件下系统由无序向有序自动演化的过程与机理。因此，自组织理论主要包括耗散结构论、协同学、突变论、分形理论、混沌理论（Chaotic Theory）和 超循环理论（Super Circle）等一些新兴理论。这些理论共同的特点是重在研究非线性的复杂系统，或非线性、复杂的自组织形成过程。❷ 自组织理论方法主要包括协同动力学、自组织条件、超循环等方法论，以研究人类及自然界中的复杂现象，探索人类及自然界从无序到有序、从低级到高级的演进规律，故涌现生成理论、复杂适应系统理论（CAS）、遗传进化理论、自组织理论、人工生命理论、复杂网络理论等组成了复杂性科学的核心理论体系。❸

　　复杂性科学理论的孕育和诞生有极其复杂的背景，它是人类走出简单科学阵地，开始接触真正难解难题的新转折点。伴随着复杂性问题在数学和哲学层次上的整合，复杂性科学理论所倡导的思维模式已成为取代线性和简化

❶ 吴彤.复杂性的科学哲学探究[M].呼和浩特:内蒙古人民出版社,2008:11-12.
❷ 张建坤,罗为东.基于自组织理论的房地产业演化动力研究[J].华东经济管理,2010,(1):90-93.
❸ 黄欣荣.复杂性科学与哲学[M].北京:中央编译出版社,2007:3-5.

论方法的有力工具。在科学界，复杂性科学被认为是走向 21 世纪科学的主旋律。作为一种新的科学思潮，复杂性科学的兴起代表了人类对日益彰显的复杂系统复杂性问题的积极回应。

四、复杂系统理论阐述

1. 复杂系统的相关研究

复杂性科学是以复杂性和复杂系统为研究对象的。当前，在各个学科领域应用的比较成熟的复杂系统理论有美国圣菲研究所提出的"CAS"，我国科学家钱学森等提出的"OCGS"，赫尔曼·哈肯提出的"协同论"，美国气象学家洛伦茨提出的"蝴蝶效应"，复杂网络等。

（1）复杂适应系统理论（Complex Adaptive System，CAS）。此理论于 1994 年由著名复杂性科学家 Holland 在《隐秩序》中提出。❶ 他认为，系统的复杂性使人们对客观世界所表现出的一些现象认识不清，因此应该重点研究复杂性的产生机制，即"适应性"是造就复杂性的根本原因。其核心思想是"适应性造就复杂性"，这一观点在其随后的另一著作《涌现》中加以展开并深化。由于任何特定的适应性主体所处的环境的主要部分，都由其他适应性主体组成，所以任何主体在适应上所做的努力就是要去适应别的适应性主体，这也许是 CAS 生成的复杂动态模式的主要根源。CAS 理论的核心思想首先强调适应性主体的主动性与目的性。CAS 中的主体是有生命的、活的主体，其自身具有主动性与目的性，这也是 CAS 和其他建模方法的重要区别所在。这个特点使 CAS 理论可以有效地运用在社会系统、经济系统、创新系统、生态系统、文化系统等其他理论方法无法应用的复杂系统之中。传统的系统理论观点，普遍把系统的构成要素称为元素、部件或子系统，这是一个

---

❶ 约翰·霍兰.隐秩序[M].周晓牧,韩晖,译.上海:上海科技教育出版社,2000:10.

与系统宏观、整体和全局相对的概念，是一个被动的、微观的、局部的概念。此观点认为系统要素是静止的和无生命的，完全掩埋了系统要素的主动性与目的性。而主体概念的提出则把系统要素的能动性提高到了系统进化的基本动因的位置上来，将其看作系统由简单向复杂进化的基础，是研究和考察复杂系统的出发点。复杂性正是系统内的各个主体在非线性的相互作用中形成和产生的，主体不能脱离宏观系统和内外部环境而单独存在。同样，系统也不能凌驾于主体之上，主体的主动程度与适应程度决定了宏观系统的进化程度和复杂程度。其次，它强调主体自身与外环境的相互作用。对于 CAS 中某个主体来讲，区别于自身的其他主体都可视其为外环境的一部分，主体与外环境（包括主体之间，主体与系统外环境之间）的相互作用与相互适应是系统演化的主要动力。传统的系统建模方法一般更注重主体自身的内在属性，并将其作为研究系统的主要对象，而并不重视主体之间，以及主体与环境之间的关联。主体是构成系统的基础，并非单独的、孤立的存在，只有用联系的、发展的眼光看待系统，才能更好地探究系统的复杂性。主体之间相互的非线性作用是系统得以涌现的基础，而系统的复杂性也正是源于这种涌现，非线性的作用越强，涌现尺度则越大，系统就越复杂。最后，强调宏观与微观的有机结合。CAS 宏观整体对外环境的适应性，是通过其内部微观主体对环境的适应性改变为基础转化而来的，各个微观主体的适应性越强，系统整体的适应能力则越高，是一种宏观与微观的有机结合❶。

通常还原论的观点认为，系统的宏观现象仅仅是微观作用的线性加和，否认其中存在质变。倘若系统的构成要素不具有主动性和适应性，那么它们之间运动的相互关系的确可以用简单的线性加和的方式进行处理，系统也不会具有复杂性；反之，则不能利用一般的统计学方法加以描述。因此，在整体与部分相互关系问题上采取了一种对复杂问题全新的解释观点，区别于单

❶　朱亮.复杂适应系统理论视角的区域创新系统研究[D].上海:国防科学技术大学,2009:17.

纯的线性理论。

CAS 理论的主要特点，即所谓复杂适应系统"就是由那些用规则描述的、相互作用的适应性主体所组成的系统"。霍兰教授经过研究，认为复杂适应系统有 7 个基本点。它包括 4 个特性，即聚集、非线性、流动性、多样性和 3 个机制，即标识、内部模型和积木。第一，聚集（特性）。单个适应性主体的行为比较简单，适应能力也有限，但是众多适应性主体聚集在一起，就可能涌现出十分强大的适应能力。动物群体、城市、市场和学术界等一切 CAS 都是这种由大量适应性主体聚集而成的存在物。众多小规模的聚集体可以进一步聚集，形成较大规模的聚集体。正是这种聚集体的再次聚集，形成 CAS 的层次结构。第二，标识（机制）。在发生聚集的过程中，有一种贯穿始终的机制引领着主体确认方向、确定目标、选择行为方式，这一机制霍兰教授称之为"标识"。标识是聚集体的一面旗帜或一个组织纲领，CAS 利用标识操纵对称性。聚集需要选择，选择前的可能性空间是对称的，有各种各样的可能选择方案意味着必须打破对称性，依靠标识去实现对称破缺选择。标识能促进选择性相互作用，提供具有协调发展性和选择性的聚集体，解释层次结构的形成。第三，非线性（特性）。支配聚集过程中的行动者之间以及它们和外部环境之间的相互作用在本质上是非线性的，相互适应不可能是线性的。线性特征是平庸的，非线性特性才有创造性。CAS 强调复杂性是由非线性因素引起的，尤其在那种通过由正负反馈形成的环路再交叉、再缠绕而形成的复杂系统当中表现得更为明显。但现在的建模方法大多建立在线性假设上，CAS 建立模型所关心的应该是非线性相互作用的效果如何反映在模型中。第四，流动性（特性）。CAS 是具有开放性的非平衡系统，这种非平衡性也导致系统内部的物质、能量与信息时时刻刻都在进行流动与交换。❶把适应性主体看成节点，把相互作用看成边，CAS 可以表示成网络；再把其

---

❶ 赵黎明.基于 CAS 回声模型的综合孵化器系统自适应机制研究[J].科技进步与对策,2012,(11).

中流动的物质、能量、信息统称为资源，则一个 CAS 就是一个三元组，由节点、边、资源构成。三元组的存续运行要靠资源分配来实现，关键是限定主要连接的相互作用，用标识来定义网络。第五，多样性（特性）。CAS 多样性的含义是多方面的，适应性主体的多样性，相互作用的多样性，标识的多样性，响应规则的多样性，以及环境的多样性等。多样性并非偶然出现，而是适应性主体不断运动的结果，呈现出一种动态模式。第六，内部模型（机制）。CAS 中主体的适应性依赖于它的预测能力，而这种预测机制产生于主体的内部模型。主体在大量涌入的信息中进行识别，选择最恰当的对象进行协作，剔除细节，将经验提炼成各种图式，这些图式的集合就是内部模型。第七，积木（机制）。这个"积木"指的是构筑行为规则的积木，搭建内部模型的积木，不是作为适应性主体或系统实际组分的积木。内部模型是一个规则的有限集合，但它面对的是一个不断变化的环境，能够在不断变化的环境中反复出现的模型才有意义。对 CAS 的规则加以分析就会发现，尽管规则在变化，或增添新规则，或淘汰旧规则，或设置临时规则，但一些基本的积木还是存在的，大量看似不同的规则由这些积木组装搭建而成。规则可以重组，重组就是创新，大量新事物都是重组原有事物的结果，全新的创造总是少量的。特别是对具有层次结构的系统来说，较高层次的积木是由较低层次的积木进行重新整合与组织而涌现出来的。处于某一层次上的若干积木，通过有选择性地聚集与重组，就会生成高一层次的且包含更多规则的积木。

CAS 发展的一般过程表现为，由大量的按一定规则或模式进行非线性相互作用的主体所组成的动态系统，在复杂不确定性环境下，复杂动态系统具有较强的生存、发展与创新学习能力。主体通过学习产生适应性生存和发展策略，导致复杂动态系统进行创造性演化，对提高组织复杂性产生的机制和复杂系统进化的基本动因有重要意义。主体能够与环境及其他主体进行交流，在这种交流过程中学习并积累经验，并根据学到的经验改变自身的结构和行

为方式。各个低层次主体通过相互交流，可以在上一层次以及整体层次上涌现出新的结构、现象和更复杂的适应性行为。❶

（2）协同学奠基人赫尔曼·哈肯提出，❷ 协同学是自组织理论的核心理论之一。协同学以研究多学科、跨领域协同的联合作用为主，协同表现在复杂系统的综合相关性，而促进自组织系统持续演化的两种基本动力就是竞争与协同。❸ 其中，子系统之间的竞争可能导致系统向非平衡方向发展，同时相互协同的作用又会促使系统趋于平衡发展，从而推动系统的整体发展与演化。序参量是协同学的最核心概念。按照哈肯的观点，在复杂系统中，众多组元就好像由一只无形之手促使它们自行有序地安排起来，但恰恰相反的是，这些组元相互的协作创建了这只无形之手。他把这只能够把众组元有序组织起来的无形之手称为序参数。他在系统演化过程中引导系统产生从无到有的变化并揭示系统新结构生成。❹ 协同学中常利用序参量的前后变化情况来表示系统内无序与有序间的转化。❺ 由于序参量是大量或巨量子系统的整体运行的宏观综合模式，而不是仅仅是系统中的某个子系统的行为，所以序参量是描述系统整体行为的宏观参量。因此，系统演化发展的过程中，可能不止一个序参量对系统起到作用，而是具有众多序参量存在竞争与协同，综合作用于系统，进而推进系统的演化。❻ 协同论认为，自然界或社会拥有巨量千差万别的系统，尽管其属性不同，但在整个环境中，各个系统间存在着相互影响而又相互合作的关系。对自组织系统的参数而言，按照其衰减速度的快慢可分为快变量和慢变量两大类。参数受阻尼影响大从而在短时间内迅速衰

❶ 段锦云,周冉.基于复杂适应系统的中观层面领导模型——复杂领导理论[J].经济管理,2010,32(7):83-88.
❷ 赫尔曼·哈肯.协同学[M].凌复华,译.上海:上海译文出版社,2013:7.
❸ H.哈肯,高等协同学[M].郭治安,译.北京:科学出版社,1989:14-55.
❹ 曹峰彬.基于湖南现代制造业的产业网络演化自组织研究[D].武汉:中南大学,2009.
❺ 骆军.协同学理论视角下的当代中国大学生公民意识教育[J].江汉论坛,2010,(9):128-132.
❻ 薛凌.资源型城市向现代化城市转型问题研究[D].哈尔滨:哈尔滨工程大学,2008.

减的称为快变量；而阻尼影响小以致长时间几乎不衰减的则称为慢变量。哈肯在协同论中详细地描述了临界点附近的行为，阐述了慢变量支配原则和序参量原理，即慢变量就是主宰系统最终结构和功能的有序度的序参量，系统自组织一般只由很少的序参量来决定的原理。协同学中的另一个基本概念是涨落。另外，协同学认为，系统的内部世界是极其丰富的，子系统内部及其相互之间的各种运动都会使系统宏观参变量围绕平均值上下波动，从而产生协同学中的涨落现象。在所有的涨落现象中，只有受到多数子系统回应的涨落，才能得到放大并成为推动系统由无序向有序转化的巨涨落。❶

（3）"蝴蝶效应"❷的概念是由美国气象学家洛伦茨于20世纪60年代提出的，它的原意是指气象预报对初始条件的敏感性。洛伦茨在长期的研究中意识到，"长时期的气象现象是不可能被准确无误地预报的"。因为计算结果证明，初始条件的极微小变化产生的初始值上很小的偏差，都可能导致预报结果偏差十万八千里。而气象预报的初始条件，则由极不稳定的环球的大气流所决定。这个结论被他形象地称为"蝴蝶效应"，用以形容结果对初始值的极其敏感。他举例"巴西亚马逊河边的一只蝴蝶扇了扇翅膀，而改变了气象站所掌握的初始资料，就可能在大气中引发一系列的连锁事件，在一段时间后，就有可能导致之后的某一刻在美国得克萨斯州上空引发一场出乎意料的、未曾预报出的龙卷风现象"来说明毫不起眼的小改变，都可能酿成大灾难。用中国人的谚语表示最为形象，即"失之毫厘，谬以千里"。

（4）复杂网络理论❸是复杂性科学的最新理论分支，是复杂性科学较晚提出来和正在探索的新理论。由于其具有对自然界和社会各种复杂系统特有的阐释功能，很快发展成为复杂性科学的重要组成部分。具有代表性的复杂小世界现象和无标度网络的发现，不但开创了复杂网络研究的新领域，而且

❶ 袁祖怀.基于协同理论的市矿统筹发展机理研究[D].徐州：中国矿业大学，2013：14-17.
❷ 张天蓉.蝴蝶效应之谜[M].北京：清华大学出版社，2013：47.
❸ 黄欣荣.复杂性科学研究方法及其应用[M].重庆：重庆大学出版社，2012：211-220.

对系统科学的发展也具有重要的意义。网络不但是许多复杂系统的结构形态，而且还是复杂系统结构的拓扑结构模型表现。按照复杂网络理论，作为系统的现实事物，包括社会的各种组织、人的神经网络结构、蚁群等其结构均可以抽象为网络，构成要素可以被描述为抽象的节点，节点之间相互作用可以被抽象为节点之间的连线或边，这样就可以运用复杂性网络分析的理论、方法和工具进行复杂系统结构的拓扑特性研究。复杂网络理论及其方法为复杂系统的结构分析提供了科学的分析工具，并为科学方法的理论宝库提供了新内容。20 世纪 60 年代，美国哈佛大学的专家 Milgram 的著名小世界实验得出结论：地球上任意两人之间的平均距离为 6。换句话说，只要通过平均 5 个人的传递，一个人就可以与地球上任何一个角落的另一个人建立关系。这就是著名的六度分离推断。尽管这个平均数 6 还不能正确地描述全球人口之间的关系，但也说明了世界人口之间的网络关系是非常小的一个数字。

自然界中存在的大量复杂系统都可以通过形形色色的网络加以描述。一个典型的网络都是有许多节点与具有直接相互关系的边连接组成的。其中，节点是用来代表真实系统中不同的参与主体，而边则表示个体之间的相互关系，有边相连的节点在网络中被看成相邻的。例如，动物的神经系统可以视为大量神经细胞通过神经纤维相互连接形成的神经网络；计算机网络可以视为自主工作的计算机通过通信介质（光缆、电缆等）相互连接形成的网络。类似的还有电力网络、社会关系网络和交通网络等。

目前，复杂网络研究在世界范围如火如荼地进行着，其理论和应用都取得了很大的进展。但遗憾的是，科学家们还没有给出复杂网络精确严格的定义。从目前研究的成果分析，复杂网络大致上包括以下几层意思。首先，它是大量真实复杂系统的拓扑现象；其次，它至少在感觉上比规则网络和随机网络复杂，因为我们很容易生成规则和随机网络，但还没有一种简单方法能够生成完全符合真实统计特征的复杂网络；最后，由于复杂网络是大量复杂系统得以存在的拓扑基础，因此对它的研究被认为有助于了解"复杂系统之所以复杂"的概念。

网络系统的复杂性主要体现在以下几个方面：①结构复杂性。网络连接结构看上去错综复杂，极其混乱。网络连接结构也可能是随着时间变化的，例如，在万维网上每天不停地有页面和链接的产生和消失。此外节点之间的连接可能具有不同的权重或方向。例如，神经系统中的突触有强有弱，可以是抑制的也可以是兴奋的。②节点的复杂性。网络中的节点可能是具有分岔和混沌等复杂非线性行为的动力系统。例如，基因网络中每个节点都是具有复杂的时间演化行为。此外，在一个网络中，可能存在多种不同种类的节点。例如，控制哺乳动物中细胞分裂的生化网络就包括各种各样的基质和酶。③各种复杂性因素的相互影响。实际的复杂网络会受到各种各样因素的影响和作用。例如，耦合神经元重复地被同时激活，那么它们之间的连接就会加强，这被认为是记忆和学习的基础。各种网络之间也存在密切的联系，这使得对复杂网络的分析变得更为困难。例如，电力网络的故障可能会导致互联网流量变慢、金融机构关闭、运输系统失去控制等一系列不同网络之间的连锁反应。

过去对实际网络结构的研究常常着重于包括几十个、几百个节点的网络，而近年来对复杂网络的研究经常可以看到包括几万个到数百万个节点的网络。网络规模尺度上的变化也促使网络分析方法做出相应的变化。其基本概念、基本模型、基本理论、基本方法也逐渐地随之完善，应用领域也越来越多，影响日益广泛。

复杂网络可以形象地对生物之间的食物链，人与人之间的社会网络关系，计算机网络的复杂链接，动物神经元之间的生物电作用等进行描述和仿真。当前，概括科学家们对复杂网络的研究内容，主要包括以下三个方面。一是发现规律。探索与揭示刻画网络系统结构的统计性质，寻找度量这些性质特征的合适方法。例如，网络研究在自然界领域的基本测量度包括度及其分布的特征以及读的相关性，集聚程度及其分布的特征，最短路径距离及其分布的特征，介数及其分布的特征等。二是建构模型。构建形象的模型有助于人们理解这些统计性质的作用与产生机理，如 NW 小世界模型等。三是分析行为。根据每个节点的特性和整个网络结构的特征进行分析，来预测网络整体的行为结果，包括复杂网络上的动力学分析、容灾分析、社团结构及其搜索办法等。四是控制走向。根据复杂网络特征和机理分析网络的性质和规划新网络发展的有效方法，主要考虑网络的稳定性、数据流通和同步等方面。例如，针对网络容错性、攻击鲁棒性以及网络传播、同步和共振等现象，提出复杂系统的规划设计方案等。综上所述，网络的结构、功能及其节点之间的相互作用是复杂网络研究的主要内容，结构与功能之间的相互作用也是复杂网络研究的重点问题。针对上述研究内容，科学家们提出的三种概念在复杂网络研究中占有主导地位。一是小世界概念。它可以简单易懂地描述规模庞大的复杂网络，如在复杂的社会关系网络中，可以通过人与人相互认识的特点，找到距离遥远的无关系的人们。二是集聚程度的概念。例如，在社会复杂网络中，熟人圈、朋友圈就可以代表人与人之间关系的集聚程度，也可以表示网络集团化的程度。三是度的分布。度指网络中节点与其他节点关系的数量，一般数量越多说明度的重要性越大。

复杂系统的复杂关系同样也具有复杂网络的基本特征❶。①网络行为的统计性。网络节点数很多，从而使大规模性的网络行为具有统计特征。②节点动力学行为的复杂性。各节点本身可以是各非线性系统具有分岔和混沌等非线性动力学行为。③连接机构的复杂性。网络连接结构既非完全规则也非完全随机。④网络的时空演化复杂性。网络具有时间和空间的演变复杂性，显示出千变万化的复杂行为。

---

❶ 吴彤.复杂网络研究及其意义[J].哲学研究,2004,8(4):58-63.

另外，我国相关学者对复杂性系统的研究也取得了重大成果，其中影响力较大的有著名科学家钱学森。从 20 世纪 70 年代开始，他将生命全部致力于系统的研究。并先后提出了"巨系统"❶"复杂巨系统""开放性复杂巨系统"❷等概念，为我国对复杂系统的研究做出了突出的贡献。他在著作中写道：社会工程是系统工程范畴的技术，但是所涉及的范围和复杂程度是一般系统所没有的，这是包括这个社会的"巨系统"。他还将开放性复杂巨系统视为整个系统科学的核心概念，并认为复杂巨系统的复杂性特征具有结构的层次性、组分的异质性、系统的过程性、动态性、非线性和开放性等。另外，郭元林对复杂社会系统进行了描述。❸ 复杂系统不仅包含众多的子系统，而且子系统相互之间关系的规律也无从得知，加上人的参与，因此系统行为表现得特别复杂。复杂系统不仅包含了巨大数量的要素，而且要素之间的相互作用是丰富的、动态的、非线性的、短程的和有反馈的。成思危对复杂系统特征进行了总结。❹ 系统内部复杂性主要包括内部关系、结构、状态和特性的复杂性；外部复杂性主要表现为外部环境、影响因素、条件和行为的复杂性等。徐正权对组织复杂性管理进行研究后认为。❺ 当系统微观结构上存在的隐患不断积累，发展到不可调和的程度时，就会在刹那间造成一个表面上酷似非常强大的组织轰然毁灭。对复杂性组织结构的有效分析，可以帮助组织管理者了解微观结构对组织宏观行为的影响作用。人对组织的认识，实际上是从组织真实结构到显性结构、隐性结构及映射结构的过程。由于人的知识的有限性到理性思维的有限性，所以这个过程总是伴随着信息丢失。因此，显性结构、隐性结构及映射结构永远都是真实结构的近似。对于简单组织而

❶　钱学森,等.论系统工程(增订本)[M].湖南:湖南科学技术出版社,1988:32.
❷　钱学森.创建系统学(新世纪版)[M].上海:上海交通大学出版社,2007:125.
❸　郭元林.复杂性科学知识论[D].北京:中国社会科学院,2003:22.
❹　成思危.复杂性科学探索[M].北京:民主与建设出版社,1999:5.
❺　徐正权,宋学锋.组织复杂性管理[M].北京:经济管理出版社,2009:149-150.

言，抽象结构和真实结构能够达到较为完美的一致性；但是对于复杂组织而言，是不可能实现完美一致性的，只有通过各种手段实现抽象结构，才可能向真实结构靠拢。

2. 复杂系统复杂性的来源

复杂系统的复杂性来源于系统规模、等级层次、动态性、非平衡性、不可逆性、非线性、不确定性，主体的多元性、主动性、智能性，以及环境开放性等。❶ ①源于系统规模的复杂性。规模能够影响系统性质，同类的主体，同样的结构模式，系统规模只要增加就可能导致性质的变异。约翰·霍兰认为，系统主体的绝对数量是系统复杂性的本质部分来源。❷ ②源于多样性的复杂性。系统规模大意味着组成主体的数量多，但主体的样式和类型多更容易导致系统的复杂性。主体的多样性也导致了相互关系和作用方式的多样性。多样性的形式表现千差万别，系统组成主体的多样性加上异质性才是产生复杂性的根本原因。③源于等级层次结构的复杂性。系统层次结构指系统的基本组成组分与整体之间存在着中间层次，只有从主体经过中间层次的逐渐过渡，才能到达整体层次。系统基本组成主体类型越多，则彼此的相互关系和作用越多样复杂。故系统中涉及的中间层次越多，系统结构越复杂，系统的状态、行为和属性也就越复杂。同时，复杂性增加到一定程度，层次之间的界限可能变得模糊不清，且不同层次相互缠绕。④源于开放性的复杂性。系统所处的环境一般都具有多样性、差异性和不确定性等，系统在开放状态下会通过与环境交换物质、能量和信息来改变系统主体的活动和相互作用，复杂的环境会通过系统交换反映到系统内部，进而影响到主体之间的互动，形成复杂结构，同时又反作用于环境，使系统与环境的关系复杂化。⑤源于动力学因素的复杂性。现代科学将时间维中考察系统性态及其演变的定性认识，

---

❶ 苗东升.复杂性科学研究[M].北京:中国书籍出版社,2014:110-115.
❷ 约翰·霍兰.涌现:从混沌到有序[M].陈禹,译.上海:上海科学技术出版社,2001:129.

发展为定量描述事物变异性的动力学。动态系统状态会随着时间展开发生变化的现象，表现为系统的动态性，其行为呈现为动态过程。由于时间对系统状态、特性、行为能够产生根本性的影响，且方式千差万别，故动力学特征是系统产生复杂性的重要根源。⑥源于不可逆的复杂性。一个过程如果可以反复可逆，那么它将没有复杂性，复杂性只可能出现在不可逆的过程中。⑦非线性具有创造和创新性。非线性因素在运动中会产生新质的事物，会把系统带到一个全新的境界。非线性有无穷的表现形式，各自也能产生性质不同的复杂性。非线性与动态性一起更容易产生复杂性。⑧源于主观能动性、智能性的复杂性。具有主观能动性的主体在系统中相互作用与制约、激发与竞争，就会使系统变得复杂。在涉及人的系统中，人的感情、思想、意志等都是复杂的，它们也无法还原到部分中去解释。人为事物中交织着必然性、权变性、人工性和复杂性，社会系统的复杂性在很大程度上也是由其人工特性造成的，且社会系统中人为因素的复杂性和管理复杂性尤为突出。❶

第三节　运用复杂系统理论思维研究中国男子篮球职业联赛运行机制的价值

对中职篮运行机制分析时，可以利用复杂系统理论的知识从联赛系统复杂性的整体角度展开研究，这样会使研究更系统和更有价值。这里所说的"复杂性"，并不是故意把系统中简单的事情复杂化，而是针对联赛系统本身所具有的复杂特性而言的。因此，本研究的目的是通过分析系统运行机制的复杂特性后，寻求更简化、更全面的解决问题的方法与思路，并提倡在系统观和整体观的指导下，从复杂中寻找简单。

---

❶　司马贺.人工科学:复杂性面面观[M].武夷山,译.上海:上海科技教育出版社,2004.

一、中国男子篮球职业联赛系统的复杂性特征

由于中职篮诞生于中国经济体制改革的特定时期，故其生存的社会环境也在进行体制转轨、社会结构的转型变化。❶ 整个社会呈现出如下变化特征：社会阶层的逐渐分化和利益构成的重组；社会权力的转移和社会力量的变化；社会制度（体制）的变迁和社会发展方向的变化；价值观的多元化和社会心理的变动等。社会的发展也难免伴随社会关系从稳定向不稳定转换，最终再趋于稳定的震动过程。❷ 而中职篮发展跟随着一系列复杂的社会变化过程，自身也存在各种不确定的、非线性的复杂性。

1. 中职篮系统外围环境的复杂性

在我国大力发展市场经济时期，中职篮所处的外部环境也在经济改革大潮中变得越来越复杂。

在政策方面，随着国家陆续推出我国体育产业发展的一系列政策，中职篮也迎来了很好的发展机遇，但是改革过程是一个新旧体制利益冲突的过程，联赛系统中各个合作主体在管理体制改革、适用政策制定、监管部门建立等方面都需要适应政策环境的变化。另外，当前的相关法律、法规机制还不完善，对联赛中主体的违规情况也很难起到约束作用。

在经济方面，由于美国次贷危机引发世界经济持续萎靡，我国经济形势也面临重大威胁和挑战，使我国经济在今后一段时间的走势也具有很强的不确定性及波动性。

在社会方面，由于中职篮还处于起步阶段，一些与联赛相关的社会组织管理者所固有的计划经济体制旧观念和意识还没有得到改变，严重地制约了联赛的改革与发展。另外，中职篮作为我国职业体育组成的一部分，受到与

---

❶ 杨隽.社会转型期的越轨行为和社会调控[J].武警学院学报,2001,19(2):5-9.
❷ 林默彪.社会转型与转型社会的基本特征[J].社会主义研究,2004,(6):134-135.

其存在密切关系的关系链上不同组织与机构的制约。例如，我国竞技篮球后备人才培养体系的人才供应链，俱乐部的产权归属链，以及国家队和俱乐部的利益冲突链等，都使联赛所在环境变得复杂。

2. 中职篮系统主体及其相互关系的不确定性

多年来，传统科学一直从事着对事物确定性研究，信奉传统科学的学者们也一直把确定性看作世界的本源。但是量子力学的诞生却是在随机性的基础上建立起来的，这对传统科学的确定性产生了极大的动摇与挑战。复杂性科学认为"事物的性态具有不确定性"，世界上许多事物并不是必然地、确定性地朝着既成的样子发展。在事物发展初期，它也具有某种不确定性和多种发展的可能性。[1] 随着中职篮所处环境的不断变化，系统中的各种主体自身及其相互关系也会随着时间的推移不断发生改变，呈现出动态性与不确定性。例如，联赛定期的制度完善、俱乐部成绩的动态化、赛程赛制的不断调整等。造成这样结果的根源在于：中职篮系统中的参与主体人或宏观上的组织机构均具有灵活、自主实现运行的能力，可以根据环境的变化，随时连续自主地进行自身结构的调整和行为规则的改变。也就是说，主体是一个拥有自主、灵活行为的个体。借用伍德里奇等对主体特性的系统阐释[2]。①主体具有自治性（autonomy）：主体可以在一定程度上控制自己运行时的行为和状态而不直接被外界所控制。②主体具有可通信性（communicability）。主体相互之间主要采取相应的通信语言对信息进行交换处理。③主体具有反应能力（reactivity）。主体会自主地感知其环境，并根据感知采取相应的行为，进而对环境进行影响改变。④主体具有自发行为（pro-activeness）。主体自发或主动地产生行为，也会通过对周围环境感知的结果，做出特定的行为。

如图4-1所示，中职篮系统的主体及其相互关系，会随着外围环境的变

❶ 杨洁.复杂性科学视野中的教师评价系统[D].西安:陕西师范大学,2009.
❷ 史植忠.智能主体及其应用[M].北京:科学出版社,2000:126-128.

化，结合联赛自身发展经验的不断积累，而综合决策自己的发展行为，同时也表现出在联赛发展的不同环境时期有不同的需求。因此，系统主体及其相互关系的不确定性和动态性导致了联赛系统的复杂性。

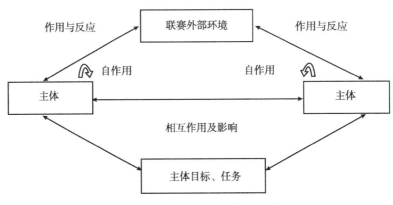

图 4-1　中职篮系统中主体行为描述

3. 中职篮系统结构的多层次性

系统结构是系统内部各要素的排列组合方式。❶ 系统复杂性的主要来源之一是系统组分的多样和差异特性，造成组分之间相互关系多样化。中职篮系统无论是在组织结构，还是在运行机制等方面，均是由多种多样的子系统和子子系统构成。每个子系统都有相对独立的结构、功能与行为。同时，这些子系统和子子系统之间又相互作用、相互联系，且具有动态性和涌现性，如图 4-2、图 4-3 和图 4-4 所示。

---

❶ 苗东升.论复杂性[J].自然辩证法通讯,2000,22(6):87-92.

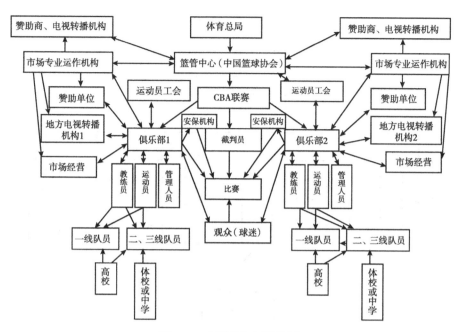

图 4-2 中职篮组织结构图

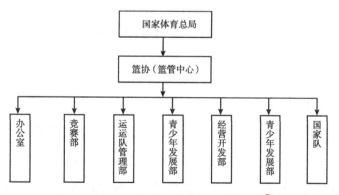

图 4-3 中职篮政府层组织机构设置图❶

---

❶ 中国篮球协会官方网站[EB/OL].[2016-02-19].http://www.cba.gov.cn/zhongguolanxie.aspx.

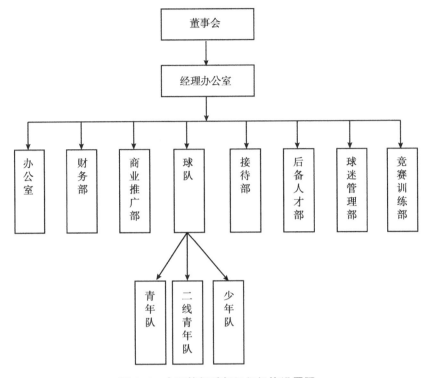

图4-4　中职篮俱乐部组织机构设置图

4. 中职篮系统的动态性

马克思唯物主义认为运动是绝对的，静止是相对的。随着时间和外部环境的变化，系统内部也在不断地进行着适应、调节。中职篮系统是动态的、非线性的、自组织的系统。由于随着时间推移，联赛系统本身也在发展，所以对联赛现象的研究，应该结合系统的过去、现在和预想的未来变化去进行。系统中的主体之间和主体与周围环境之间的相互联系存在，包括系统内部主体组成要素也存在可变性，这必然导致系统行为结果的多变性和动态性。因此，中职篮系统的运行过程不可能表现为一种完全封闭的、静态的、程序化的运作，而是表现出开放的、动态的特征。

5. 中职篮系统行为结果的随机性、非线性

法国哲学家埃德加·莫兰认为："以往的决定论观念只把有序性唯一地看作抽象的、客观的和最高的规律，来支配宇宙的一切事物，并从而构成了这个宇宙的真理。"[1] 但是由于复杂系统的多主体、多层次之间存在相互作用，虽然微观子系统内部各单元局部变化之中存在一定的因果关系，但是由于各组成主体、各层次之间错综复杂的关系与作用，导致系统整体或和子系统整体的行为结果表现出不可预知性以及非线性。因此，我们在分析复杂系统时，必须以整体观和系统思维去指导我们的研究。但是在中职篮体系中，人们常常习惯于将系统的方方面面分成不同的层次或部分，进行简单的因果关系评价，而忽略了联赛系统中的非线性关系。

二、中国男子篮球职业联赛系统的复杂网络特征决定了联赛运行机制的复杂性

为了进一步说明中职篮系统运行机制的复杂性，我们可以用纽曼（Newman）和瓦茨（Watts）提出的 NW 小世界网络模型加以解释。它是复杂网络比较重要的一类表示方法，把组成中职篮系统网络的主体或要素（以下简称"节点"）围成一个环，将有相互作用和密切关系的节点用线段相连，就产生了中职篮系统网络的 NW 小世界构造模型，如图 4-5 所示。

---

[1] 莫兰.复杂思想:自觉的科学[M].北京:北京大学出版社,2001:155.

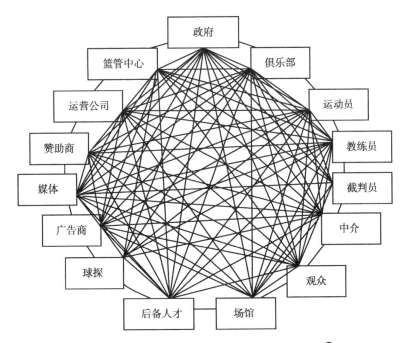

图4-5　中职篮系统网络的 NW 小世界构造模型❶

　　模型中绝大多数节点都是直接相连，即使少数没有直接相连的节点，也会通过其中一个节点与其他节点相连。这说明了 NW 小世界系统复杂网络的高度关系紧密性特征。为了进一步说明中职篮系统网络复杂性，我们可以通过 NW 小世界系统网络中衡量系统主体相互关系的三个指标来分析。❷ ①平均路径长度。平均路径长度是用来反映系统要素相互关系亲疏的参数指标。在复杂网络中，两个节点之间最短路径上的边数为距离 d_{ij}，网络中任意两个节点之间距离的平均值为网络的平均路径长度 L，它们能够科学地显示网络成员之间关系的统计特征和系统的宏观结构特征。组织系统复杂网络中的平均路径长度 L 越接近1，说明节点要素的关系越密切。在中职篮系统小世界

❶　Albert R, Barabasi A L. Statistical Mechanics of Complex Networks[J]. Reviews of Modern Physics, 2002, 74(1):221.

❷　汪小凡, 等. 复杂网络理论与应用[M]. 北京:清华大学出版社, 2006:10-14.

网络模型中，几乎所有两点之间都存在有联系的边相连，故该网络模型的任意两个节点（i，j）之间的最短路径上的边数 d_{ij} 几乎都等于1，因此该网络模型的平均路径长度 L 也非常接近1。②聚类系数。聚类系数 C 就是系统中实际存在联系的边数 E 与最大可能存在联系的边数 H 之间的一种比例关系，即 $C=E/H$。从理论上说，网络中两个节点之间都有可能建立联系，但实际情况中只有一部分节点通过某种关系联系在一起。聚类系数事实上是指网络中联系或者关系的紧密或疏散程度，它可以反映世界上许多事情的扎堆现象。聚类系数 C 越接近1，说明节点们的关系越密切。由于中职篮系统复杂网络中几乎所有两节点之间都存在联系边，所以现实存在联系的边数 E 与最大可能存在联系的边数 H 几乎相等，故其聚类系数也接近1，说明中职篮系统中所有主体之间关系非常密切。③度与度的分布。节点的度是指这个节点在网络结构中重要性的科学反映。通过该节点的边数越多，则节点度越大，说明其重要性越大。度的分布就是指该节点与 K 个其他节点有关系的概率大小，这个概率就是这个网络的度分布。从度与度的分布上看，中职篮系统也是几乎所有主体节点均和其他节点都存在联系的边，即所有节点都非常重要。

另外，在该 NW 小世界系统网络中，每个节点细分下去都是一个该网络系统的子系统，每个子系统中也存在复杂的小世界网络。例如，篮管中心系统的节点之间、俱乐部系统内部的节点之间、裁判员系统内部的节点之间、后备人才培养系统内部的节点之间、广告商系统内部的节点之间、运营公司系统内部的节点之间的相互关系和作用等。这一系列的阐述都说明了中职篮运行系统网络的高度复杂性内涵，也体现了中职篮系统运行网络复杂性的高难度。

在现实的中职篮运行过程中，频频出现这样的现象：很多联赛政策的制定，虽然在拟订方案、计划的过程中聘请了相关专家经过反复论证，甚至经过预先试验都可行，但一进入正式执行阶段，潜在的大量矛盾和意想不到的问题涌现而出，造成了联赛运行困难的现象。这些现象的出现，归结于中职篮随着不断地改革与发展，其系统已经变得相当复杂，而这时候中职篮相关主体在系统内外的影响力和相互作用则显得尤为关键，故对中职篮运行机制复杂性的认识和研究应引起我们的重视。

三、复杂系统的问题需要复杂系统理论方法和思维去分析

中职篮是一个由不同层次主体组成的系统，联赛系统的结构性要素及其组成方式和内部层次都是多样性的。联赛系统中的相关参与者及其行为的相互关系和作用构成联赛运行机制体系。例如，联赛目标动力机制、管理机制、竞赛机制、市场营销机制、激励与约束机制，以及相关的外生环境机制和后备人才培养机制等。在中职篮系统的运转中，这些机制体系相互交织在一起，共同发挥着作用。此外，每个机制体系本身又属于一个独立的系统体系，内部又由许多不同的子指标构成，子指标又由很多微观指标构成，从而形成一个多层次的指标系统。此外，这些指标都有自身特有的功能和作用，在联赛大系统中发挥着重要的作用。另外，中职篮系统的参与主体（管理者、运动员、教练员、裁判员、俱乐部工作人员、赞助商和媒体记者等）都是具有主动学习和适应能力的生物体。他们的认识、决策行为也会使联赛系统充满了复杂性。因此，联赛系统所具有的复杂性给联赛改革和发展的探索，带来了诸多不确定因素，从而使联赛系统运行过程也存在很多复杂多变的现象。❶

中职篮系统属于复杂系统，也决定了联赛运行机制指标体系关系的复杂性。❷ 将中职篮运行机制放在复杂系统理论中加以分析，针对中职篮运行机制特征，将运行机制下一层次维度机制进一步细化到联赛中的各种行为现象或规制内容，然后建立完整的联赛系统运行机制评价指标体系，并探索联赛

---

❶ Christensen Moloney K,N R.Complexity and criticality[M].London:Imperial College Press,2005:1.

❷ Najmanovich D. From paradigms to figures of thought[J].Emergence,2002,21(4):87-90.

运行机制的评价模型。通过对运行机制体系的宏观和微观结构、功能及其关系链的分析，能够系统地发现中职篮当前存在的不足，以及提出可持续发展的有效途径。因此，用复杂系统理论思维研究中职篮问题，对促进中职篮发展具有十分重要的理论与实践价值。

第四节　篮球职业联赛发展的复杂历程

对职业联赛运行机制的现状评价和对未来发展的探究，首先应该从源头上认识联赛发展的历程。只有这样，才能够准确地把握联赛运行的阶段特征，并科学地发现当前联赛存在的问题或不足。由于不同联赛组织所处的社会环境、经济基础和国家制度、政策与法规体系不同，造就了联赛组织在发展路径选择上存在明显的差异性。NBA联赛、欧洲职业篮球联赛和中职篮均由于其所处社会环境、经济基础和国家制度政策等不同，而形成了各自的特点。

一、国外篮球职业联赛发展历程

1. NBA联赛

从1891年詹姆士·奈史密斯发明篮球，仅仅过了7年，美国就出现了职业篮球俱乐部的雏形。一支篮球队用25美元在新泽西州特伦顿租用了一家礼堂进行比赛，这场比赛通过向观众售票获得收入，并在赛后给运动员发放了报酬。这场"有偿篮球赛"被不列颠百科全书认为是第一场"职业篮球比赛"，其真正贡献在于发现并实现了篮球的市场价值。[1] 但这时候的俱乐部由于环境和自身发展有限的影响，一直处于生存艰难的境地。在20世纪20至50年代，在美国国内先后成立了美国篮球联盟（ABL, American Basketball

---

❶　向洪,沙地,黄世礼.淘金体育[M].北京:经济日报出版社,2004:72-74.

League)、国家篮球联盟（NBL，Natioanl Basketball League）、美国篮球协会（BAA，Basketball Association Of America），这些篮球组织也一直处于不稳定地发展中。其中，1925 年 ABL 成立后拥有 9 家职业篮球俱乐部，1937 年 NBL 成立后由 14 家俱乐部组成。第二次世界大战期间，球队和俱乐部的发展也受到了严重的影响。第二次世界大战后，美国经济的迅速崛起，NBL 扩张到了 12 支球队，BAA 也有 11 个俱乐部参赛。由于两个联盟组织的迅速发展，使美国职业篮球市场的竞争加剧，最终导致了 1949 年的 BAA 对 NBL 的吞并，组建了由 17 支俱乐部组成的国家篮球协会 NBA（National Basketball Association）。随着 NBA 的成立，美国职业化篮球从此踏上了新的发展之路。但由于美国篮球市场的迅猛发展，1967 年又有一家职业篮球联盟 ABA 成立，两大联盟组织又展开了激烈的竞争。这样的局面一直持续到 1975—1976 赛季，最终竞争的结果以 ABA 的解散和 NBA 的全面胜利而告终。同时，NBA 在接受了 ABA 的 6 支俱乐部后规模达到了 22 家。NBA 也借此实现了对美国职业篮球人才、资金、市场的全部垄断，为以后 NBA 的发展奠定了坚实的原始积累。❶ 至今，NBA 已经发展成为拥有 30 家职业俱乐部，经济产值相当可观的超级篮球联盟。

NBA 组织在众多的竞争中之所以脱颖而出，很多学者对其研究后认为，NBA 在制度力、文化力、竞争力、吸引力和影响力等方面具备雄厚的实力和丰富的经验。

（1）联赛的政策制度环境。美国经济发展的主导性思想是鼓励和支持各行业在市场上公平、自由竞争，并专门制定了对各行各业具有强大约束力的"反垄断法"，但美国联邦法院授予职业体育联盟不受此法律的约束。这种"反垄断豁免"政策也是职业体育联盟得以飞速发展的关键，NBA 联盟也是其最大受益者之一。该政策赋予 NBA 联盟可以约束球员自由转会，可以垄断

---

❶ 郝家春.我国男子竞技篮球职业化发展的困境与路径研究[D].福州:福建师范大学,2010:44-45.

电视转播权，可以调控职业队的分布与数量等，使 NBA 的市场垄断地位和经营政策得以实现。

（2）管理机构方面。董事会是 NBA 联盟的最高权力机构，由 30 个俱乐部的董事组成。董事会总裁由董事会聘任产生，且每名董事都有平等的投票权。NBA 根据发展需要下设竞赛部、运动员服务部、顾客产品部、市场与赞助部、经济部、国际娱乐部和电视部等职能部门以及其下属公司，总人数达到约 1000 人。❶ 总裁、部门与下属公司之间责任分工非常明确，且路径通畅，完全以高效率的现代化公司形式运行。由此可以看出，完善的组织结构、优秀的管理人才、完善的规章制度也是 NBA 联盟成功的关键。

（3）赛制方面。NBA 每个赛季从前一年的 11 月初开始，至次年 6 月份结束，共计进行包括季前赛、常规赛和季后赛在内的长达 8 个月的赛事。每个赛季共有 1230 场常规赛，每一支球队在常规赛都要打 82 场比赛，好的竞赛质量和数量对观众和赞助商的吸引力使其成功的一大要素。

（4）法规制度方面。联盟拥有一整套完善的管理制度。例如，有利于垄断市场的卡特尔垄断制度，保证球队之间实力旗鼓相当的选秀制度，保证俱乐部之间竞争规范有序的限薪制、工资帽等转会制度等。

（5）联赛的运营方面。NBA 联赛运营以"球迷就是上帝"和"一切服务为球迷"的理念展开各项营销工作。通过不断提高比赛质量，打造舒适的球迷看球环境等，为球迷提供全方位的人性化服务。❷ 另外，NBA 还为各类受众提供了专业细致的媒体服务，通过向记者媒体提供采访、电视台提供 NBA 专业节目、消费大众提供各类宣传杂志（选秀指南、全明星期刊）等，在实现不断扩大知名度和影响力的同时，也获得了巨额利润。

总体上看，NBA 的发展与完善过程是在市场经济条件下，拥有保证联赛

---

❶ 师灿斌.中国男子篮球职业联赛发展路径研究[D].上海：上海体育学院，2009：20.
❷ 陈林祥. NBA 成功运作的营销策略分析[J].武汉体育学院学报，2000，（1）：14-16.

发展的国家特殊政策，拥有与媒体密切的合作关系，拥有健全高效的管理机构、全面灵活的公关手段和优秀的经营管理人才（例如，历任 NBA 总裁普多洛夫、J. 威乐特肯尼迪、奥布莱恩、大卫·斯特恩等，尤其是大卫·斯特恩以独特的职业体育商业运行体系思维和 NBA 全球化的理念，实现了 NBA 全球化的大发展。此外，它还拥有世界顶尖竞技篮球水平人才的培养与流动机制，拥有严格完善的法规制度（如选秀制度、转会制度、工资帽、奢侈税、卡特尔垄断制度及区域保护政策等），拥有现代企业制度管理规范，拥有以球迷消费者需求为中心的全方位人性化服务等。以上这些使得职业队的老板们共同利益得到保证，并实现联盟的强盛。

二、欧洲职业篮球联赛[1]

欧洲篮球职业联赛（Europe League）是由 1957 年创建的欧洲联盟杯赛发展而来的。它沿袭着欧洲其他职业体育市场化的成长轨迹，快速吸纳、整合了欧洲的整个篮球资源、联盟组织，并于 2000 年将联赛分成了分别由联盟负责的欧洲篮球冠军杯赛事和由协会管理的欧洲联盟杯赛事。目前，共有来自欧洲 19 个国家的 48 支俱乐部队伍参赛，每级联赛分别有 24 支球队，每支队可以引进 4 名美籍外援和 4 名欧洲其他国家外援，但比赛中不限制外援上场人数。欧洲篮球职业联赛的球队均是从 19 个欧洲国家的甲级联赛选拔出来的，而这些国家同样也有与甲级联赛数量相当的乙级联赛球队，保证了欧洲职业联赛雄厚球队基础。多年来，联赛的参赛队数量、赛制、竞赛办法相对稳定，非常有利于赛事组织、市场推广、招商和电视转播。联赛成立后，A 级联赛实行股份制，参赛各俱乐部组成股东。联盟通过专门的商业运作公司进行电视转播费、广告和运动员肖像权等销售，在联赛期间，赛区广告权全

---

[1]　辛凭. 欧洲职业篮球联赛和法国、西班牙联赛考察报告. 中国篮球协会内部资料,2007,(6):1-26.

部下放到俱乐部，不向俱乐部下拨经费，但电视转播权由联盟统一管理，并对转播较多场次比赛的俱乐部进行奖励。联赛裁判由欧洲篮球协会统一选派，协会在每个赛季开赛前和联赛中间举行两次裁判员培训班，裁判员的待遇具体由联盟根据其执法表现进行发放。

三、中职篮发展历程

1. 中职篮产生背景

中职篮是从具有 10 年历史的中国男子篮球甲 A 联赛发展而来的。早在 20 世纪 90 年代初，为了贯彻执行奥运战略，国家体委提出了 "捏紧拳头、缩短战线、合理布局、突出重点" 的口号，将有限的经费投入乒乓球、羽毛球、体操、跳水、游泳和举重等夺得金牌可能性较大的个人项目上；同时，把投入大（花钱多）、产出小（夺金困难）的足球、篮球和排球三大球项目全面推向了社会。这一举措也推动了足篮排三大球职业联赛的改革。[1]

在这样的竞技体育战略改革和足篮排三大球自身发展需要的双重推动下，首先足球项目的职业化于 1994 年开始进行改革探索，紧随其后篮球项目于 1995 年也实施了以赛制为突破口的职业化改革。为了使改革顺利进行，中国篮球协会在 1994 年做了精心准备。例如，建立了运动队和运动员的注册登记等管理制度，重新制定竞赛规程，以及寻找商业赞助等。[2] 中国男子篮球甲级队八强赛（简称 CBA 八强赛）于 1995 年 2 月 5 日开赛，为我国竞技篮球职业化改革迈出了重要的第一步。这一阶段所有的组织动员、赛事运作和经营管理等经验为此后全国范围的职业化改革，奠定了坚实的基础。[3] 1995—

❶ 鲍明晓.转变我国竞技体育发展方式的对策研究[J].北京体育大学学报,2014,37(1):9-23、70.
❷ 郝家春.我国男子竞技篮球职业化发展的困境与路径研究[D].福州:福建师范大学,2010:53.
❸ 陈钧,孙民治.美国篮球职业化的起因、发展,带给我们的启示[J].西安体育学院学报,2002,9(4):65-69.

1996 赛季是中国男子篮球甲 A 联赛的第一个赛季，联赛以国际管理集团（IMG）买断联赛经营权的形式进行全面的市场运作。该赛季的商业冠名为"555 篮球联赛"，在 12 支球队中实际上只有 2 支俱乐部球队，其余还属于地方或军队的专业队伍。在随后 10 年里，中国经济得到了飞速发展，人民生活水平也得到了质的改善，消费水平大大提高。而世界竞技篮球也普遍向职业化、市场化、娱乐化方向发展。中国篮协也抓住机遇，对联赛的职业化改革与发展不断地进行着探索，并逐步地在联赛经营管理、俱乐部模式以及赛制等方面积累了丰富的经验，为建立适合于社会主义市场经济体制的新型篮球联赛管理体制和运行机制，不断进行尝试。

随着 2003 年年底《中国职业篮球改革发展十年规划》（简称"北极星计划"）出台，以及 2004 年 4 月中国篮协常务副主席李元伟发表了具有历史意义的"东莞讲话"，一个未来 10 年新型职业联赛构想呈现在全中国职业篮球人的面前。在随后的 2004—2005 赛季，中国篮协对联赛的赛事推广、竞赛方式等进行了一系列的调整和改革。例如，联赛打造以品牌建设为核心，服务球迷、媒体以及服务赞助商的联赛理念；采用国际上比较成熟的"TOP"计划进行招商；取消升降级，推出"一周三赛"等改革举措。本赛季的改革收到了良好的效果，网络视频转播 379 场，电视总播出量 2220 多小时，收视人口约 2.24 亿人次，现场有 123 万人次观众观看了比赛，NBA 电视台也首次购买了 CBA 总决赛转播权。赛季后，中职篮最高权力机构"职业联赛委员会"成立，并常设执行机构"联赛常委会"和办事机构"联赛办公室"；还制定和通过了标志着"管办分离"的《CBA 职业联赛委员会章程》。中国篮协和瑞士盈方体育公司成立合资公司，共同打造 CBA 职业联赛全新的市场化经营模式。

2. CBA 职业联赛的发展

中国男子篮球甲 A 联赛经过 10 个赛季发展，于 2005—2006 赛季正式更名为"CBA 篮球职业联赛",并且由联赛委员会全面负责管理联赛的各项事务。同年 5 月,联赛在资金运行保证方面也得到落实,瑞士盈方公司在未来的 7 年内,每年向中国篮协提供 650 万美元的运行保证金,得到中国职业篮球联赛和各俱乐部除地方冠名和门票收入外的所有商务开发权益。另外,中国篮协(51%股份)与瑞士盈方公司(49%股份)成立合资公司,共同打造 CBA 职业联赛市场化经营模式。

在随后 7 个赛季中,CBA 职业联赛全面实施了俱乐部准入制度,并对俱乐部二线和三线后备梯队建设提出了要求。联赛以"竞技+娱乐+财富+文化"的新篮球观和"大目标+大开放+大整合+大协作"的工作方针展开工作。经过这一时期的大发展,联赛在品牌建设、服务理念、运营招商、篮球文化建设和联赛管理等众多方面都取得了很大的发展,社会影响力也得到了进一步提升。由于 CBA 职业联赛品牌巨大市场价值潜力,它已经成为各大体育品牌和体育比赛运营公司眼中的"肥肉"。随之,中体产业旗下的中奥体育和前国际篮联主席程万琦任董事长的上海嘉懿言集团,加入中职篮运营商的争夺战当中。经过一番激烈的竞标争夺,盈方公司最终报价 5 年 16.5 亿元成功续约 CBA。而李宁、安踏、耐克等知名体育品牌,为争夺 CBA 赞助商也展开了激烈的竞争。最终,李宁公司成为自 2012—2013 赛季至 2016—2017 赛季的联赛主赞助商。此次赞助金额高达 20 亿元人民币,平均每个赛季 4 亿元。在新赞助商确定之后的赛季里,中职篮在逐渐扩大规模的同时,也对市场运营和品牌建设制度进行不断的完善。截至 2014—2015 赛季,联赛的队伍达到了 20 支,比赛场次达到了 406 场,现场和电视观众人数锐增到 10 亿人次左右,电视收视率与日俱增,数字网络的播放量屡创新高,本赛季赞助商数量也达到了 22 家。越来越多的知名品牌认可联赛,使联赛的品牌形象和市场价值得到不断提升。

中职篮经过 20 年改革与发展,已基本形成了真正的职业联赛框架和雏形,成长为国内形象最好、声誉最佳、影响力最大、商业前景和市场开发潜力最大的职业联赛之一。但随着联赛层次的提高和市场化的不断发展,对联赛的目标定位、管理设置、市场经营、竞赛安排、制度建设等方面也提出了更高的要求。这些问题也迫切需要广大学者们去进行科学的研究与论证。

第五章　中国男子篮球职业联赛复杂系统运行机制的评价指标体系构建

从整体上对联赛复杂系统运行机制进行分析，首先要确定联赛复杂系统运行机制评价指标体系，并在此基础上对整体表现进行建模。

第一节　中国男子篮球职业联赛运行机制初始评价指标体系的选择

一、评价指标体系建立依据

中职篮系统运行机制体系内部结构十分复杂，多层次的合作主体组成了若干个子系统，相互联系、相互影响。各个主体对于实现利益的期望并不局限于单一方面，而是需要通过合作实现多个组织共赢目标。因此，对中职篮复杂系统运行机制的评价，需要建立具有系统化、层次化的评价指标体系模型，以实现对不同合作主体的多角度评价。另外，中职篮系统中的很多评价指标具有一定的不确定性或很难用定性的方法确定，这就需要利用数学降维的方法——主成分分析/因子分析法，将一些相关度不高或影响权重不大的指标量化显示出来，满足评价模型的需要。另外，根据系统模型应用的理念，即对复杂系统模型分析时，从系统主体行为产生的基本机制着手，侧重于对系统主体在互动过程中生成的行为模式进行研究。

二、评价指标体系的构建过程

在收集前人研究维度的基础上，❶ 结合中职篮的现状，最初设定为目标机制、动力机制、组织机制、管理机制、投资机制、营销机制、竞争机制、压力机制、激励机制、约束机制、监督机制、外生环境机制 12 个机制维度。通过德尔菲法，第一轮主要是对最初收集的中职篮运行机制评价指标按"不合理指标""建议修改的指标"及"没有考虑到的指标"三个方面，进行专家指标筛选和补充。在征求专家的意见后，将 12 个维度中相关性大的维度进行整合，形成了目标动力机制（原来的目标机制、动力机制）、组织管理机制（原来的组织机制、管理机制）、市场营销机制（原来的投资机制、营销机制）、竞争压力机制（原来的竞争机制、压力机制）、激励机制、约束机制、监督机制、外生环境机制 8 个机制维度。❷ 另外，根据专家建议又增加了两个维度，即竞赛机制、后备人才培养机制，共计形成了 10 个维度。第二轮函询主要是按照第一轮调查和修改后的 10 个维度的结构和内容，根据李克特五分量表法对各个指标的重要性进行评价，即"非常重要""比较重要""模棱两可""比较不重要""非常不重要"5 个指标，让专家对各指标做进一步评价。然后，根据第二轮专家的评价结果，对各个评价指标再次进行了筛选和确认。这样，最终确立了中职篮运行机制的 10 个维度，即目标动力机制、组织管理机制、竞赛机制、市场营销机制、竞争压力机制、激励机制、约束机制、监督机制、后备人才培养机制和外生环境机制，同时根据专家意见也对三级指标进行了相应的调整，见表 5-1。

---

❶ 相关内容见关于职业联赛运行机制的相关研究。

❷ 争议较大的问题还有：是否将激励机制、约束机制放在一个维度中，因为这两个机制即是相反的方面，又是相关性非常大的，最终专家认为分开进行研究可能将问题分析得更为透彻，这也遵从了复杂性科学的原则，即对于相互关系密切的维度应先分离、再统一的进行分析。

表 5-1　中职篮运行机制评价指标体系

一级指标	二级指标	三级指标
目标动力机制 C_1	中职篮开展的总目标动力 D_1	政治任务需要 V_1
		追求经济利益 V_2
		社会发展需要 V_3
		提高中国竞技篮球运动成绩 V_4
	篮协组织中职篮的目标动力 D_2	政治任务需要 V_5
		追求经济利益 V_6
		追求社会影响力 V_7
		提高中国竞技篮球运动成绩 V_8
	俱乐部参加中职篮的目标动力 D_3	追求政治关注 V_9
		追求经济利益 V_{10}
		追求社会知名度 V_{11}
		提高中国竞技篮球运动成绩 V_{12}
	投资人投资中职篮的目标动力 D_4	追求政治关注 V_{13}
		追求经济利益 V_{14}
		追求社会知名度 V_{15}
		提高中国竞技篮球运动成绩 V_{16}
组织管理机制 C_2	组织管理制度 D_5	《中国篮球协会章程》 V_{17}
		《CBA 职业联赛委员会章程》 V_{18}
		《CBA 职业联赛俱乐部准入实施方案》 V_{19}
		《中国篮球协会教练员管理办法》 V_{20}
		《中国篮球协会运动员管理规定》 V_{21}
		《中国篮球协会球员注册与交流管理办法》 V_{22}
		《CBA 职业联赛球员商业权利管理规定》 V_{23}
		《CBA 职业联赛竞赛管理办法》 V_{24}
		《CBA 职业联赛纪律处罚规定》 V_{25}
		《CBA 职业联赛外援引进与管理制度》 V_{26}

一级指标	二级指标	三级指标
组织管理机制 C_2	组织管理制度 D_5	《CBA 职业联赛的商务开发模式》 V_{27}
		《中国篮球协会裁判员管理办法》 V_{28}
		《中职篮 "港、澳、台球员、大学生球员参加中职篮统一选秀"试行方案》 V_{29}
		中职篮其他规定 V_{30}
	组织管理机构设置 D_6	中国篮协（篮管中心）组织系统的结构 V_{31}
		俱乐部组织体系结构 V_{32}
		我国篮球后备人才培养系统组织结构 V_{33}
	组织管理机构权利和义务规定 D_7	中国篮协组织系统的权利和义务规定 V_{34}
		俱乐部权利和义务规定 V_{35}
		篮管中心后备人才培养系统权利和义务规定 V_{36}
		中国篮协组织系统与俱乐部之间的权利和义务分配 V_{37}
		俱乐部与后备人才组织之间的权利和义务分配 V_{38}
		中国篮协组织系统与后备人才培养机构之间的权利和义务分配 V_{39}
竞赛机制 C_3	竞赛规划 D_8	竞赛长期发展规划 V_{40}
		竞赛规模 V_{41}
	竞赛管理 D_9	赛季的竞赛日程安排 V_{42}
		竞赛规则的 V_{43}
		赛季前准备工作（裁判员、教练员等参与主体的培训工作） V_{44}

续表

一级指标	二级指标	三级指标
市场营销 机制 C_4	价格机制 D_{10}	价格体现竞技水平和比赛的精彩程度 V_{45}
		价格体现职业运动员、教练员的价格情况 V_{46}
		价格体现竞赛组织的内部相关制度情况 V_{47}
		价格体现比赛地点情况 V_{48}
		价格体现当地消费者的收入水平及消费需求情况 V_{49}
		政府相关政策影响价格情况 V_{50}
		价格体现赛事的品牌价值情况 V_{51}
		价格体现广告质量情况 V_{52}
		价格体现媒体转播收视率情况 V_{53}
		价格体现体育中介机构的商务推广能力情况 V_{54}
	供求机制 D_{11}	联赛市场满足消费者的偏好、选择度及消费水平需求程度 V_{55}
		联赛市场满足赞助商的收益需求程度 V_{56}
		体育中介服务机构的商务推广能力满足市场需求程度 V_{57}
		宏观经济环境和税收政策满足联赛市场需求程度 V_{58}
		企业界的赞助意识满足联赛市场需求程度 V_{59}
		联赛竞赛赛制安排与参赛球队数量满足联赛市场需求程度 V_{60}
		联赛平台满足球员及后备人才的发展需求程度 V_{61}
	委托代理机制 D_{12}	政府体育主管部门委托中国篮协管理 CBA 职业联赛 V_{62}
		中国篮协扮演了委托方与代理方双重身份 V_{63}
		联赛委员会与俱乐部投资方之间的委托代理关系 V_{64}
		俱乐部老板与经理人之间委托代理关系的激励机制 V_{65}

一级指标	二级指标	三级指标
市场营销机制 C_4	委托代理机制 D_{12}	俱乐部老板与经理人之间委托代理关系的约束机制 V_{66}
		联赛委员会与盈方公司间委托代理关系的激励机制 V_{67}
		联赛委员会与盈方公司间委托代理关系的约束机制 V_{68}
竞争压力机制 C_5	联赛分配制度 D_{13}	联赛的收益在篮协和俱乐部之间的分配 V_{69}
		篮管中心及其下属体系的分配制度 V_{70}
		俱乐部内部分配制度 V_{71}
	优秀运动员分配制度 D_{14}	俱乐部运动员的选拔制度 V_{72}
		俱乐部与球员的合同制度 V_{73}
		球员的转会制度 V_{74}
激励机制 C_6	协会与俱乐部之间 D_{15}	篮协对俱乐部物质激励方法、方式和规定 V_{75}
		篮协对俱乐部荣誉激励方法、方式和规定 V_{76}
	俱乐部内部 D_{16}	俱乐部内部物质激励方法、方式和规定 V_{77}
		俱乐部内部荣誉激励方法、方式和规定 V_{78}
约束机制 C_7	协会与俱乐部之间 D_{17}	篮协对俱乐部工资封顶制度规定 V_{79}
		篮协对俱乐部准入制度和迁址制度规定 V_{80}
		篮协对俱乐部的经济处罚约束规定 V_{81}
	俱乐部内部 D_{18}	俱乐部内部管理的经济处罚约束规定 V_{82}
		俱乐部内部契约约束规定 V_{83}
		俱乐部当前的竞争约束规定 V_{84}
	社会舆论 D_{19}	当前社会舆论约束评价 V_{85}
监督机制 C_8	法律、法规运行机制 D_{20}	国家法律、法规对联赛的监督 V_{86}
		篮协纪律委员会对篮协的监督 V_{87}
		纪律委员会对俱乐部的监督 V_{88}

一级指标	二级指标	三级指标
后备人才培养机制 C_9	后备人才培养规划 D_{21}	后备人才培养的长期发展规划 V_{89}
		后备人才规模及梯队建设 V_{90}
	后备人才管理 D_{22}	后备人才赛季的训练与竞赛安排 V_{91}
		后备人才选拔 V_{92}
		后备人才培养投入 V_{93}
外生环境机制 C_{10}	联赛发展环境的 PEST 分析 D_{23}	政治环境 V_{94}
		经济环境 V_{95}
		社会环境 V_{96}
		体育技术环境 V_{97}

第二节 中国男子篮球职业联赛运行机制评价指标权重确定

各级指标权重的确定是指标体系模型构建最为关键的部分。尽管初始指标经过了优化筛选，但指标体系仍存在参数指标多，而且各指标之间相关程度不等的问题。为了了解表 6 所含相关指标在体系中的相互作用和兼容性，利用数学中降维的方法 PCA（Principal Components Analysis），对三级指标进行重新评价并确定权重，分析步骤如下。

（1）统一采用 Likert 十分计分法，对初始指标体系样本数据进行标准化处理。请专家分别在三个层次的指标变量方面，对中职篮指标重要程度进行打分，数字代表括号中的程度，分别为 1（完全不重要）、2（不重要）、3（大部分不重要）、4（有些不重要）、5（一般）、6（模棱两可）、7（有些重要）、8（大部分重要）、9（重要）和 10（非常重要）。

（2）列出指标数据矩阵 X，了解各测评指标间的相关状况及指标间的信息重叠程度。

（3）以相关系数矩阵的方法来萃取主成分 F_i，计算原始变量 X_i 的相关系数矩阵 R，及其特征值 λ_i {即主成分的方差：Var（Y_i）= λ_i} 和特征向量 a（即指标 X_i 的系数），根据计算特征值大于 1 或累计方差贡献率大于85%的准则，确定主成分的个数。

（4）应用 $Y_{ij} = U_{ij}/\sqrt{\lambda_{ij}}$ 确定因子值系数 Y_{ij}。其中，U_{ij} 是主成分载荷矩阵中的载荷量，

λ_i 是主成分 F_i 对应的特征值。主成分 F_i 可根据下式确定：$F_i = \sum_{j=1}^{P} X_{ij}Y_{ij}$。

（5）解释各主成分的意义，并将各维度的主成分得分系数数据代入方程中，得到中职篮运行机制各维度主成分评价模型；再以各维度中的主成分特征值为权重，结合各维度主成分评价模型方程计算出一级指标体系评价模型；接下来，将所调查的 45 名专家评价数据代入一级指标体系和相关主成分的评价模型中，计算出最终评价得分，据此分析中职篮运行机制存在的问题。

第六章　中国男子篮球职业联赛复杂系统运行机制指标体系评价模型构建及实证分析

按照复杂系统理论的分析要求，对复杂系统的研究不仅需要从系统分解的细节方面进行多角度分析，还要从系统的整体角度进行再审视。首先，对中职篮运行机制从微观的 10 个维度（三级指标体系）进行模型构建和实证研究，然后再对系统的整体（一级指标体系）进行模型构建和实证研究，以达到对中职篮复杂系统从部分到整体的全方位解析。

第一节　中国男子篮球职业联赛目标动力机制评价模型构建及实证分析

社会组织系统及其组成主体总是在追求一定利益的动力结构支配下从事各种活动，这一利益动力结构就是系统组织的目标。任何社会组织为了求得生存和发展，在确立组织目标时，必须审时度势、科学决策，并体现出组织的战略发展取向。这种能够体现社会组织发展战略的目标才是有效的目标。❶有效的目标可以长期地、全局地对整个组织的运行起到导向作用。一定的组

---

❶ 孙晓红,门涛.管理学[M].大连:大连财经大学出版社,2005:4.

织系统及其组成主体目标决定了该组织的所有行为。因此，系统组织目标是分析组织运行机制的基础或起始点。张林认为，动力机制是指促进组织及其构成人员不断提高各项活动绩效，持续推动组织发展壮大，不断追求新的目标的驱动功能，即激发组织及成员积极性的机制。❶ 其核心就是对物质利益和精神利益的追求。综上所述，目标和动力之间关系密切，所有的目标和动力概念的表述中都以彼此为重要依托，故在使用德尔菲法征求专家意见后，本研究提出和界定了中职篮目标动力机制的概念，即激发联赛组织及成员积极性的机制。这是指中职篮的系统组织及其相关参与人员为持续推动联赛组织发展和实现参与者自身目标的驱动力，以及这些驱动力产生影响、发挥功能和作用的原理与方式。其核心内容为联赛的系统组织和参与主体对不同利益的追求。

一、评价模型构建

1. 目标动力机制因子分析检验

通过探索性因子分析方法对目标动力机制的样本进行分析，KMO 值为0.674，说明取样的适当性普通，但 Bartlett 球形值为 605.774，自由度为120，其显著性水平（Sig=0.000）小于 0.05。这两项数据说明样本适合进行因子分析。

2. 目标动力机制的主成分情况

通过对目标动力机制 16 个指标的相关矩阵分析发现，很多指标之间的相关系数都比较大。因此，应提取主成分，用较少的因子来概括指标体系信息，见表6-1。

---

❶ 张林.职业体育俱乐部运行机制[M].北京:人民体育出版社,2001:116.

表 6-1　中职篮目标动力机制指标相关矩阵

	V₁	V₂	V₃	V₄	V₅	V₆	V₇	V₈	V₉	V₁₀	V₁₁	V₁₂	V₁₃	V₁₄	V₁₅	V₁₆
V_1	1.000	0.231	0.046	0.173	0.731	0.526	0.019	0.057	0.612	0.109	-0.045	0.291	0.412	0.011	0.186	0.215
V_2	0.231	1.000	0.465	0.515	0.199	0.496	0.403	0.321	0.212	0.421	0.168	0.340	-0.015	0.314	0.432	0.442
V_3	0.046	0.465	1.000	0.894	0.243	0.247	0.872	0.898	0.065	0.249	0.738	0.210	0.078	0.306	0.628	0.139
V_4	0.173	0.515	0.894	1.000	0.269	0.336	0.777	0.861	0.016	0.418	0.718	0.174	0.022	0.464	0.599	0.247
V_5	0.731	0.199	0.243	0.269	1.000	0.498	0.274	0.212	0.680	0.170	0.071	0.387	0.618	0.097	0.426	0.291
V_6	0.526	0.496	0.247	0.336	0.498	1.000	0.195	0.167	0.388	0.199	0.093	0.225	0.200	0.109	0.404	0.230
V_7	0.019	0.403	0.872	0.777	0.274	0.195	1.000	0.876	-0.011	0.239	0.690	0.181	0.066	0.378	0.630	0.190
V_8	0.057	0.321	0.898	0.861	0.212	0.167	0.876	1.000	-0.049	0.209	0.721	0.133	-0.058	0.323	0.557	0.113
V_9	0.612	0.212	0.065	0.016	0.680	0.388	-0.011	-0.049	1.000	0.076	-0.172	0.310	0.797	-0.024	0.172	0.192
V_{10}	0.109	0.421	0.249	0.418	0.170	0.199	0.239	0.209	0.076	1.000	0.232	0.209	0.035	0.866	0.489	0.356
V_{11}	-0.045	0.168	0.738	0.718	0.071	0.093	0.690	0.721	-0.172	0.232	1.000	0.252	-0.052	0.261	0.540	0.199
V_{12}	0.291	0.340	0.210	0.174	0.387	0.225	0.181	0.133	0.310	0.209	0.252	1.000	0.316	0.099	0.576	0.653
V_{13}	0.412	-0.015	0.078	0.022	0.618	0.200	0.066	-0.058	0.797	0.035	-0.052	0.316	1.000	0.026	0.169	0.135
V_{14}	0.011	0.314	0.306	0.464	0.097	0.109	0.378	0.323	-0.024	0.866	0.261	0.099	0.026	1.000	0.409	0.252
V_{15}	0.186	0.432	0.628	0.599	0.426	0.404	0.630	0.557	0.172	0.489	0.540	0.576	0.169	0.409	1.000	0.409
V_{16}	0.215	0.442	0.139	0.247	0.291	0.230	0.190	0.113	0.192	0.356	0.199	0.653	0.135	0.252	0.409	1.000

如表 6-2 所示，指标相关系数矩阵 R 的特征值大于 1 的有 5 个主成分，累积解释变量为原始变量的 83.529%。因此，可以用 5 个主成分来代替原来的 16 个指标变量进行解释，主成分旋转后的因子载荷矩阵见表 6-3。

表 6-2　目标动力机制解释的总方差表

成分	初始特征值			提取平方和载入			旋转平方和载入		
	合计	方差的 %	累积 %	合计	方差的 %	累积 %	合计	方差的 %	累积 %
1	6.054	37.836	37.836	6.054	37.836	37.836	4.657	29.104	29.104
2	3.289	20.555	58.391	3.289	20.555	58.391	3.012	18.823	47.926
3	1.728	10.799	69.190	1.728	10.799	69.190	2.017	12.605	60.531
4	1.218	7.614	76.804	1.218	7.614	76.804	1.958	12.240	72.771
5	1.076	6.725	83.529	1.076	6.725	83.529	1.721	10.758	83.529
6	0.633	3.956	87.485						
7	...	...	...						

注：提取方法为主成分分析法。

表6-3 目标动力机制旋转成分矩阵表

矩阵指标	成分				
	1	2	3	4	5
V_8	0.945	−0.003	0.073	−0.016	0.096
V_3	0.944	0.068	0.082	0.050	0.148
V_7	0.910	0.053	0.128	0.071	0.075
V_4	0.861	0.043	0.262	0.043	0.284
V_{11}	0.836	−0.101	0.054	0.203	−0.097
V_{15}	0.598	0.195	0.281	0.475	0.169
V_{13}	0.006	0.892	0.035	0.115	−0.200
V_9	−0.080	0.890	0.010	0.105	0.160
V_5	0.190	0.830	0.035	0.163	0.246
V_1	−0.023	0.692	−0.024	0.064	0.481
V_{14}	0.253	0.000	0.934	0.046	0.027
V_{10}	0.143	0.039	0.927	0.189	0.154
V_{12}	0.139	0.270	−0.003	0.886	0.046
V_{16}	0.059	0.073	0.198	0.836	0.202
V_6	0.137	0.344	0.030	0.072	0.795
V_2	0.275	−0.023	0.253	0.316	0.713

注：提取方法为成分分析法。旋转法：具有 Kaiser 标准化的正交旋转法。a. 旋转在 5 次迭代后收敛。

旋转后的因子载荷矩阵显示，V_8（篮协：提高中国竞技篮球运动成绩）、V_3（CBA 开展总动力：社会发展需要）、V_7（篮协：追求社会影响力）、V_4（CBA 开展总动力：提高中国竞技篮球运动成绩）、V_{11}（俱乐部：追求社会知名度）、V_{15}（投资人：追求社会知名度）组成了主成分 F_1，V_{13}（投资人：追求政治关注）、V_9（俱乐部：追求政治关注）、V_5（篮协：政治任务需要）、V_1（CBA 开展总动力：政治任务需要）组成了主成分 F_2，V_{14}（投资人：追求经济利益)、V_{10}(俱乐部：追求经济利益)组成了主成分 F_3，V_{12}(俱乐部：提高中国竞技篮球运动成绩)、V_{16}(投资人：提高中国竞技篮球运动成绩)组成了主成分 F_4，V_6(篮协：追求经济利益)、V_2(CBA 开展总动力：追求经济利益)组成了主成分 F_5。

3. 目标动力机制主成分得分系数及主成分表达式（见表6-4)

表6-4　目标动力机制主成分得分系数矩阵一览表

矩阵指标	成分				
	1	2	3	4	5
V_1	−0.041	0.188	−0.045	−0.098	0.260
V_2	−0.044	−0.162	0.008	0.077	0.487
V_3	0.233	0.018	−0.074	−0.066	0.000
V_4	0.177	−0.011	0.033	−0.103	0.104
V_5	0.030	0.282	−0.014	−0.041	0.006
V_6	−0.041	−0.007	−0.078	−0.105	0.554
V_7	0.224	0.024	−0.037	−0.045	−0.061
V_8	0.242	0.006	−0.068	−0.095	−0.020
V_9	−0.027	0.323	0.020	−0.056	−0.038
V_{10}	−0.091	0.005	0.526	−0.028	−0.021
V_{11}	0.217	−0.030	−0.080	0.099	−0.173
V_{12}	−0.020	−0.006	−0.128	0.552	−0.134
V_{13}	0.028	0.390	0.064	−0.014	−0.342
V_{14}	−0.041	0.032	0.549	−0.112	−0.110
V_{15}	0.088	0.014	0.036	0.200	−0.046
V_{16}	−0.080	−0.102	−0.012	0.502	0.020

注：提取方法为主成分分析法。旋转法：具有 Kaiser 标准化的正交旋转法。

应用公式 $Y_{ij} = U_{ij} / \sqrt{\lambda_i}$ 计算出因子值系数 Y_{ij}，求得目标动力机制主成分

得分系数矩阵如表 10 所示。可求 F_1、F_2、F_3、F_4 和 F_5 的表达式:

$$F_1 = -0.041\bar{X}_1 - 0.044\bar{X}_2 + 0.233\bar{X}_3 + 0.177\bar{X}_4 + 0.030\bar{X}_5 - 0.041\bar{X}_6 + 0.224\bar{X}_7 + 0.242\bar{X}_8 - 0.027\bar{X}_9 - 0.091\bar{X}_{10} + 0.217\bar{X}_{11} - 0.020\bar{X}_{12} + 0.028\bar{X}_{13} - 0.041\bar{X}_{14} + 0.088\bar{X}_{15} - 0.080\bar{X}_{16}$$

$$F_2 = 0.188\bar{X}_1 - 0.162\bar{X}_2 + 0.018\bar{X}_3 - 0.011\bar{X}_4 + 0.282\bar{X}_5 - 0.007\bar{X}_6 + 0.024\bar{X}_7 + 0.006\bar{X}_8 + 0.323\bar{X}_9 + 0.005\bar{X}_{10} - 0.030\bar{X}_{11} - 0.006\bar{X}_{12} + 0.390\bar{X}_{13} + 0.032\bar{X}_{14} + 0.014\bar{X}_{15} - 0.102\bar{X}_{16}$$

$$F_3 = -0.045\bar{X}_1 + 0.008\bar{X}_2 - 0.074\bar{X}_3 + 0.033\bar{X}_4 - 0.014\bar{X}_5 - 0.078\bar{X}_6 - 0.037\bar{X}_7 - 0.068\bar{X}_8 + 0.020\bar{X}_9 + 0.526\bar{X}_{10} - 0.080\bar{X}_{11} - 0.128\bar{X}_{12} + 0.064\bar{X}_{13} + 0.549\bar{X}_{14} + 0.036\bar{X}_{15} - 0.012\bar{X}_{16}$$

$$F_4 = -0.098\bar{X}_1 + 0.077\bar{X}_2 - 0.066\bar{X}_3 - 0.013\bar{X}_4 - 0.041\bar{X}_5 - 0.105\bar{X}_6 - 0.045\bar{X}_7 - 0.095\bar{X}_8 - 0.056\bar{X}_9 - 0.028\bar{X}_{10} + 0.099\bar{X}_{11} + 0.552\bar{X}_{12} - 0.014\bar{X}_{13} - 0.112\bar{X}_{14} + 0.200\bar{X}_{15} + 0.502\bar{X}_{16}$$

$$F_5 = 0.260\bar{X}_1 + 0.487\bar{X}_2 + 0.000\bar{X}_3 + 0.104\bar{X}_4 + 0.006\bar{X}_5 + 0.554\bar{X}_6 - 0.061\bar{X}_7 - 0.020\bar{X}_8 - 0.038\bar{X}_9 - 0.021\bar{X}_{10} - 0.173\bar{X}_{11} - 0.134\bar{X}_{12} - 0.342\bar{X}_{13} - 0.110\bar{X}_{14} - 0.046\bar{X}_{15} + 0.020\bar{X}_{16}$$

其中,$\bar{X}$ 代表调查问卷中目标动力机制指标体系中三级指标均值得分。

4. 目标动力机制评价模型

以上述 5 个主成分所对应的特征值所占提取主成分总的特征值之和的比例作为权重,结合各主成分表达式,计算出综合评价指标 $F_{目标动力}$ 的表达式:

$$F_{目标动力} = 6.054/(6.054 + 3.289 + 1.728 + 1.218 + 1.076)\ F_1 + 3.289/$$
$$(6.054 + 3.289 + 1.728 + 1.218 + 1.076)\ F_2 + 1.728/(6.054 + 3.289 + 1.728 +$$
$$1.218 + 1.076)\ F_3 + 1.218/(6.054 + 3.289 + 1.728 + 1.218 + 1.076)\ F_4 + 1.076/$$

（6.054+3.289+1.728+1.218+1.076）

$F_5 = 0.453F_1 + 0.246F_2 + 0.129F_3 + 0.091F_4 + 0.081F_5$

$= 0.033\bar{X}_1 - 0.013\bar{X}_2 + 0.094\bar{X}_3 + 0.088\bar{X}_4 + 0.082\bar{X}_5 + 0.013\bar{X}_6 + 0.093\bar{X}_7 +$

$0.091\bar{X}_8 + 0.062\bar{X}_9 + 0.024\bar{X}_{10} + 0.076\bar{X}_{11} + 0.012\bar{X}_{12} + 0.088\bar{X}_{13} + 0.044\bar{X}_{14} +$

$0.095\bar{X}_{15} - 0.009\bar{X}_{16}$

其中，X 代表调查问卷中目标动力机制指标体系中三级指标均值得分。

二、实证分析

目标动力机制评价模型建构后，将调查问卷数据代入模型，计算出不同专家对不同主成分及综合评价的得分结果，如表6-5所示。

表6-5　目标动力机制模型评价得分表

	主成分 F_1	主成分 F_2	主成分 F_3	主成分 F_4	主成分 F_5	$F_{目标动力}$	排序
高校专家	7.472	6.092	6.498	5.462	3.992	6.728	2
中国篮协管理者	7.674	6.063	6.543	6.344	2.522	7.004	1
俱乐部管理者	6.169	6.934	6.172	5.929	2.653	6.583	3
职业队教练	6.277	7.046	5.152	6.273	3.511	6.490	4
整体评价	6.957	6.135	6.038	5.974	3.559	6.681	

注：评分范围为1~10分，得分越低说明问题越大，得分越高说明问题越小。

结合表6-5与表6-5的数据对主成分和目标动力机制模型的评价进行分析，F_1 的评价得分最高（6.957分），F_2、F_3、F_4 的评价得分比较接近，都在6分左右，而 F_5 的评价得分比较低（3.559）。这说明，专家们认为，我国中职篮开展的首要总目标动力是社会发展需要和提高中国竞技篮球成绩，其次是政治任务需要，而对经济利益追求不是重点；篮协的首要目标动力是追求社会影响力和提高中国竞技篮球成绩，其次是政治任务需要，对经济利益追求排在最后；投资人、俱乐部具有相同的目标动力，即首先为追求社会知名度，其次追求政治关注和经济利益，提高中国竞技篮球成绩排在最后。整体上而言，总目标动力机制的评价得分为 6.681 分。通过进一步分析看到，不同专家组的目标动力机制评价得分方面，5 个主成分中 4 类专家的评价得分均差异不大。这说明大家对当前中职篮开展的目标动力机制的认识比较统一，具有一致的观点和看法。本研究与十几年前相关学者的调查结果一致。纪康宝等调查结果显示，63.64% 的篮协官员认为，职业化改革目标应该是提升篮球运动技术水平，同时有 81.81% 的俱乐部老板认为职业化的改革目标是获取经济效益。❶

CBA 与 NBA、欧洲等篮球职业联赛有明显不同的发展历程。西方职业篮球的发展更多遵循市场经济的基本规律，即投资—收益原则，因此西方联赛的开展也主要是围绕着经营效益最大化来进行。而中职篮作为转轨产物，是在 20 世纪 90 年代开始进行职业化改革的探索。其本身就具有营利性和公益特定性的二重性，以及俱乐部体制和机制的过渡性等特征。❷ 以政府行政推动为主导的发展，决定了 CBA 的产生与发展不同于市场自发行为规律的模式，主要是为了改变原有体制的不足，在特殊情况时期，借鉴西方职业体育的模式结合我国实情进行的改革。

表 6-5 的数据显示，这种来自于计划经济时代的半政府、半社会市场化的联赛机制，虽然当前融入了市场经济的元素，但其性质决定了其很容易受政治与经济双重制约。由于其目标和动力建立在原有计划经济时代政府认识的基础上，联赛的大多数工作人员都是来自于原政府机构，这些管理者在联赛运行目标、价值体现及利益分配等观念上存在与市场不对称的问题，这也使目前联赛的组织与管理部门篮管中心组织中职篮的目标动力还是侧重于为国争光（提高竞技篮球成绩）、社会发展需要（适应市场经济体制改革）和任务需要（政府机构的任务实现）等政治社会色彩方面。他们认为联赛的开

❶ 纪康宝.体育俱乐部市场化运作与现代化管理实务手册[M].长春:吉林电子出版社,2003,9:1166-1117.
❷ 周进强.我国职业体育俱乐部的法律资格、特征及其设立问题研究[J].天津体育学院学报,2000,15(4):11-14.

展，其目标动力应该注重两点：一是通过联赛对运动员的锤炼和培养，提高技战术能力，为国争光效力；二是要促进群众体育发展和满足群众社会文化生活需要。而作为联赛经营主体的参与者（投资人、俱乐部等）参与联赛的主要目标动力，一是实现社会知名度（间接的经济利益最大化），提高自身所属企业的影响力，谋求在国家政策支持上的照顾，其目的也具有明显的政治价值取向；二是力争在经营上经济盈利最大化。另外的调查发现，个别俱乐部老板不惜重金涉足篮球，除了其显性或隐性的利益诉求，老板们大抵都有浓浓的篮球情结。这些老板在自身的成长经历中都非常喜欢篮球，在自己的俱乐部里每周打上几场球已成为他们生活的一部分。

即使联赛已经历了 20 年的发展，但由于联赛这种特殊的形成机制，也导致了绝大多数体育资源仍然掌握在国家手中。而目前联赛管理主体（中国篮协）多元化的目标动力与联赛参与者利益最大化的目标动力之间的矛盾是当前联赛的根本矛盾，这又是参与主体追求联赛按照市场经济的需求规律运行和管理主体按照计划经济的政府主导联赛之间的矛盾，即联赛能否进一步健康发展所面临的方向选择矛盾。[1] 如张兵等学者认为，欧美等职业体育是按照需求推进型模式，经历了百年发展，逐渐形成了相对完备的制度体系。中国职业体育制度体系建设则主要在行政干预和生产需求的双重作用下进行的。当前，中国职业体育受到的行政干预远远超过西方职业体育。[2] 如果运用复杂系统的整体方法论思维去认识该矛盾，将会有新的认识。

第二节 中国男子篮球职业联赛组织管理机制评价模型构建及实证分析

不同学科领域中众多学者对组织的概念有多种表述，如 Louis. A. Allen

---

[1] 王新雷,练碧贞,张晓丽,刘成.中国男子篮球职业联赛目标动力机制评价模型构建及实证研究[J].体育科学,2016,36(7):32-39.

[2] 张兵,周学荣,沈克印."替罪"or"原罪":论当前职业体育越轨问题中的体制[J].首都体育学院学报,2011(5):389-392.

认为，组织指使人们能够最有效地工作并实现目标而进行责任分工、权力分配和确定关系的形式。❶ Chester Barnard 定义组织为：有意识地协调众人活动或力量的系统。❷ 朱浩定义组织为：事物朝着空间上、时间上或功能上的有序组织结构方向演化的过程体系。❸ 可见，组织管理就是为了实现系统管理目标任务，将系统管理的诸因素协调配合起来的活动过程。因此，组织管理更强调了系统内部子系统或参与者按照一定结构与功能关系的构成。任何组织管理都依赖于社会环境中人的行为，组织管理的相关要素必须以组织核心目标为中心来组合配置和调整，故组织活动是一个动态的过程。张林定义组织管理机制为围绕组织的既定目标，在组织机构设立、组织决策和管理者因素配置过程中所发挥的功能与作用。❹ 根据众学者的论述，结合机制的概念，定义中职篮组织管理机制为：围绕联赛发展的既定目标，中职篮系统各级管理组织的结构和管理者权利与义务等因素的配置，及其内在的功能、作用及运行方式。对中职篮组织管理机制的研究，应主要从组织管理机构的结构、组织管理规制和系统参与者的权利与义务等几方面进行。

一、评价模型构建

1. 组织管理机制因子分析检验

通过探索性因子分析方法对组织管理机制的样本进行分析，KMO 值为0.840，Bartlett 球形值为 1307.925，自由度为 253，其显著性水平（Sig = 0.000）小于 0.05，适合进行因子分析。

2. 组织管理机制的主成分情况

组织管理机制 23 个指标的相关矩阵显示，很多指标之间的相关系数较大。因此，应提取主成分来概括该指标体系信息，见表6-6。

---

❶ Louis.A.Allen. Management and Organization[M].New York:McGraw-Hill Book Company,1958:57.

❷ Chester Barnard.The Functions of the Executive[M].Cambridge:Harvard University Press,2001:73.

❸ 朱浩.非线性视野中我国大学和谐管理机制研究[D].上海:华东师范大学,2007:98.

❹ 张林.职业体育俱乐部运行机制[M].北京:人民体育出版社,2001:105-106.

表6-6 中职篮组织管理机制指标相关矩阵

	V17	V18	V20	V19	V21	V22	V23	V24	V25	V26	V27	V28	V29	V30	V31	V32	V33	V34	V35	V36	V37	V38	V39
V17	1.000	0.151	0.311	0.289	0.156	0.137	0.091	0.125	0.217	0.206	0.288	0.146	0.155	0.244	0.172	0.228	0.290	0.299	0.294	0.184	0.171	0.173	0.224
V18	0.151	1.000	0.732	0.699	0.785	0.631	0.693	0.706	0.718	0.664	0.728	0.639	0.461	0.600	0.804	0.688	0.583	0.695	0.638	0.525	0.557	0.527	0.523
V20	0.311	0.732	1.000	0.845	0.853	0.759	0.704	0.691	0.771	0.800	0.801	0.777	0.466	0.779	0.690	0.637	0.545	0.790	0.689	0.622	0.641	0.545	0.562
V19	0.289	0.699	0.845	1.000	0.897	0.835	0.718	0.700	0.676	0.756	0.823	0.760	0.344	0.718	0.495	0.430	0.430	0.789	0.734	0.649	0.622	0.606	0.542
V21	0.156	0.785	0.853	0.897	1.000	0.838	0.749	0.687	0.741	0.806	0.809	0.729	0.486	0.749	0.709	0.637	0.594	0.808	0.745	0.703	0.637	0.605	0.599
V22	0.137	0.631	0.759	0.835	0.838	1.000	0.840	0.683	0.711	0.802	0.800	0.832	0.471	0.761	0.595	0.590	0.507	0.867	0.731	0.764	0.733	0.647	0.639
V23	0.091	0.693	0.704	0.718	0.749	0.840	1.000	0.786	0.769	0.812	0.887	0.759	0.559	0.629	0.608	0.583	0.583	0.830	0.663	0.639	0.794	0.733	0.703
V24	0.125	0.706	0.691	0.700	0.687	0.683	0.786	1.000	0.827	0.871	0.808	0.776	0.482	0.621	0.612	0.486	0.562	0.823	0.644	0.595	0.707	0.740	0.712
V25	0.217	0.718	0.771	0.676	0.741	0.711	0.769	0.827	1.000	0.858	0.761	0.738	0.644	0.635	0.669	0.605	0.623	0.789	0.538	0.585	0.621	0.586	0.621
V26	0.206	0.664	0.800	0.756	0.806	0.802	0.812	0.871	0.858	1.000	0.827	0.790	0.577	0.707	0.631	0.528	0.578	0.885	0.689	0.706	0.713	0.736	0.706
V27	0.288	0.728	0.801	0.823	0.809	0.800	0.887	0.808	0.761	0.827	1.000	0.823	0.566	0.694	0.608	0.503	0.535	0.825	0.699	0.621	0.759	0.739	0.723
V28	0.146	0.639	0.777	0.760	0.729	0.832	0.759	0.776	0.738	0.790	0.823	1.000	0.532	0.831	0.624	0.502	0.479	0.823	0.671	0.672	0.713	0.600	0.630
V29	0.155	0.461	0.466	0.344	0.486	0.471	0.559	0.482	0.644	0.577	0.566	0.532	1.000	0.581	0.617	0.612	0.688	0.492	0.543	0.427	0.592	0.460	0.512
V30	0.244	0.600	0.779	0.718	0.749	0.761	0.629	0.621	0.635	0.707	0.694	0.831	0.581	1.000	0.620	0.640	0.559	0.772	0.805	0.712	0.708	0.565	0.630
V31	0.172	0.804	0.690	0.495	0.709	0.595	0.608	0.612	0.669	0.631	0.608	0.624	0.617	0.620	1.000	0.779	0.640	0.640	0.663	0.639	0.708	0.600	0.618
V32	0.228	0.688	0.637	0.430	0.637	0.590	0.583	0.486	0.605	0.528	0.503	0.502	0.612	0.640	0.779	1.000	0.738	0.645	0.632	0.527	0.532	0.489	0.502
V33	0.290	0.583	0.545	0.430	0.594	0.507	0.583	0.562	0.623	0.578	0.535	0.479	0.688	0.559	0.640	0.738	1.000	0.633	0.631	0.527	0.532	0.444	0.519
V34	0.299	0.695	0.790	0.789	0.808	0.867	0.830	0.823	0.789	0.885	0.825	0.823	0.492	0.772	0.640	0.645	0.633	1.000	0.783	0.805	0.775	0.756	0.738

	V₁₇	V₁₈	V₁₉	V₂₀	V₂₁	V₂₂	V₂₃	V₂₄	V₂₅	V₂₆	V₂₇	V₂₈	V₂₉	V₃₀	V₃₁	V₃₂	V₃₃	V₃₄	V₃₅	V₃₆	V₃₇	V₃₈	V₃₉
V₃₅	0.294	0.638	0.734	0.689	0.745	0.731	0.663	0.644	0.538	0.689	0.699	0.671	0.543	0.805	0.632	0.699	0.631	0.783	1.000	0.744	0.823	0.720	0.723
V₃₆	0.184	0.525	0.649	0.622	0.703	0.764	0.639	0.595	0.585	0.706	0.621	0.672	0.427	0.712	0.527	0.591	0.632	0.805	0.744	1.000	0.755	0.762	0.770
V₃₇	0.171	0.557	0.622	0.641	0.637	0.733	0.794	0.707	0.621	0.713	0.759	0.713	0.592	0.708	0.532	0.584	0.672	0.775	0.823	0.755	1.000	0.819	0.824
V₃₈	0.173	0.527	0.606	0.545	0.605	0.647	0.733	0.740	0.586	0.736	0.739	0.600	0.460	0.565	0.489	0.444	0.680	0.756	0.720	0.762	0.819	1.000	0.877
V₃₉	0.224	0.523	0.542	0.562	0.599	0.639	0.703	0.712	0.621	0.706	0.723	0.630	0.512	0.618	0.502	0.519	0.735	0.738	0.723	0.770	0.824	0.877	1.000

表 6-7 组织管理机制解释的总方差表

成分	初始特征值			提取平方和载入			旋转平方和载入		
	合计	方差的 %	累积 %	合计	方差的 %	累积 %	合计	方差的 %	累积 %
1	15.348	66.728	66.728	15.348	66.728	66.728	8.369	36.389	36.389
2	1.375	5.977	72.705	1.375	5.977	72.705	5.286	22.983	59.372
3	1.269	5.517	78.222	1.269	5.517	78.222	4.135	17.980	77.351
4	1.056	4.590	82.812	1.056	4.590	82.812	1.256	5.461	82.812
5	0.817	3.553	86.365						
6	...	...	...						

注：提取方法为主成分分析法。

如表 6-7 所示，相关系数矩阵 R 的特征值大于 1 的有 4 个主成分，累积解释变量为原始变量的 82.812%。因此，可以用 4 个主成分来代替原来的 23 个指标变量进行解释，主成分旋转后的因子载荷矩阵见表 6-8。

表 6-8　组织管理机制旋转成分矩阵表

矩阵指标	成分			
	1	2	3	4
V_{19}	0.870	0.262	0.131	0.232
V_{20}	0.808	0.202	0.350	0.232
V_{21}	0.804	0.265	0.367	0.094
V_{22}	0.775	0.437	0.208	0.046
V_{28}	0.773	0.393	0.230	0.007
V_{27}	0.758	0.467	0.229	0.082
V_{26}	0.732	0.485	0.279	0.004
V_{34}	0.709	0.536	0.281	0.159
V_{23}	0.681	0.518	0.296	-0.128
V_{25}	0.678	0.307	0.462	-0.037
V_{24}	0.676	0.498	0.265	-0.114
V_{18}	0.675	0.128	0.555	0.005
V_{30}	0.624	0.383	0.368	0.230
V_{38}	0.363	0.845	0.197	0.031
V_{39}	0.311	0.838	0.289	0.087
V_{37}	0.418	0.765	0.312	0.054
V_{36}	0.449	0.678	0.249	0.164
V_{35}	0.490	0.558	0.385	0.287
V_{32}	0.337	0.217	0.793	0.182
V_{31}	0.495	0.129	0.773	0.046
V_{33}	0.151	0.330	0.743	0.163

矩阵指标	成分			
	1	2	3	4
V_{29}	0.203	0.351	0.724	−0.038
V_{17}	0.098	0.092	0.096	0.915

注：提取方法为主成分分析法。旋转法：具有 Kaiser 标准化的正交旋转法。a. 旋转在 8 次迭代后收敛。

旋转后的因子载荷矩阵显示，V_{19}（《CBA 职业联赛俱乐部准入实施方案》）、V_{20}（《中国篮球协会教练员管理办法》）、V_{21}（《中国篮球协会运动员管理规定》）、V_{22}（《中国篮球协会球员注册与交流管理办法》）、V_{28}（《中国篮球协会裁判员管理办法》）、V_{27}（《CBA 职业联赛的商务开发模式》）、V_{26}（《CBA 职业联赛外援引进与管理制度》）、V_{34}（中国篮协组织系统的权利和义务规定）、V_{23}（《CBA 职业联赛球员商业权利管理规定》）、V_{25}（《CBA 职业联赛纪律处罚规定》）、V_{24}（《CBA 职业联赛竞赛管理办法》）、V_{18}（《CBA 职业联赛委员会章程》）、V_{30}（中职篮其他规定）组成了主成分 F_6，V_{38}（俱乐部与后备人才组织之间的权利和义务分配）、V_{39}（中国篮协组织系统与后备人才培养机构之间的权利和义务分配）、V_{37}（中国篮协组织系统与俱乐部之间的权利和义务分配）、V_{36}（篮管中心后备人才培养系统权利和义务规定）、V_{35}（俱乐部权利和义务规定）组成了主成分 F_7，V_{32}（俱乐部组织体系结构）、V_{31}（中国篮协或篮管中心组织系统的结构）、V_{33}（我国篮球后备人才培养系统组织结构）、V_{29}（《中职篮"港、澳、台球员、大学生球员参加中职篮统一选秀"试行方案》）组成了主成分 F_8，V_{17}（《中国篮球协会章程》）组成了主成分 F_9。

3. 组织管理机制主成分得分系数及主成分表达式（见表6-9)

表6-9　组织管理机制主成分得分系数矩阵一览表

矩阵指标	成分			
	1	2	3	4
V_{17}	−0.048	−0.030	−0.058	0.828
V_{18}	0.126	−0.206	0.184	−0.082
V_{19}	0.191	−0.173	−0.003	0.136
V_{20}	0.243	−0.116	−0.162	0.150
V_{21}	0.175	−0.132	0.009	0.004
V_{22}	0.151	0.006	−0.109	−0.032
V_{23}	0.082	0.070	−0.035	−0.200
V_{24}	0.091	0.065	−0.051	−0.183
V_{25}	0.099	−0.085	0.098	−0.121
V_{26}	0.108	0.035	−0.062	−0.077
V_{27}	0.130	0.023	−0.102	−0.001
V_{28}	0.159	−0.021	−0.084	−0.068
V_{29}	−0.158	0.022	0.349	−0.124
V_{30}	0.064	−0.022	0.014	0.133
V_{31}	0.007	−0.198	0.352	−0.055
V_{32}	−0.091	−0.114	0.368	0.072
V_{33}	−0.240	0.128	0.321	0.054
V_{34}	0.077	0.063	−0.079	0.065
V_{35}	−0.044	0.111	0.015	0.183
V_{36}	−0.060	0.221	−0.072	0.079
V_{37}	−0.103	0.274	−0.032	−0.031
V_{38}	−0.123	0.357	−0.104	−0.044

续表

矩阵指标	成分			
	1	2	3	4
V_{39}	−0.163	0.348	−0.041	0.003

注：提取方法为主成分分析法。旋转法：具有 Kaiser 标准化的正交旋转法。

应用公式 $Y_{ij} = U_{ij}/\sqrt{\lambda_i}$ 计算出因子值系数 Y_{ij}，求得组织管理机制的主成分得分系数矩阵如表 15 所示。可求 F_6、F_7、F_8 和 F_9 的表达式：

$F_6 = -0.418\bar{X}_{17} + 0.126\bar{X}_{18} + 0.191\bar{X}_{19} + 0.243\bar{X}_{20} + 0.175\bar{X}_{21} + 0.151\bar{X}_{22} + 0.082\bar{X}_{23} + 0.091\bar{X}_{24} + 0.099\bar{X}_{25} + 0.108\bar{X}_{26} + 0.130\bar{X}_{27} + 0.159\bar{X}_{28} - 0.158\bar{X}_{29} + 0.064\bar{X}_{30} + 0.007\bar{X}_{31} - 0.091\bar{X}_{32} - 0.240\bar{X}_{33} + 0.077\bar{X}_{34} - 0.044\bar{X}_{35} - 0.060\bar{X}_{36} - 0.103\bar{X}_{37} - 0.123\bar{X}_{38} - 0.163\bar{X}_{39}$

$F_7 = -0.030\bar{X}_{17} - 0.206\bar{X}_{18} - 0.173\bar{X}_{19} - 0.116\bar{X}_{20} - 0.132\bar{X}_{21} + 0.006\bar{X}_{22} + 0.070\bar{X}_{23} + 0.065\bar{X}_{24} - 0.085\bar{X}_{25} + 0.035\bar{X}_{26} + 0.023\bar{X}_{27} - 0.021\bar{X}_{28} + 0.022\bar{X}_{29} - 0.022\bar{X}_{30} - 0.198\bar{X}_{31} - 0.114\bar{X}_{32} + 0.128\bar{X}_{33} + 0.063\bar{X}_{34} + 0.111\bar{X}_{35} + 0.221\bar{X}_{36} + 0.274\bar{X}_{37} + 0.357\bar{X}_{38} + 0.348\bar{X}_{39}$

$F_8 = -0.058\bar{X}_{17} + 0.184\bar{X}_{18} - 0.003\bar{X}_{19} - 0.162\bar{X}_{20} + 0.009\bar{X}_{21} - 0.109\bar{X}_{22} - 0.035\bar{X}_{23} - 0.051\bar{X}_{24} + 0.098\bar{X}_{25} - 0.062\bar{X}_{26} - 0.102\bar{X}_{27} - 0.084\bar{X}_{28} + 0.349\bar{X}_{29} + 0.014\bar{X}_{30} + 0.352\bar{X}_{31} + 0.368\bar{X}_{32} + 0.321\bar{X}_{33} - 0.079\bar{X}_{34} + 0.015\bar{X}_{35} - 0.072\bar{X}_{36} - 0.032\bar{X}_{37} - 0.104\bar{X}_{38} - 0.041\bar{X}_{39}$

$F_9 = 0.828\bar{X}_{17} - 0.082\bar{X}_{18} + 0.136\bar{X}_{19} + 0.150\bar{X}_{20} + 0.004\bar{X}_{21} - 0.032\bar{X}_{22} - 0.200\bar{X}_{23} - 0.183\bar{X}_{24} - 0.121\bar{X}_{25} - 0.077\bar{X}_{26} - 0.001\bar{X}_{27} - 0.068\bar{X}_{28} - 0.124\bar{X}_{29} +$

$0.133\bar{X}_{30}-0.055\bar{X}_{31}+0.072\bar{X}_{32}+0.054\bar{X}_{33}+0.065\bar{X}_{34}+0.183\bar{X}_{35}+0.079\bar{X}_{36}-$

$0.031\bar{X}_{37}-0.044\bar{X}_{38}+0.003\bar{X}_{39}$

其中，$\bar{X}$ 代表调查问卷中组织管理机制指标体系中三级指标均值得分。

4. 组织管理机制评价模型

以上述 4 个主成分所对应特征值占所提取主成分总特征值之和的比例作为权重，结合该机制的各主成分表达式，计算出综合评价指标 $F_{组织管理}$ 的表达式：

$F_{组织管理}=15.348\diagup(15.348+1.375+1.269+1.056)\,F_6+1.375\diagup(15.348+1.375+$

$1.269+1.056)\,F_7+1.269\diagup(15.348+1.375+1.269+1.056)\,F_8+1.056\diagup$

$(15.348+1.375+1.269+1.056)\,F_9=0.806F_6+0.072F_7+0.067F_8+0.055F_9=-$

$0.298\bar{X}_{17}+0.094$

$\bar{X}_{18}+0.149\bar{X}_{19}+0.185\bar{X}_{20}+0.132\bar{X}_{21}+0.114\bar{X}_{22}+0.058\bar{X}_{23}+0.065\bar{X}_{24}+$

$0.074\bar{X}_{25}+0.082\bar{X}_{26}+0.100\bar{X}_{27}+0.116\bar{X}_{28}-0.109\bar{X}_{29}+0.058\bar{X}_{30}+0.013\bar{X}_{31}-$

$0.052\bar{X}_{32}-0.159\bar{X}_{33}+0.068\bar{X}_{34}-0.016\bar{X}_{35}-0.033\bar{X}_{36}-0.107\bar{X}_{37}-0.082\bar{X}_{38}-$

$0.109\bar{X}_{39}$

其中，$\bar{X}$ 代表调查问卷中组织管理指标体系中三级指标均值得分。

二、实证分析

组织管理机制评价模型建构后，将调查问卷数据代入模型，计算出不同专家对不同主成分及综合评价的得分结果，如表 6-10 所示。

表 6-10　组织管理机制模型评价得分表

	主成分 F_6	主成分 F_7	主成分 F_8	主成分 F_9	$F_{组织管理}$	排序
高校专家	2.508	2.939	4.136	4.97	2.482	3
中国篮协管理者	3.836	3.289	4.987	6.143	3.736	1
俱乐部管理者	1.632	3.431	5.846	4.708	2.002	4
职业队教练	2.223	4.714	4.950	5.449	2.498	2
整体评价	1.653	3.229	4.653	6.084	2.045	

注：评分范围为 1~10 分，得分越低说明问题越大，得分越高说明问题越小。

代表了具体联赛细节管理制度的 F_6 得分非常低（1.653 分），其次是代表了联赛系统主体之间权利与义务分配规定的 F_7（3.229 分），代表系统及其各子系统结构合理度的 F_8 得分接近 5 分（4.653 分），代表联赛发展大方向的中国篮球协会章程 F_9 得分较高（6.084 分），而专家对组织管理机制的整体评价非常差（2.045 分）。

1. 具体联赛细节管理制度分析

在主成分 F_6 中，中国篮协管理者的评价最高，但只有 3.836 分，俱乐部管理者对该主成分的评价仅有 1.632 分，其他两类专家对其评价也只有 2 分多。这说明，当前大家对联赛的具体细节管理制度的认可度较差，认为细节管理制度还存在很大的问题。中职篮改革响应 20 世纪 80 年代提出的中国体育体制改革要放权于社会的口号后采取渐进式改革，从最初联赛作为体育事业的一种补充、一种解决发展资金的尝试到现今，已逐步形成了自己的规模和体系。其大方向是政府管理型的管理体制逐渐向社团管理型的管理体制转变。由于联赛受产生根源的影响，虽然经历了 20 年的改革发展，已经形成了一定规模的规章制度体系，并在摸索中不断地进行补充完善。但是由于其管理体制的本质没有大的改变，造成了联赛的所有制度制定和决策安排均是由中国篮协等管理机构来决定，而管理机构在制定规制的过程中，主要是按照国外先进的联赛规制和结合自己对国内联赛发展的认识需要进行制定的。由于缺乏考虑联赛系统其他参与主体发展需要，缺乏对当前社会需求的客观分析等重要因素，造成了改革的步伐缓慢，联赛系统主体抱怨很多。

对专家进行访谈时发现，大家对目前联赛制度争议比较大的有：①CBA俱乐部准入制度。制度规定，中职篮的所有权归属中国篮协，俱乐部必须遵循篮协的相关规定。由此可见，篮协虽然名义上是社团组织，其实篮协与篮管中心都是政府的职能部门，实际上它和篮管中心是"两块牌子，一套人马"。这样会直接导致联赛的管理者制定制度时，首先代表政府的意愿，其次才能考虑到联赛其他主体发展的需要。准入制度中设立的其他各种规定，目的也是为通过制度推动我国篮球俱乐部规范化和职业化建设，是对参与俱乐部主体的一种约束，保证联赛的稳定性。这一制度主要是借鉴 NBA 等发达联赛的制度形成的。但准入制度实行时，俱乐部等主体产生了很大的意见，主要是由于缺乏专业人才的管理与沟通，造成了管理者和俱乐部之间各自片面的错误理解引起的。②竞赛制度。由于联赛是在摸着石头过河的过程中进行的改革，且联赛管理者一切以国家队的竞技成绩为首要任务，联赛的赛制与国家队比赛发生冲突时，必须给国家队让路，这样就导致了很多赛季的竞赛时间和赛程频繁变动，造成了俱乐部赛季前不能有针对性地提早准备各项竞赛和经营工作，进而影响到俱乐部的竞赛成绩等产品质量和市场开发。③CBA职业联赛外援引进与管理制度。当前，CBA 大多数俱乐部引进外援主要想直接增强球队实力，提高球队名次，同时引进大牌外援还能够吸引观众球迷的关注，提高俱乐部收入。但由于外援在比赛中占有绝对主力位置，在比赛的整个过程中，一直起着主导作用，尤其是关键球的处理几乎全是由外援完成，这样的现象导致外援占用了国内球员的上场时间和机会，造成了场面上更多是外籍球员的表演，联赛对国内球员的锻炼质量大大降低，也影响了国内球员在球迷观众中的形象和国家队的成绩。[1] 对外援的引进和使用如

---

[1] 王新雷,练碧贞,张晓丽,王磊. 中国男篮成绩影响指标体系评价模型构建及实证研究[J].北京体育大学学报,2016,39(2):116-124.

何进行政策引导，也引起了联赛系统内外主体不同的看法和争议。④CBA职业联赛纪律处罚规定。由于我国体育法的滞后效应，联赛的纪律处罚制度制定一直无法可依，造成了联赛制定制度内容和标准的难度。因此，违规行为的处罚一旦损害了联赛系统某些小系统单位（俱乐部、投资人、赞助商等）或个体（运动员、教练员等）的利益，很可能会引发一系列效应。尤其是明星级运动员和教练员的言行在球迷观众中的影响力非常大，他们负面的行为势必会对联赛的品牌形象造成极大的损害。

从近两个赛季篮协制定和完善规章制度的过程来看，篮协也开始重视征求系统其他主体的意见，一项制度的初稿出现，先下发给各俱乐部等参与主体征求意见，经反复修改成稿后，再公示一段时间，最后才正式执行。这是一种细节改革的进步，也是篮协认识上的进步。但是在我国联赛改革系统中，还有众多不成熟因素，如联赛管理领导机构、俱乐部管理机构人员的联赛目标定位不准，管理专业水平不高，经验缺乏等，以及联赛系统对外界信息吸收后，在系统内由于流通不畅，很难使众主体达成共识等，造成系统主体相互之间的对抗和冲突。

2. 联赛系统主体之间权利与义务分配规定分析

在主成分 F_7 中，职业队教练的评价分最高，但也只有 4.714 分，其他三类专家的评价分均在 2.9~3.5，也说明了大家认为联赛系统主体之间权利与义务分配规定存在较大的问题。

我国竞技篮球职业化是在政府的主导下开展的市场化、社会化的改革探索。由于篮管中心是国家体育总局指定的负责联赛管理的机构，这就决定了联赛的运行机制必然带有过度的政治色彩。篮管中心和篮协具有政府管理部门和社会管理部门的双重性质与功能，在联赛的权力与义务分配中，由于政府往往占据联赛的绝大多数资源，也拥有联赛的绝对发言权和决策权，这种没有任何力量对其形成威胁的行政垄断一旦形成，就产生了比市场垄断更强的行政垄断。政府规制和决策一旦无效或失灵，就会造成社会大量资源浪费。❶ 这种垄断造成联赛系统的其他主要主体（俱乐部、投资人等）在联赛系统中只是弱势群体，只能按照篮协所规定的规章制度进行活动。这样的权力分配不均，就会导致"由于国家法律监管机制不健全频频发生管理者越轨行为""由于管理者隶属政府的性质问题，导致管理者更注重成绩和业绩，忽略联赛市场发展"或"由于达不到利益追求目标或得不到利益维护，严重损害投资者和俱乐部参与联赛的积极性，制约联赛的快速健康发展"等问题。因为中职篮的职业化改革是在社会主义市场经济体制改革的前提下进行的，而市场经济作为一种通过商品交换实现分散决策的经济体制，其发生作用的内在逻辑，是追求自身利益最大化的个体在市场价格的引导下实现资源配置的帕累托最优。市场经济是以产权独立为基础，以利润最大化为运转核心的经济体系。显然，当前中职篮的运行机制与市场经济的发展相违背。联赛系统中核心主体主要由管理主体、经营主体和消费主体组成，其中消费主体的注意力是靠经营主体的产品质量体现出来的，但是经营主体在管理主体的束缚下，不能按照消费主体或市场需求的原则去提高产品质量，就势必会影响消费主体的规模发展。因此，如何在联赛系统中，合理地规定管理主体、经营主体和消费主体的权利与义务，也是联赛职业化改革成败的关键部分。然而，在目前的联赛发展上，政府利用职权直接垄断了联赛，也没有把联赛的市场化作为主要目标去实现。而发达国家普遍将体育作为产业，通过增加体育物质和服务产品供给，满足国内居民的多种体育需求。❷ 这种行政性垄断实际上造成了当前联赛系统中经营主体的产品质量不高、经济效益差、缺乏竞争力等弊病。❸ 这也是中职篮健康快速发展需要解决的重点问题。

　　当前，联赛管理者虽然掌握联赛系统的大部分权限，但是随着联赛系统

---

❶　蒋昭侠.产业贸易理论教程[M].北京:中国经济出版社,2008:261.
❷　钟天朗,张林.体育产业学科发展研究报告(2008—2011)[M].上海:复旦大学出版社,2013:120.
❸　刘扶民.2007年全国体育产业工作会议报告[R].2007-08-11.

逐步发展壮大，联赛管理主体也应该逐步放权给市场参与的经营主体，突出经营主体的权利和义务，发挥经营主体的积极性，做好市场，吸引更多的消费主体进入联赛系统。而系统管理主体也应该逐步转变职能，更多地提供公共服务，做好管理的法制和法规的完善工作，由主导向监督指导的管理角色转变，逐渐使市场机制成为联赛的主要管理和运行机制，在联赛的运行中，使市场经济的价格、供求关系等要素成为联赛发展的决定性因素。只有这样，联赛才能转化为真正的职业化联赛。

3. 系统及其各子系统结构合理度分析

主成分 F_8 中，高校专家对系统结构的合理度评价分最低为 4.136 分，其他三类专家评价较高一些，均在 4.9~5.9 分。这也说明，大家认为当前的联赛系统及其子系统的结构经过一定时期的发展，初具规模，但还需进一步完善。目前，国外篮球职业联赛管理运行的类型主要有三种。①政府型管理运行模式。在联赛中，政府起主导性作用，政府的专门行政管理机构对联赛进行管理。这种运行模式以俄罗斯、法国等为代表。②社团型管理运行模式。由体育社会团体或者社团联盟对本国的联赛进行主导性的管理。这种运行模式以美国、德国等为代表。③政府—社团综合管理运行模式。在这种体制下，政府和社会团体都不能绝对地主导本国联赛的发展，政府和社团在各种博弈中追求联赛资源配置的均衡。这种运行模式以英国、西班牙等为代表。而中职篮属于政府型管理运行模式，在中国篮球协会章程中明文规定，篮管中心的主要任务是：根据国家的法律、法规和体育方针政策，统一组织、指导全国篮球运动项目的发展，推动篮球项目的普及，提高运动技术水平，促进项目的社会化、产业化的发展。中职篮由中国篮球协会下设的联赛委员会管理，篮协和篮球运动管理中心是"一套人马，两块牌子"。篮球运动管理中心也是中国篮协常设办事机构和中国篮球最高管理机构。这种机构设置形成了自己管理自己的管办不分情况，很容易造成篮协由于没有有效的监督和制约，出现违规行为或者不作为的现象。例如，"国家体育总局以奥运会和亚运会为主要目标，地方体育局以全运会为主要目标，而联赛的进一步市场化很难摆上议事日程。"❶ 此外，本应该由联赛组委会负责的联赛招商、赞助和竞赛，却由于政府职能不到位和职能错位出现了过度干涉现象，而本属于政府工作的大众体育服务范畴却迟迟得不到重视。

　　作为联赛的另一个主体俱乐部明显处于从属地位，在现行管理体制下，没有任何联赛重大事件决策权，就连经营权也被限制得非常死。此外，很多俱乐部内部的组织管理也存在很大问题，如俱乐部董事会形同虚设，董事长、总经理权力集中，专业管理人才缺乏等。在产权方面，俱乐部现在的管理存在多种形式，包括：一是企业独资形式，一般由所在企业的老板分派俱乐部的人事管理，这种模式的俱乐部发展如果没有盈利保障，当企业亏损的时候，职业俱乐部也就随之瓦解。目前企业独资的俱乐部有浙江广厦、北京首钢、东莞新世纪、天津荣钢、青岛双星、广东宏远、福建浔兴、佛山龙狮、新疆广汇、吉林东北虎、山西汾酒、上海东方、北京北控、四川金强、江苏同曦、山东黄金等。二是企业与地方体育局合资，由企业和体育局共同承担俱乐部的人事管理，这种模式的俱乐部虽然有体育局作保障，由于受地方体育政府机构的限制，不能按照市场规律运行，失去了职业化的发展动力。企业与体育局合资的这些俱乐部有辽宁衡业、江苏南钢、浙江稠州银行、八一富邦等。前部分所论述的联赛主体系统的结构图、联赛管理主体机构图、经营主体机构图显示，由于联赛快速发展和资金的保证，管理机构的配置越来越健全，机构职责也越来越细。其中，篮球运动管理中心是具有篮球项目行政管理职能的事业单位，又是中国篮球协会的办事机构，下设 7 个部室，全面负责篮协的财务、竞赛、裁判员、产业开发和俱乐部与其后备人才培养和群众性篮球运动等工作。近几年又成立了裁判委员会和纪律委员会的争议调解处理委员会。❷ 但在对经营主体俱乐部调查中发现，虽然根据俱乐部准入制度要求，

---

❶　鲍明晓.体育产业的行业管理[J].体育科研,2006,(1):1-11.

❷　中国篮协官方网站[EB/OL].http://www.cba.gov.cn/zhongguolanxie.aspx.

俱乐部配齐了所有机构，如办公室、财务部、商业推广部、接待部、后备人才部、球迷管理部、竞赛训练部和球队等。但实际上由于经营主体的经营限制过度，很多俱乐部都处于亏损状态。为了节约成本，很多俱乐部的机构管理人员加上总经理等仅由 3~5 个人组成，且每个人都负责多项工作。这样就造成俱乐部的管理工作粗线条，缺乏系统化、专业化和细节化，也造成俱乐部对发展规划和市场开发的研究形同虚设，这也是制约俱乐部市场化的一个主要方面。

当前，联赛各系统主体机构设置的合理与否直接关系到联赛的进一步发展。因此，如何把经营主体（俱乐部）各个机构环节相互协调利用起来，是当前俱乐部管理改革的重要问题。当前，机构设置的改革更应该放在对经营主体（俱乐部）机构的建设与投入上。在此基础上，要对系统管理主体机构（篮协）及其下设机构、系统经营主体的管理机构（俱乐部）及其下设机构，以及两大系统主体机构之间的一系列责权利进行完善。通过合理设置机构，最大限度地避免职能交叉、多头管理的弊病，从而提高经营效率，降低行政成本。随着联赛的影响力进一步扩大，应将改革与完善机构的重点放在将联赛改革的成果分配逐渐向经营主体俱乐部倾斜方面，包括放权和分利，使经营主体责、权、利的比重逐步增加。调动经营主体（俱乐部）的积极性，提高俱乐部竞赛产品的质量（运动员、教练员的参赛能力，比赛场地的舒适及管理质量），搞活经营主体（俱乐部）的市场作用，以保证联赛系统管理机制的正常运转和市场各要素间的协调发展，也为联赛的进一步发展创造条件。

4. 中国篮球协会章程分析

主成分 F_9，高校专家和俱乐部管理者评价稍低于 5 分，而篮管中心和职业队教练的评价均超过了 5 分，但总体上 4 类专家的评价偏差不到 1.5 分，整体评价得分 6.084 分。这说明专家对该主成分的看法较为一致，对篮球协会章程褒贬持客观中立态度。中国篮球协会章程对中国篮协的定名、社会地位、权力任务、职责和机构组成等进行了界定，章程只是对中国篮球运动宏观方向的指导，对中职篮的具体内容没有涉及，在此不做赘述。

第三节　中国男子篮球职业联赛竞赛机制模型构建及实证分析

竞技体育作为体育系统的高端资源，以其独特的魅力特性成为体育文化中最为亮丽的风景。它的特性有公平性、竞争性、规则性、观赏性、挑战性，以及人们赋予它的和平性。所有这些特性必须通过竞赛这一唯一途径得到表现和诠释。[1] 可见，竞赛作为中职篮的核心因素，是连接联赛相关所有主体的纽带。它可以将消费主体（观众、球迷）、经营主体（投资人、俱乐部）管理主体（篮协、俱乐部）和相关赞助商、媒体等紧密联系在一起。因此，高质量的竞赛对联赛的品牌提升、规模发展起着决定性作用。根据学者们对竞赛和机制概念的阐述，中职篮竞赛机制是指围绕竞赛实施的既定目标、竞赛规划等设计的竞赛制度、规则等，在竞赛组织实施过程中的功能、作用及其运行方式。

一、模型构建

1. 竞赛机制因子分析检验

通过探索性因子分析方法对竞赛机制的样本进行分析，KMO 值为 0.765，Bartlett 球形值为 82.540，自由度为 10，其显著性水平（Sig = 0.000）小于 0.05，适合进行因子分析。

2. 竞赛机制的主成分情况

通过对竞赛机制 5 个指标的相关矩阵分析发现，一些指标之间的相关系数较大，因此应提取主成分来概括该指标体系信息，见表6-11。

---

[1] 田麦久.运动训练学[M].北京:人民体育出版社,1994:56.

表 6-11　中职篮竞赛机制指标相关矩阵

	V_{40}	V_{41}	V_{42}	V_{43}	V_{44}
V_{40}	1.000	0.579	0.462	0.329	0.439
V_{41}	0.579	1.000	0.805	0.451	0.499
V_{42}	0.462	0.805	1.000	0.483	0.576
V_{43}	0.329	0.451	0.483	1.000	0.408
V_{44}	0.439	0.499	0.576	0.408	1.000

表 6-12　竞赛机制解释的总方差表

成分	初始特征值			提取平方和载入		
	合计	方差的 %	累积 %	合计	方差的 %	累积 %
1	3.043	60.854	60.854	3.043	60.854	60.854
2	0.687	13.744	74.599			
3	…	…	…			

注：提取方法为主成分分析法。

如表 6-12 所示，相关系数矩阵 R 的特征值大于 1 的只有 1 个主成分，累积解释变量为原始变量的 60.854%。由于只抽取了一个主成分，故无法对因子载荷矩阵进行旋转。

表 6-13　竞赛机制成分矩阵表

成分	V_{41}	V_{42}	V_{44}	V_{40}	V_{43}
1	0.877	0.875	0.747	0.714	0.665

注：提取方法为主成分分析法。a. 已提取了 1 个成分。

表 6-13 的因子载荷矩阵显示，V_{41}（竞赛规模）、V_{42}（赛季的竞赛日程安排）、V_{44}（赛季前期准备工作）、V_{40}（竞赛长期发展规划）、V_{43}（竞赛规则）等组成了主成分 $F_{竞赛机制}$。

3. 竞赛机制主成分得分系数及竞赛机制评价模型（见表 6-14）

表 6-14　竞赛机制主成分得分系数矩阵一览表

成分	V_{40}	V_{41}	V_{42}	V_{43}	V_{44}
1	0.235	0.288	0.287	0.218	0.245

注：提取方法为主成分分析法。旋转法：具有 Kaiser 标准化的正交旋转法。

应用公式 $Y_{ij} = U_{ij}/\sqrt{\lambda_i}$ 计算出因子值系数 Y_{ij}，求得竞赛机制的主成分得分系数矩阵如表 20 所示。可求 $F_{竞赛机制}$ 的表达式：

$$F_{竞赛机制} = 0.235\bar{X}_{40} + 0.288\bar{X}_{41} + 0.287\bar{X}_{42} + 0.218\bar{X}_{43} + 0.245\bar{X}_{44}$$

其中，$\bar{X}$ 代表调查问卷中竞赛体系中三级指标均值得分。

二、实证分析

将调查问卷的评价数据代入模型，计算出不同专家综合评价的得分结果如表 6-15 所示。

表 6-15　竞赛机制模型评价得分表

	高校专家	中国篮协管理者	俱乐部管理者	职业队教练	整体评价
$F_{竞赛机制}$	6.817	7.963	6.377	6.27	7.458
V_{40}	5.500	8.714	6.286	6.077	6.289
V_{41}	3.667	8.571	3.286	4.002	4.467
V_{42}	2.9447	7.143	2.121	3.011	3.437
V_{43}	7.556	8.857	7.143	7.692	7.733
V_{44}	8.056	9.571	7.429	8.231	8.244

注：评分范围为 1~10 分，得分越低说明问题越大，得分越高说明问题越小。

在竞赛机制的评价得分方面，整体上专家评价得分达到 7.458 分，4 类专家中，联赛管理者评价得分最高，达到 7.963 分，其他 3 类专家也均在 6 分以上。这说明竞赛经过 20 年的发展，在竞赛运行方面取得了很大的进步。但竞赛机制的 5 个指标的单独得分方面差异显著。其中，除篮管中心专家对 5 个指标都给予很高的评价外，其余 3 类专家均对 V_{41}（竞赛规模合理度）、V_{42}（赛季的竞赛日程安排合理度）评价较低（3~4 分之间），而对 V_{43}（竞赛规则的合理度）、V_{44}（赛季前期准备工作的合理度）均较高（7~9 分之间）。这也说明整体发展良好的过程中，仍然存在一些问题。

1. 竞赛规模合理度的分析

竞赛规模合理度的专家评价得分只有 4.467 分。通过访谈相关专家和收集的相关资料了解到，联赛经过 20 年发展，参赛队伍从 1995 年的 12 支发展到现在的 20 支。但联赛准入制度的严格限制和联赛管理者的管理导向问题，使联赛球队规模发展比较缓慢，这与我国篮球人口比例是不相配的。联赛管理者可能考虑到联赛的竞赛质量、经济收入分配和管理复杂等问题，而不愿意短期内快速扩大联赛规模。他们认为，规模扩大的速度过快时，可能会导致竞赛质量下降，联赛收入在各俱乐部等单位分配的减少或在管理上难度加大。但是从中职篮复杂系统的整体上考虑，第一，我国竞技篮球环境非常好。前篮管中心主任李元伟先生和 NBA 专家对我国篮球市场调研的数据均显示，中国篮球人口有 3 亿多人，且近年来篮球消费主体的人口剧增，给中职篮带来了巨大的商机。2012—2013 赛季，李宁公司以 20 亿元买下了联赛 5 个赛季的赞助权，已经体现出联赛的巨大商机潜力。第二，我国地缘辽阔。当前的联赛俱乐部主要集中在发达的沿海地区，而中部地区的很多省 CBA 俱乐部还是空白，如河南省、河北省、湖南省、湖北省、内蒙古自治区、广西壮族自治区等。这些拥有土地面积占国土三分之二以上，人口占中国总人口一半以上的地域篮球市场还没有得到开发，这些地域的球迷还没找到自己地区所支持的球队，使这些省份的球迷在看球时没有归宿感，或直接把注意力转向了 NBA。这不得不说是中职篮市场的巨大损失。第三，由于中职篮经历了多年发展，目前已成为中国男篮培养和选拔教练员和运动员的主要平台。但由于联赛规模较小，导致很多有潜力的球员得不到联赛的锻炼而被半路淘汰。另外，一些有潜力的青少年害怕极高的淘汰率，而选择放弃竞技篮球。当前，我国竞技篮球后备人才质量和数量下降，与联赛规模也存在直接的关系，这与中国篮协开办联赛的政治目标不相符。❶

2. 赛季的竞赛日程安排合理度分析

赛季的竞赛日程安排合理度的专家评价得分只有 3.437 分。根据这一数据，我们对相关专家的访谈发现，在联赛发展的 20 年里，竞赛日程安排一直处于变动和反复调整之中，几乎没有完全相同的两个赛季。究其原因，一是联赛的改革缺乏长远发展规划，采取的是摸着石头过河的方式，下一赛季的联赛设计要以上一赛季的联赛经验总结为基础进行修订；二是联赛受联赛管理者的行政任务（国家队竞技成绩）的压力制约。由于联赛管理者的双重身份，致使我国竞技篮球发展的核心目标是提高竞技篮球水平，创造国际大赛优异成绩，为国争光。国家队的国际竞赛成绩始终是第一要务，一旦遇到篮球国际大赛年，联赛的赛季时间必须为国家队的备战和比赛做出让步，并被随意更改和压缩，如为备战北京奥运会，2007—2008 赛季严重缩水；为备战 2009 年东亚运动会，2009—2010 赛季联赛推迟到 12 月 19 日开赛；随后的 2011—2012 赛季至今，每个赛季的常规赛都在 2 月初结束，而季后赛也在 3 月底或 4 月初结束，其联赛赛程的设计就是典型的保证每年的国家队成绩（包括备战 2011 年天津亚锦赛、2012 年伦敦奥运会、2013 年武汉亚锦赛、2014 年仁川亚运会、2015 年长沙亚锦赛、2016 年里约热内卢奥运会）。这种不稳定的或较短的赛制安排，导致其关系链上的一系列参与主体活动受到影响和制约，如图 6-1 所示。例如，由于没有足够或稳定的宣传时间和空间，赞助商和俱乐部投资者的投资收不到应有回报，就会对俱乐部减少投资，造

---

❶ 王新雷,练碧贞,张晓丽,王磊.中国男篮成绩影响指标体系评价模型构建及实证研究[J].北京体育大学学报,2016,39(2):116-124.

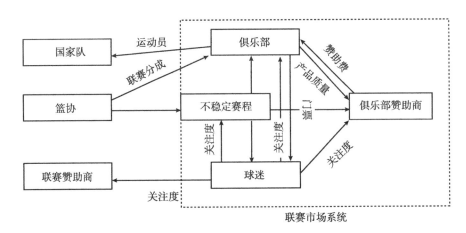

图 6-1　不稳定赛程影响联赛市场系统的关系链情况图

成俱乐部生存更加困难。另外，对俱乐部的联赛备战也造成了众多困难，由于每个赛季联赛常规赛于 2 月份结束，一直到下半年 11 月份下一赛季开始，整整 9 个月的时间间隔中，除了进入国家队的少部分队员得到锻炼，大部分职业球员将面临无球可打的境地。俱乐部只能通过国内外拉链式训练和打教学比赛的方式来保证球员状态。这种形式的训练和比赛与职业比赛赛场上的锻炼相比，效果会出现天壤之别。如果联赛使球员得不到很好的锻炼，国家队的球员质量又怎能保证？上述的联赛市场系统关系链的影响情况分析说明，系统中一个细节的不足就可能导致整个系统出现"蝴蝶效应"现象，最终对整个系统形成非常大的影响。

3. 竞赛规则的合理度分析

无论整体上还是 4 类专家角度，竞赛规则评价得分均在 7 分以上，说明大家对当前竞赛规则的评价比较高。过去中职篮竞赛规则一直沿用国际篮球比赛的规则，但是为了增加比赛的观赏性，联赛将每节时间增加至 12 分钟。这样的安排既使球员适应国际比赛的环境，又符合了观众球迷的需要。另外，在裁判员和运动员的规则要求方面，近几年联赛也一直不断地进行改革和摸索。裁判员方面，从 2014—2015 赛季开始采取的半职业化裁判员制度，使裁判员的管理分离出来，不受联赛系统其他主体的控制，进而减少了干扰，使比赛的公平公正度大幅提高。经过相关统计，18名半职业裁判的判罚准确率最高达到97%，而最低也能够达到88%。在常规赛20支球队在380场比赛中，客场获胜147场，总胜率是38.7%，已接近NBA的39%~40%。这个赛季总决赛，共6场，客场球队胜了3场，胜率更是高达50%。❶ 这些数据也体现出裁判员公平、公正的执法理念不断在提升。在运动员上场规则方面，联赛管理者可谓是大伤脑筋，问题主要集中在外援的使用上。外援数量及上场时间一直是联赛争议比较大的问题，在采访专家的过程中，不同专业的专家有不同的看法，篮管中心专家认为，引进外援可以增加比赛的观赏度，可以提高联赛竞赛质量和促进市场开发。俱乐部管理者和职业教练员认为，引进高水平外援主要是为提高球队的整体实力，军旅八一队曾经创造了辉煌的"八一王朝"。但是，自从联赛实施引进外援制度后，成绩却一落千丈。俱乐部也抱怨大牌外援的引进，虽然提高了成绩，吸引了观众眼球，但巨额转会费和工资也是俱乐部的支出巨大。在采访原山西中宇总经理张北海的过程中，张总直截了当地说，引进马布里虽然在提高球队成绩和吸引球迷关注方面取得了显著的效果，但是他的转会费及其家属的消费给俱乐部带来了沉重的负担，这也是山西中宇最终与马布里没有续约的最主要原因。而高校专家认为，外援的引进是世界竞技篮球职业化的普遍现象，但不同的联赛，不同的发展水平，对外援的引进作用和目的也各不相同。例如，发达的NBA联赛中，由于其国内球员已经代表了世界一流水平，所以它引进外援的目的主要是吸引全球篮球观众和球迷的注意力，为NBA的市场扩张和获取经济利益做服务。而当前CBA各俱乐部外援引进就是为了提高球队竞技实力，提高球队排名，其次才是通过训练与比赛，学习国外先进的战术与打法。最后，在引进亚洲高水平外援方面则也存在双重目的，一是引进的都是亚洲各国国家队球员，他们在国内有一定的影响力，且竞技能力也相当高，如哈达迪、巴赫拉米、

---

❶ 2014—2015赛季CBA联赛总结（新闻稿）[EB/OL].[2015-04-29].http://www.cba.gov.cn/ show. aspx? id=13660&cid=46.

哈提布和我国台湾地区的一些球员等。在中职篮赛场上，这些球员不但可以提升球队的实力，还可以使他们所属国家的球迷和观众关注中职篮，因此亚洲外援的引进也可为一举两得。三类专家对引进外援的目的都做了分析，但是最大的争议出现在外援在联赛赛场上的绝对主力位置，占据了大量的场上时间，使国内球员上场时间减少，处理关键球的机会减少，进而影响到国内球员竞技水平的提高，进一步影响到国家队的成绩。当前，联赛管理者也注意到了这一点，通过广泛征求意见，在2014—2015赛季启用了第四节单外援上场的规则。这一改变使国内球员在比赛关键时刻处理关键球的机会大增，这种导向也是联赛进步的一种体现。

4. 赛季前期准备工作的合理度

赛季前期的准备工作是一个赛季能否顺利地按照计划设定进行的重要保证。在对此项指标的评价中，篮管中心管理者甚至给出了9.571的高分，而最低的俱乐部管理者也给出了7.429的高分。结合专家评价和实际工作调研发现，经过多年的发展，联赛已经形成了系统的赛前准备工作体系，且准备工作越来越细致。其中，为了确保和提升赛事质量，已形成的常规工作有赛季前的裁判员培训、教练员培训、运动员注册管理、运动员体能与技术测试、赛事推广会议等。为了确保联赛系统参与主体的信息畅通，赛前也经常召开统一思想和规则改动说明会。从近几年联赛赛前工作的安排特点发现，联赛决策的制定悄然发生改变。联赛管理者对各项工作的组织和决策，从最初的强制执行到现在越来越注重"征求联赛参与主体的意见"和"统一联赛参与主体的思想"。这说明管理者也开始意识到联赛系统所有组成主体的重要性。这是中职篮职业化改革的一大进步。

第四节 中国男子篮球职业联赛市场营销机制评价模型构建及实证分析

体育市场是指在国家法律、法规和宏观调控指导下，具有一定的交易规则的，经营主体以体育商品、体育服务为对象的交易机制或体系。[1] 根据以上定义，中职篮市场主要指在国家法律、法规调控与指导下，按照一定的交易规则，经营中职篮相关的体育商品、体育服务为对象的交易机制和体系。中职篮市场要素行为及要素之间的作用规律，就是中职篮市场营销的运行机理，含价格机制、供求机制和委托代理机制。[2] 早在2004—2005赛季，中国篮协对中职篮的改革就提出了"打造以品牌建设为核心，服务球迷、服务媒体、服务赞助商的联赛理念"。联赛的职业化改革应该围绕着"最大限度的满足球迷观众不断增长的竞赛表演观赏需要"。NBA将球迷观众奉为上帝，中职篮的理念也定位"观众第一"，一切以观众满意度作为联赛市场经营管理的评价标准。价格机制、供求机制和委托代理机制组成了中职篮市场营销的基本机制，在市场营销机制中发挥基础性作用。根据学者王莉对体育产业市场的研究，总结出了中职篮的市场运营模式图，见图6-2。

---

[1] 陈立基.试论体育市场的若干理论问题[J].体育科学,1998(4):41-43.
[2] 王郓.中国职业篮球竞赛市场的运行机制研究[D].北京:北京体育大学,2006:7.

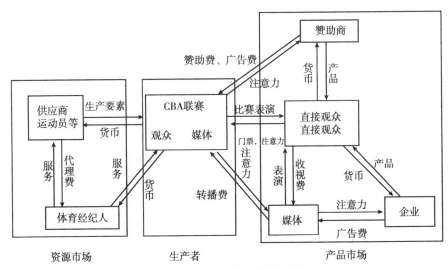

图6-2　中职篮的运营模式图

中职篮的市场运营包括资源市场、产品市场和生产者等几方面。

其中，资源市场是市场的供给方，其供给主体主要包括篮协和俱乐部。如前文所述，中国篮协（篮管中心）是中国篮球管理和监督的最高机构，拥有联赛的绝对所有权和经营权，联赛也是在其下设的联赛委员会的管理下运行的。因此，篮协实际上是联赛的无形资产类产品的供给主体，并拥有联赛无形资产类产品的市场收益分配权。当前，篮协采取承包代理的方式将联赛的经营权委托给专业中介机构（中篮盈方公司）进行全权开发。目前，联赛的经营实际上是在篮协行政控制和管理下，组织联赛参与主体（俱乐部）进行的，而俱乐部是将篮球竞赛作为商品组织生产与经营的经济实体。目前，加入中职篮市场的俱乐部有20家，俱乐部的收入主要包括所属企事业单位的投资、赞助商的冠名费、球赛的门票收入、部分电视转播权、篮协的收益分成，而球员转会收入、商业赛事收入、球迷产品销售收入等相对较少。联赛产品市场主要由需求主体组成，需求主体主要包括球迷（个体消费者、直接消费者）、赞助商（商务消费者、间接消费者）、媒体（商务消费者、间接消费者）和地方政府及企业（行政或自治体、间接消费者）等。❶ 资源市场（篮协和俱乐部）作为联赛的供应商，为联赛提供着比赛需要的球员、教练员和相关参与主体产品。有时候，这些球员等参与主体也受到体育经纪人的影响进行产品供给，同时获取货币报酬。而产品市场相对参与主体较多，其中赞助商企业等通过给联赛支付赞助费和广告费的形式，获取直接观众注意力或通过联赛表现的形式由媒体传播给间接观众，进而达到使观众认可并付出货币购买赞助商企业产品的目的。媒体一是通过向观众提供表演的转播获得观众的收视费，二是通过出售注意力功能获取赞助商企业的广告费。联赛的资源市场和产品市场都是通过中职篮、观众和媒体这样的核心生产者进行衔接，按照各获所需的市场原则进行活动。

一、评价模型构建

1. 市场营销机制因子分析检验

通过探索性因子分析方法对市场营销机制的样本进行分析，KMO 值为 0.771，Bartlett 球形值为 1169.610，自由度为 276，其显著性水平（Sig = 0.000）小于 0.05，这两项数据说明样本较好，适合做因子分析。

2. 市场营销机制的主成分情况

市场营销机制 24 个指标的相关矩阵显示，较多指标之间的相关系数较大，因此可以用较少的因子来概括该指标体系信息，见表 6-16。

---

❶　王郓.中国职业篮球竞赛市场的运行机制研究[D].北京:北京体育大学,2006:29.

表 6-16　中职篮市场营销机制指标相关矩阵

	V45	V46	V47	V48	V49	V50	V51	V52	V53	V54	V55	V56	V57	V58	V59	V60	V61	V62	V63	V64	V65	V66	V67	V68
V45	1.000	0.892	0.786	0.779	0.747	0.634	0.704	0.593	0.630	0.537	0.375	0.283	0.378	0.447	0.141	0.196	0.246	0.579	0.479	0.444	0.544	0.627	0.387	0.417
V46	0.892	1.000	0.769	0.782	0.721	0.639	0.776	0.633	0.696	0.536	0.433	0.324	0.388	0.434	0.176	0.227	0.226	0.530	0.462	0.418	0.468	0.551	0.369	0.378
V47	0.786	0.769	1.000	0.851	0.642	0.651	0.678	0.620	0.647	0.697	0.400	0.369	0.393	0.406	0.369	0.325	0.359	0.589	0.635	0.632	0.599	0.596	0.588	0.591
V48	0.779	0.782	0.851	1.000	0.553	0.562	0.583	0.634	0.638	0.558	0.249	0.278	0.302	0.330	0.119	0.193	0.185	0.444	0.494	0.466	0.534	0.558	0.491	0.521
V49	0.747	0.721	0.642	0.553	1.000	0.576	0.643	0.535	0.635	0.508	0.544	0.559	0.392	0.548	0.392	0.351	0.446	0.520	0.394	0.341	0.416	0.505	0.331	0.278
V50	0.634	0.639	0.651	0.562	0.576	1.000	0.617	0.482	0.647	0.713	0.375	0.420	0.192	0.272	0.069	0.167	0.085	0.551	0.597	0.558	0.319	0.331	0.604	0.602
V51	0.704	0.776	0.678	0.583	0.643	0.617	1.000	0.681	0.664	0.647	0.483	0.233	0.270	0.318	0.299	0.399	0.374	0.492	0.416	0.403	0.347	0.375	0.352	0.331
V52	0.593	0.633	0.620	0.634	0.535	0.482	0.681	1.000	0.699	0.604	0.339	0.154	0.356	0.363	0.355	0.120	0.399	0.414	0.396	0.404	0.453	0.457	0.303	0.313
V53	0.630	0.696	0.647	0.638	0.635	0.647	0.664	0.699	1.000	0.625	0.427	0.315	0.389	0.498	0.294	0.322	0.292	0.599	0.465	0.443	0.530	0.540	0.497	0.491
V54	0.537	0.536	0.697	0.558	0.508	0.713	0.647	0.604	0.625	1.000	0.435	0.465	0.198	0.259	0.344	0.281	0.422	0.594	0.691	0.750	0.550	0.489	0.759	0.726
V55	0.375	0.433	0.400	0.249	0.544	0.375	0.483	0.339	0.427	0.435	1.000	0.660	0.637	0.663	0.572	0.682	0.565	0.534	0.310	0.305	0.321	0.345	0.383	0.326
V56	0.283	0.324	0.369	0.278	0.559	0.420	0.233	0.154	0.315	0.465	0.660	1.000	0.652	0.540	0.501	0.572	0.478	0.335	0.432	0.420	0.356	0.363	0.476	0.400
V57	0.378	0.388	0.393	0.302	0.392	0.192	0.270	0.356	0.389	0.198	0.637	0.652	1.000	0.737	0.733	0.701	0.676	0.377	0.324	0.277	0.424	0.443	0.094	0.082
V58	0.447	0.434	0.406	0.330	0.548	0.272	0.318	0.363	0.498	0.259	0.663	0.540	0.737	1.000	0.592	0.565	0.549	0.438	0.290	0.217	0.391	0.479	0.233	0.253
V59	0.141	0.176	0.369	0.119	0.392	0.069	0.299	0.355	0.294	0.344	0.572	0.501	0.733	0.592	1.000	0.656	0.774	0.225	0.415	0.379	0.342	0.255	0.133	0.178
V60	0.196	0.227	0.325	0.193	0.351	0.167	0.399	0.120	0.322	0.281	0.682	0.572	0.701	0.565	0.656	1.000	0.696	0.481	0.465	0.450	0.492	0.438	0.314	0.314
V61	0.246	0.226	0.359	0.185	0.446	0.085	0.374	0.399	0.292	0.422	0.565	0.478	0.676	0.549	0.774	0.696	1.000	0.373	0.399	0.405	0.538	0.524	0.268	0.203
V62	0.579	0.530	0.589	0.444	0.520	0.551	0.492	0.414	0.599	0.594	0.534	0.335	0.377	0.438	0.225	0.481	0.373	1.000	0.652	0.588	0.636	0.623	0.611	0.573

	V45	V46	V47	V48	V49	V50	V51	V52	V53	V54	V55	V56	V57	V58	V59	V60	V61	V62	V63	V64	V65	V66	V67	V68
V63	0.479	0.462	0.635	0.494	0.394	0.597	0.416	0.396	0.465	0.691	0.310	0.432	0.324	0.290	0.415	0.465	0.399	0.652	1.000	0.913	0.664	0.579	0.617	0.704
V64	0.444	0.418	0.632	0.466	0.341	0.558	0.403	0.404	0.443	0.750	0.305	0.420	0.277	0.217	0.379	0.450	0.405	0.588	0.913	1.000	0.743	0.586	0.675	0.737
V65	0.544	0.468	0.599	0.534	0.416	0.319	0.347	0.453	0.530	0.550	0.321	0.356	0.424	0.391	0.342	0.492	0.538	0.636	0.664	0.743	1.000	0.897	0.667	0.702
V66	0.627	0.551	0.596	0.558	0.505	0.331	0.375	0.457	0.540	0.489	0.345	0.363	0.443	0.479	0.255	0.438	0.524	0.623	0.579	0.586	0.897	1.000	0.642	0.635
V67	0.387	0.369	0.588	0.491	0.331	0.604	0.352	0.303	0.497	0.759	0.383	0.476	0.094	0.233	0.133	0.314	0.268	0.611	0.617	0.675	0.667	0.642	1.000	0.934
V68	0.417	0.378	0.591	0.521	0.278	0.602	0.331	0.313	0.491	0.726	0.326	0.400	0.082	0.253	0.178	0.314	0.203	0.573	0.704	0.737	0.702	0.635	0.934	1.000

表6-17 市场营销机制解释的总方差表

成分	初始特征值			提取平方和载入			旋转平方和载入		
	合计	方差的%	累积%	合计	方差的%	累积%	合计	方差的%	累积%
1	12.071	50.297	50.297	12.071	50.297	50.297	6.425	26.770	26.770
2	3.208	13.366	63.663	3.208	13.366	63.663	5.452	22.716	49.486
3	2.283	9.514	73.177	2.283	9.514	73.177	4.921	20.502	69.988
4	1.196	4.984	78.161	1.196	4.984	78.161	1.624	6.767	76.755
5	1.023	4.261	82.422	1.023	4.261	82.422	1.360	5.667	82.422
6	0.715	2.981	85.402						
7	…								

注：提取方法为主成分分析法。

如表 6-17 所示，相关系数矩阵 R 的特征值大于 1 的有 5 个主成分，累积解释变量为原始变量的 82.422%。因此，可以用 5 个主成分来代替原来的 24 个指标变量进行解释，主成分旋转后的因子载荷矩阵见表 6-18。

表 6-18　市场营销机制旋转成分矩阵表

矩阵指标	成分				
	1	2	3	4	5
V_{46}	0.888	0.178	−0.187	0.135	0.060
V_{45}	0.858	0.207	−0.160	0.260	0.096
V_{51}	0.818	0.211	−0.133	−0.164	−0.269
V_{48}	0.770	0.313	−0.037	0.268	0.025
V_{52}	0.743	0.155	−0.078	0.073	−0.462
V_{47}	0.727	0.452	−0.176	0.179	−0.086
V_{53}	0.719	0.321	−0.236	0.080	−0.077
V_{49}	0.715	0.110	−0.508	0.029	0.037
V_{50}	0.635	0.374	−0.117	−0.292	0.166
V_{68}	0.214	0.896	−0.085	0.169	0.085
V_{67}	0.218	0.881	−0.136	0.116	0.136
V_{64}	0.221	0.821	−0.154	0.166	−0.293
V_{63}	0.267	0.765	−0.206	0.149	−0.249
V_{62}	0.414	0.543	−0.325	0.235	0.057
V_{57}	−0.262	0.054	0.856	−0.219	0.165
V_{55}	−0.283	−0.219	0.799	0.147	−0.005
V_{60}	0.047	−0.292	0.794	−0.229	0.143
V_{58}	−0.335	−0.016	0.763	−0.208	−0.020
V_{56}	−0.122	−0.386	0.761	0.140	−0.151
V_{54}	0.485	0.041	0.746	−0.155	−0.255
V_{66}	0.374	0.460	−0.277	0.688	−0.025

续表

矩阵指标	成分				
	1	2	3	4	5
V_{65}	0.275	0.586	-0.242	0.651	-0.174
V_{59}	-0.051	-0.110	0.120	0.006	0.599
V_{61}	-0.101	-0.169	0.164	-0.235	0.563

注：提取方法为主成分旋转法。具有 Kaiser 标准化的正交旋转法。a. 旋转在 8 次迭代后收敛。

旋转后的因子载荷矩阵显示，代表价格机制的指标 V_{46}（价格体现职业运动员、教练员的价格情况）、V_{45}（价格体现竞技水平和比赛的精彩程度）、V_{51}（价格体现赛事的品牌价值情况）、V_{48}（价格体现比赛地点情况）、V_{52}（价格体现广告质量情况）、V_{47}（价格体现竞赛组织的内部相关制度情况）、V_{53}（价格体现媒体转播收视率情况）、V_{49}（价格体现当地消费者的收入水平及消费需求情况）、V_{50}（政府相关政策影响价格情况）组成了主成分 F_{10}，代表宏观委托代理机制的指标 V_{68}（联赛委员会与盈方公司间委托代理关系的约束机制）、V_{67}（联赛委员会与盈方公司间委托代理关系的激励机制）、V_{64}（联赛委员会与俱乐部投资方之间的委托代理关系）、V_{63}（中国篮协扮演了委托方与代理方双重身份）、V_{62}（政府体育主管部门委托中国篮协管理 CBA 职业联赛）组成了主成分 F_{11}，代表供求机制的指标 V_{57}（体育中介服务机构的商务推广能力满足市场需求程度）、V_{55}（联赛市场满足消费者的偏好、选择度及消费水平需求程度）、V_{60}（联赛竞赛赛制安排与参赛球队数量满足联赛市场需求程度）、V_{58}（宏观经济环境和税收政策满足联赛市场需求程度）、V_{56}（联赛市场满足赞助商的收益需求程度）、V_{54}（价格体现体育中介机构的商务推广能力情况）组成了主成分 F_{12}，代表俱乐部老板与经理人委托代理关系的指标 V_{66}（俱乐部老板与经理人之间的委托代理关系的约束机制）、V_{65}（俱乐部老板与经理人之间的委托代理关系的激励机制）组成了主成分 F_{13}，代表局部供求关系的指标 V_{59}（企业界的赞助意识满足联赛市场需求程度）、

V_{61}（联赛平台满足球员及后备人才的发展需求程度）组成了主成分 F_{14}。

3. 市场营销机制主成分得分系数及主成分表达式（见表6-19）

表6-19　市场营销机制主成分得分系数矩阵一览表

矩阵指标	成分				
	1	2	3	4	5
V_{45}	0.186	−0.095	0.020	0.149	0.146
V_{46}	0.200	−0.095	0.009	0.046	0.108
V_{47}	0.114	0.012	0.044	0.042	−0.020
V_{48}	0.154	−0.044	0.071	0.149	0.061
V_{49}	0.144	−0.094	−0.111	−0.051	0.133
V_{50}	0.093	0.135	−0.018	−0.330	0.167
V_{51}	0.188	−0.039	0.058	−0.218	−0.223
V_{52}	0.169	−0.079	0.120	−0.026	−0.393
V_{53}	0.130	−0.020	0.009	−0.025	−0.011
V_{54}	0.018	0.185	0.054	−0.268	−0.200
V_{55}	0.004	−0.014	0.235	0.217	−0.141
V_{56}	0.069	−0.097	0.252	0.214	−0.270
V_{57}	−0.012	0.128	0.210	−0.099	−0.017
V_{58}	−0.030	0.106	0.206	−0.098	−0.170
V_{59}	0.056	0.015	0.114	0.119	0.417
V_{60}	0.119	−0.035	0.199	−0.079	−0.031
V_{61}	0.055	0.031	0.079	−0.074	0.375
V_{62}	0.004	0.077	−0.042	0.085	0.140
V_{63}	−0.060	0.183	0.044	−0.021	−0.163
V_{64}	−0.078	0.208	0.068	−0.013	−0.210
V_{65}	−0.051	0.057	0.049	0.411	−0.055
V_{66}	−0.008	−0.003	0.016	0.462	0.088

矩阵指标	成分				
	1	2	3	4	5
V_{67}	−0.081	0.244	−0.002	−0.029	0.176
V_{68}	−0.083	0.244	0.027	0.013	0.124

注：提取方法为主成分分析法。旋转法：具有 Kaiser 标准化的正交旋转法。

应用公式 $Y_{ij} = U_{ij} / \sqrt{\lambda_i}$ 计算出因子值系数 Y_{ij}，求得市场营销机制的主成分得分系数矩阵如表 6–19 所示。求得的 F_{10}、F_{11}、F_{12}、F_{13} 和 F_{14} 的表达式如下：

$$F_{10} = 0.186\bar{X}_{45} + 0.200\bar{X}_{46} + 0.114\bar{X}_{47} + 0.154\bar{X}_{48} + 0.144\bar{X}_{49} + 0.093\bar{X}_{50} +$$
$$0.188\bar{X}_{51} + 0.169\bar{X}_{52} + 0.130\bar{X}_{53} + 0.018\bar{X}_{54} + 0.004\bar{X}_{55} + 0.069\bar{X}_{56} - 0.012\bar{X}_{57} -$$
$$0.030\bar{X}_{58} + 0.056\bar{X}_{59} + 0.119\bar{X}_{60} + 0.055\bar{X}_{61} + 0.004\bar{X}_{62} - 0.060\bar{X}_{63} - 0.078\bar{X}_{64} -$$
$$0.051\bar{X}_{65} - 0.008\bar{X}_{66} - 0.081\bar{X}_{67} - 0.083\bar{X}_{68}$$

$$F_{11} = -0.095\bar{X}_{45} - 0.095\bar{X}_{46} + 0.012\bar{X}_{47} - 0.044\bar{X}_{48} - 0.094\bar{X}_{49} + 0.135\bar{X}_{50} -$$
$$0.039\bar{X}_{51} - 0.079\bar{X}_{52} - 0.020\bar{X}_{53} + 0.185\bar{X}_{54} - 0.014\bar{X}_{55} - 0.097\bar{X}_{56} + 0.128\bar{X}_{57} +$$
$$0.106\bar{X}_{58} + 0.015\bar{X}_{59} - 0.035\bar{X}_{60} + 0.031\bar{X}_{61} + 0.077\bar{X}_{62} + 0.183\bar{X}_{63} + 0.208\bar{X}_{64} +$$
$$0.057\bar{X}_{65} - 0.003\bar{X}_{66} + 0.244\bar{X}_{67} + 0.244\bar{X}_{68}$$

$$F_{12} = 0.020\bar{X}_{45} + 0.009\bar{X}_{46} + 0.044\bar{X}_{47} + 0.071\bar{X}_{48} - 0.111\bar{X}_{49} - 0.018\bar{X}_{50} +$$
$$0.058\bar{X}_{51} + 0.120\bar{X}_{52} + 0.009\bar{X}_{53} + 0.054\bar{X}_{54} + 0.235\bar{X}_{55} + 0.252\bar{X}_{56} + 0.210\bar{X}_{57} +$$
$$0.206\bar{X}_{58} + 0.114\bar{X}_{59} + 0.199\bar{X}_{60} + 0.079\bar{X}_{61} - 0.042\bar{X}_{62} + 0.044\bar{X}_{63} + 0.068\bar{X}_{64} +$$
$$0.049\bar{X}_{65} + 0.016\bar{X}_{66} - 0.002\bar{X}_{67} + 0.027\bar{X}_{68}$$

$$F_{13} = 0.149\bar{X}_{45} + 0.046\bar{X}_{46} + 0.042\bar{X}_{47} + 0.149\bar{X}_{48} - 0.051\bar{X}_{49} - 0.330\bar{X}_{50} -$$

$0.218\bar{X}_{51}-0.026\bar{X}_{52}-0.025\bar{X}_{53}-0.268\bar{X}_{54}+0.217\bar{X}_{55}+0.214\bar{X}_{56}-0.099\bar{X}_{57}-$

$0.098\bar{X}_{58}+0.119\bar{X}_{59}-0.079\bar{X}_{60}-0.074\bar{X}_{61}+0.085\bar{X}_{62}-0.021\bar{X}_{63}-0.013\bar{X}_{64}+$

$0.411\bar{X}_{65}+0.462\bar{X}_{66}-0.029\bar{X}_{67}+0.013\bar{X}_{68}$

$F_{14}=0.146\bar{X}_{45}+0.108\bar{X}_{46}-0.020\bar{X}_{47}+0.061\bar{X}_{48}+0.133\bar{X}_{49}+0.167\bar{X}_{50}-$

$0.223\bar{X}_{51}-0.393\bar{X}_{52}-0.011\bar{X}_{53}-0.200\bar{X}_{54}-0.141\bar{X}_{55}-0.270\bar{X}_{56}-0.017\bar{X}_{57}-$

$0.170\bar{X}_{58}+0.417\bar{X}_{59}-0.031\bar{X}_{60}+0.375\bar{X}_{61}-0.140\bar{X}_{62}-0.163\bar{X}_{63}-0.210\bar{X}_{64}-$

$0.055\bar{X}_{65}+0.088\bar{X}_{66}+0.176\bar{X}_{67}+0.124\bar{X}_{68}$

其中,$\bar{X}$代表调查问卷中市场营销机制指标体系中三级指标均值得分。

4. 市场营销机制评价模型

以上述 5 个主成分所对应的特征值所占提取主成分总的特征值之和的比例作为权重,结合各主成分表达式,计算出综合评价指标 $F_{市场营销}$ 的表达式:

$F_{市场营销}=12.071/$（$12.071+3.208+2.283+1.196+1.023$）$F_{10}+3.208/$

（$12.071+3.208+2.283+1.196+1.023$）$F_{11}+2.283/$（$12.071+3.208+2.283+$

$1.196+1.023$）$F_{12}+1.196/$（$12.071+3.208+2.283+1.196+1.023$）$F_{13}+$

$1.023/$（$12.071+3.208+2.283+1.196+1.023$）$F_{14}=0.610F_{10}+0.162F_{11}+$

$0.115\,F_{12}+0.060\,F_{13}+0.052F_{14}$

$=0.117\bar{X}_{45}+0.117\bar{X}_{46}+0.079\bar{X}_{47}+0.107\bar{X}_{48}+0.076\bar{X}_{49}+0.066\bar{X}_{50}+0.091\bar{X}_{51}+$

$0.069\bar{X}_{52}+0.075\bar{X}_{53}+0.021\bar{X}_{54}+0.033\bar{X}_{55}+0.054\bar{X}_{56}+0.031\bar{X}_{57}+0.020\bar{X}_{58}+$

$0.078\bar{X}_{59}+0.083\bar{X}_{60}+0.063\bar{X}_{61}+0.007\bar{X}_{62}-0.011\bar{X}_{63}-0.018\bar{X}_{64}+0.006\bar{X}_{65}+$

$0.030\bar{X}_{66}-0.002\bar{X}_{67}-0.001\bar{X}_{68}$

其中,$\bar{X}$代表调查问卷中市场营销机制指标体系中三级指标均值得分。

二、实证分析

市场营销机制评价模型建构后，将调查问卷评价得分代入模型，计算出不同专家对不同主成分及综合评价的得分结果，如表6-20所示。

表6-20　市场营销机制模型评价得分表

	主成分 F_{10}	主成分 F_{11}	主成分 F_{12}	主成分 F_{13}	主成分 F_{14}	$F_{市场营销}$	排序
高校专家	7.946	5.501	7.631	3.501	0.870	6.98	3
中国篮协管理者	8.069	6.023	8.937	2.860	0.519	8.314	1
俱乐部管理者	7.880	5.087	7.705	4.450	1.407	6.783	4
职业队教练	8.336	4.673	7.498	2.946	0.482	7.066	2
整体评价	8.160	5.740	7.762	3.681	1.068	7.125	

注：评分范围为1~10分，得分越低说明问题越大，得分越高说明问题越小。

在专家对市场营销机制模型的评价结果中显示，整体得分达到7.125分。其中，俱乐部专家评价分最低（6.783分），篮协管理者评价得分最高（8.314分）。这说明俱乐部管理者和篮管中心管理者对联赛在市场营销方面工作质量整体评价较高。但在5个主成分中，F_{13}（3.681分）、F_{14}（1.068分）得分非常低。这说明这两个主成分的指标方面是该机制中存在问题最大的环节。

1. 价格机制分析

代表价格机制的主成分 F_{10}，专家评价得分为8.160分，4类专家的评分都比较高，在7.8~8.4分之间。这说明该方面经过多年的发展与完善，当前能够反映联赛的产品质量价格。

在对中职篮市场价格机制做出评价时，由于联赛系统有众多的供给主体和消费主体，其提供的产品也包括竞赛服务产品和与其相关的竞赛无形资产类产品，而且多主体特征和产品多种类特征也造就了价格形成的多成本和需求多样化特征，呈现出联赛市场价格机制复杂性。因此，用单一的价格标准和水平无法衡量其市场的价格表现，只能根据不同的供给主体和消费主体供需特征进行分析。联赛的生产和运营成本主要包括管理机构的人员工资、劳务、培训费用、赛事管理支出、工作场所支出等；运动员、教练员的工资、奖金和日常生活费用等；俱乐部工作人员的工资、奖金等；训练场馆使用费用、市场开拓费、比赛与训练的相关费用等；实际联赛的运行中还包含很多其他潜在的费用。而联赛的收益主要包括篮协对联赛整体商务运作的收益，俱乐部的冠名费、门票、地方电视台、球员转会收入等。王郓认为，市场发育程度（整个市场经济环境的改善与相关制度、法规的建设）及政府政策性的宏观调控，对联赛组织机构与俱乐部（企业）的收益结构也产生很大影响。这也符合复杂系统环境理论的观点。

（1）价格体现职业运动员、教练员的价格方面。运动员、教练员的成本主要包括工资、训练补助和奖金等。随着联赛的不断发展，运动员、教练员的成本支出也在不断地攀升。2001—2002赛季CBA球队运动员年薪普遍在10~30万元之间，各地经济状况不同，球员们的收入也不同。而2014—2015赛季很多主力球员的年薪都达到了500万元~1000万元，普遍年薪也在100万~300万元之间，增长了10倍左右。教练员年薪也从10年前的几万元，增加到现在的100万元左右，涨幅也达到了10倍以上。

（2）在价格体现赛事的品牌价值方面。在2009年，中国体育营销资源推介会上，一份关于中国体育赛事现状及发展研讨的调查报告揭示了国内众多体育赛事品牌的认知度、关注度、喜爱度的排名。结果显示，在赛事认知、赛事关注和赛事喜爱度三项统计排名中，CBA均高居国内16项体育赛事品牌的榜首。由此可见，中职篮的社会认可度非常好。正因为联赛的健康发展，品牌价值不断提高，联赛从2005—2006赛季瑞士盈方每赛季提供的650万美元的赞助费用，至今已经增加到4亿元人民币，增长了6~10倍。联赛也由最初的少数企业赞助，形成了现在的官方赞助体系，见图6-3。另外，各俱乐部除了投资人外，也有自己的俱乐部球队冠名赞助商，冠名费也水涨船高，普遍达到千万元以上。

图6-3　中职篮与企业合作情况图

（3）价格体现媒体转播收视率方面。媒体转播也从联赛最初的中国篮协以付费给相关电视台的形式对CBA联赛进行转播，到2004—2005赛季开始出现电视台付费转播，至2014—2015赛季已经形成了电视、网络、广播等全方位覆盖转播。在2014—2015赛季中，18家电视台转播的2328场比赛，累计超过3705小时；CCTV5直播60场，累计收视人次大幅增长，超过7.4亿人次；在CCTV5周排名中屡登榜首，联赛期间22次周排名中13次排名第一，比例达60%；季后赛第3轮开始至赛季结束，连续7周蝉联榜首。搜狐CBA视频日均播放量为166万，PPTV全赛季视频播放量超过8亿人次。❶

（4）价格体现当地消费者的收入水平及消费需求方面。以2004—2005赛季常规赛为例，到场观众总人数1036150人，平均每场观众人数3895人。2014—2015赛季常规赛到场观众总人数近162万人，场均到场观众4265人。

---

❶ 2014—2015赛季CBA联赛总结（新闻稿）［EB/OL］.［2015-04-29］.http://www.cba.gov.cn/ show. aspx？id=13660&cid=46.

门票方面，通过对辽宁、山西、福建、北京等俱乐部的调查发现，其中 5 个赛季中普通票价变化不大，涨幅较小，但套票涨幅达到 2~3 倍，且票价的定位机制越发灵活。例如，和强队比赛、观众关注度高的比赛、有明星球员的比赛门票价位较高，这也是间接体现了比赛产品的质量。

（5）价格体现竞技水平和比赛的精彩程度方面。随着联赛规模和质量的不断提升，联赛给球员提供的锻炼平台也越来越好。特别是在近几个赛季中，职篮相继引进了 NBA 球星马布里、麦迪、慈世平、奥登等，使联赛的竞技水平和关注度得到了进一步提高。2014—2015 赛季的统计数据表明了当前联赛的竞争激烈和精彩程度。在 380 场常规赛中，两队得分差距在 10 分以内的共有 162 场，占总场次的 43%；差距在 5 分以内的有 72 场，所占比例为 19%；3 分以内的有 41 场，占 11%；有 14 场以一分决胜负，有 10 场进行了加时赛。另外，20 支球队在 380 场常规赛中，客场获胜 147 场，总胜率是 38.7%，已接近 NBA 的 39%~40%。在本赛季的 44 名外援中，至少有 25 人拥有 NBA 的经历。

（6）价格体现比赛地点方面。很多俱乐部在联赛的发展过程中多次更换主场比赛地点，主要有以下原因。一是根据球场球迷容量的需求，将比赛转移到较大的体育场馆。如山西汾酒俱乐部，将主场从容纳 5000 人左右的滨河体育中心移到了可以容纳 8000 人以上的山西省体育中心体育馆；北京首钢俱乐部将主场移至容纳万人以上的万事达中心等。二是为了市场需要，将比赛场地转移到球迷较多的城市或地方。例如，辽宁俱乐部因球市低迷，俱乐部于 2000 年将主场搬离沈阳，先后在辽阳、营口等地征战中职篮，2010 年又迁回沈阳，随后又迁至球迷较多的本溪。三是为了节约成本，将比赛设在了租用场地比较便宜或政府给予政策支持的地方。例如，八一男篮从参加 1995 年的八强赛算起，主场先后在上海、西安、重庆和宁波等地转换。另外，天津、浙江等很多俱乐部也先后更换过主场。总之，中职篮俱乐部根据自身实际情况，以降低成本、增加收入为原则，采取的决策行为体现了市场机制的引导作用。

（7）价格体现联赛相关制度方面。价格体现联赛相关制度方面，涉及最多的是联赛准入制度。为了促进联赛俱乐部健康和稳定发展，保证联赛的竞赛质量，篮协在中职篮准入制度中对俱乐部的机构设置、财务实力、主场门票销售数量和类型、主场地点、软硬件设施、赛事保证金和权利和义务等做了规定。其目的使俱乐部在联赛整体的规范中运行，并对防止俱乐部的越轨行为影响联赛稳定性方面做了重点规定。从积极的角度看，只要通过联赛委员会审核通过的俱乐部，都具备了较好的参赛条件。这些规定首先为俱乐部在该地区的联赛开发和市场经营打好了基础。第二，制度的约束和限制，保证了俱乐部不会由于经济或投资人原因，随意退出联赛，进而促进了联赛的正常平稳发展。

2. 供求机制分析

代表供求机制的主成分 F_{12}，专家评价得分为 7.762 分。其中，篮协管理者评价得分最高，为 8.937 分，其余专家评价分全在 7.4 分以上。专家们认为，体育中介服务机构的商务推广能力比较强，联赛的发展在满足消费者偏好、选择度及消费水平需求方面也取得了一定的成绩。当前的市场环境和政策有利于满足联赛市场的需求，联赛赞助商对联赛市场也越来越重视。Neale在对职业体育经济特性的分析认为，单个俱乐部不能供应整个市场，只有俱乐部球队之间相互合作才能产生比赛，职业联赛的整个联盟才能被看成企业。由于这种相互依赖的市场需求关系使得职业俱乐部间的竞争降低了，这为垄断创造了条件，使单一联盟足以供应整个市场。联赛市场的供求机制是建立在联赛系统市场垄断的基础上运行的。因此，对市场供求机制的研究，主要从系统的垄断整体中进行。

（1）体育中介服务机构的商务推广能力满足市场需求程度。从联赛改革开始，中国篮协管理机构就非常重视与专业中介服务机构进行合作，并根据联赛品牌价值的不断提升，不断地完善委托代理机制。联赛先后委托的体育中介服务机构有 IMG 公司（1995—1996 赛季至 1999—2001 赛季）、中篮公司（2001—2002 赛季至 2004—2005 赛季）、瑞士盈方公司（2005—2006 赛季至 2011—2012 赛季委）、中篮盈方公司（2012—2013 赛季至 2016—2017 赛季）等。❶

（2）联赛市场满足个体消费者的偏好、选择度及消费水平需求程度。在系统中，联赛的供给主要通过竞赛的赛制安排与参赛球队数量来体现，而主要个体消费者（球迷）需求主要通过门票价格、球迷看球人次等体现。表 27 显示，经过 20 年的发展，CBA 的市场供给主体球队从 1995—1996 赛季的 12 支发展至 2014—2015 赛季的 20 支，常规赛比赛场次由 132 场增加到 380 场。个体消费主体观众的现场看球人数从 50 万人增长到 162 万人，电视、网络等收视率更是达到了 7.4 亿人次。据篮协 2011—2012 赛季公布的数据，由于 NBA 停摆，使 CBA 上半赛季结束的时候，通过央视转播观看 CBA 比赛的观众就已超过 10 亿人次，此数据还并不包括观看各地方电视台、网络媒体转播的人数。而在 2010—2011 赛季，CBA 全年的总收视人数也只有 5 亿人次。

---

❶ 中国万达集团于 2015 年 2 月用 10 亿欧元全资收购瑞士盈方体育传媒集团,盈方是一家享誉全球的全服务体育营销公司,是全球五大体育营销公司之一,更是全球最大的体育电视内容制作及转播公司。该公司在国际体育圈拥有广泛资源,负责亚洲 26 个国家和地区的 FIFA 足球赛事转播独家销售权,继 2010 年和 2014 年之后,2018 年以及 2022 年两届足球世界杯销售权也归该公司所有。本次收购意味着中国企业家非常看好中国乃至世界体育产业市场的未来,也标志着我国体育中介机构的发展有了质的飞跃。"CBA 选择与盈方的长期合作"也是目前市场开发较为成功的原因之一。

表6-21 中职篮竞赛安排及观众人数变化统计表

赛季	球队数量	常规赛		季后赛		现场观众数量（万）	央视总收视人次（亿）
		轮次	比赛场次	轮次	比赛场次		
1995—1996	12	22	132	4	22	50	—
1999—2000	12	22	132	6	31	53.6	—
2004—2005	14	33	266	6	41	123	2.24
2009—2010	17	34	340	3	25	100	4.36
2014—2015	20	38	380	3	26	162	7.4

数据来源：中国篮协官方网站。

从表6-21数据可以了解到当前联赛供给市场在稳步发展，消费个体也在飞速增长。这是供求市场的综合作用推动的。一方面，供给市场不但球队数量和比赛场次逐渐增多，且比赛的质量也不断地提高，比赛的胜负悬念不断增加，每个赛季的冠军争夺悬念丛生。另一方面，由于近年来我国经济的飞速发展，个人收入大幅提高，居民生活目标也以从温饱型向小康型转变。随着生活质量的改善和受教育人群稳定增长，加上数字转播技术的飞速发展，使联赛个体消费者（观众）的规模快速扩大。单看央视的转播，10年增长了3倍，而其他数字传媒的观众增长更快。2014—2015赛季，搜狐CBA视频日均播放量为166万，PPTV全赛季视频播放量也超过8亿。

（3）联赛市场满足赞助商的收益需求程度。商务消费者（赞助商）需求主要受到经营收益、产品质量与产品价格、中介机构推广能力和政策环境与企业界赞助意识等因素影响。赞助商赞助中职篮的目的主要是通过联赛平台及其相关的途径，获得个体消费者注意力，进而实现收益。赞助商对联赛的投资与联赛市场对消费者的影响力和满足程度存在直接关系。当然，市场个体消费者人数越多，关注度越大，赞助商的赞助费就会越多。同时，由于消费主体和供给主体之间容易产生判断时空错位，这时候体育中介服务机构的专业能力就会显示出关键作用。因此，在联赛的市场系统中，市场供给者、个体消费者、商业消费者、辅助参与者根据不同的目的和自身的特点，围绕着联赛这一核心纽带进行着产品交换。表 6-21 所反映联赛市场满足个体消费者的偏好、选择度及消费水平需求程度的一系列数据增长，也会提高联赛市场的价值。赞助商的赞助收益也会随着市场价值的不断增长而得到提高，随之赞助费也会提高。从中职篮官方赞助体系中赞助商数量和质量就能了解到，当前联赛市场与赞助商之间的供求关系和发展程度。另外，各俱乐部除了投资人投资外，俱乐部冠名赞助商冠名费也达到千万以上。这一系列数据说明，随着联赛市场规模的不断发展，联赛品牌影响力对赞助商的吸引力也在不断增加。

（4）宏观经济环境和税收政策满足联赛市场需求程度。经过 30 多年的改革，我国市场经济环境不断地发展和完善，并取得了举世瞩目的成绩。目前作为世界第二大经济体，我国社会环境稳定，人们生活质量提高，众多实力型企业出现。这一切都为中职篮的市场发展提供了很好的环境。国务院也看到了国外体育产业发展对国家经济和社会发展的贡献，开始着重于大力发展我国的体育产业。在 2010 年颁布的《国务院办公厅关于加快发展体育产业的指导意见》提出做大做强体育产业，完善相关税费优惠政策，不断加大扶持力度来提升我国体育产业竞争力。2014 年颁布的《关于加快发展体育产业促进体育消费的若干意见》提出，鼓励具备条件的运动项目走职业化道路，鼓励发展职业联盟，充分发挥俱乐部的市场主体作用，以足球、篮球、排球三大球为切入点，加快发展普及性广、关注度高、市场空间大的集体项目，推动产业向纵深发展等。这些政策的实施说明，当前国家对联赛市场发展的重视程度，对联赛市场发展的需求提供了良好的政策和经济环境。可以说，中职篮也迎来了史无前例的发展机遇。

代表供求机制局部关系的 F_{14}，专家评价得分仅为 1.068 分。其中，职业队教练评价得分最低（0.482 分），其余专家评价分也均在 0.5~1.5 分之间。

这说明专家们在宏观上看到中职篮市场快速发展、取得巨大成绩的同时，也很清楚其存在的深层问题。当前，企业界的赞助意识与满足联赛市场发展需求还有很大差距，联赛平台规模和球员培养机制还不能满足联赛市场发展的需求。

（1）企业界的赞助意识不能满足联赛市场需求。虽然中职篮经过多年的发展，联赛品牌和影响力得到了很多企业的认可，但是在联赛参与者和研究者眼里，企业对联赛的赞助意识还远远不够。目前，在赞助联赛的企业中，虽然有一些具有较强实力的企业（一汽大众、TCL、SOHU 等），但与 NBA 的中国赞助商中国移动、中国银行、联想控股、李嘉诚基金、中国招商银行、海尔、蒙牛等相比，无论是在企业的影响力，还是在财力方面都还存在较大差距。从 2007 年开始，NBA 迅速签下了 20 多家中国企业，这些企业每年为 NBA 提供赞助金达到 6000 多万美元，NBA 约 25%的赞助商来自中国。❶ 这也说明，中职篮虽然经过多年的发展，联赛产品质量不断提高，但在需求市场的开发上还远远落后于 NBA 等职业联赛。另外，目前赞助中职篮的实力较强的企业都是近几年加入的，也说明了 CBA 市场发展的远大前景。相信在联赛系统多方参与者共同努力下，在不久的将来，像中国移动、中国银行这样的大企业，甚至国外的跨国集团企业也会投资赞助中职篮。

（2）联赛平台规模和球员培养机制还不能满足联赛市场发展的需求。专家对该指标的评价与竞赛规模合理度的评价相一致，得分都非常低，该方面的情况在联赛竞赛机制中已经做了分析。从联赛竞赛和市场机制发展的综合角度看，中国篮球人口有 3 亿多人，且近年来篮球消费主体的人口剧增，给中职篮带来了巨大的商机。但我国地缘辽阔，有很多省份至今也没有 CBA 球队，如人口大省河南、湖北、湖南、河北等。这些没有中职篮省份的球迷或把注意力转向了 NBA，这也是中职篮市场的巨大损失。另外，作为中国男篮

---

❶　鲍明晓.中国职业体育评述［M］.北京：人民体育出版社,2010：89.

培养和选拔教练员和运动员的平台，联赛由于规模较小，致使很多有潜力的球员中途被淘汰，或一些具备潜力青少年直接放弃了竞技篮球，这也是当前我国竞技篮球后备人才的质量和数量不足的重要原因之一。

3. 委托代理机制分析

中职篮的竞赛市场委托代理机制主要是指市场主体在中职篮竞赛产品运营过程中产生的相互作用关系原理及协调其关系的方式。❶ 它属于联赛市场的微观运行机制。中职篮的委托代理机制所涉及的问题包括：政府体育主管部门委托中国篮协管理 CBA 职业联赛，中国篮协扮演了委托方与代理方双重身份，联赛委员会与盈方公司间委托代理关系的约束、激励机制，联赛委员会与俱乐部投资方之间委托代理关系，俱乐部老板与经理人之间的委托代理关系的约束机制、激励机制等。

代表宏观委托代理机制的 F_{11}，专家整体评价 5.740 分。其中，篮管中心管理者评分最高，6.023 分，职业教练员的评价分最低，4.673 分。总体上 4 类专家的评分在 4.6~6.1 分之间。这说明该方面也存在一定的问题。根据对专家的访谈和前人研究的资料整理，可得出以下结论。

（1）政府体育主管部门委托中国篮协管理中职篮的合理度。在 20 世纪 90 年代，由于国家体育总局竞技体育战略思想的调整和市场经济发展的双重需要中职篮应运而生。由于我国计划经济时代，政府统管一切的指导思想，在 CBA 建立之初，体育总局专门成立篮管中心，将篮球运动项目的管理职能已从原国家体育总局竞训二司（篮球处）下转给"篮管中心"，其目的就是为了充分发挥篮管中心职能，对我国的篮球运动项目管理进行改革，旨在实现我国篮球运动项目管理的集约化、系统化。中国篮协作为中国篮球管理中心的挂靠单位，其实两者是"两个牌子，一套班子"。中职篮的相关管理工作其实就是篮管中心（中国篮协）负责统筹管理。这种委托关系在当时复杂

---

❶ 王郓.中国职业篮球竞赛市场的运行机制研究[D].北京:北京体育大学,2006:64.

的市场经济改革时期，篮管中心作为强有力的专职机构，对联赛的改革推进发挥了巨大的作用。事实证明，改革初期强有力的政府主导，使联赛的各项规章制度制定、竞赛机制设计顺利进行，并使当时的各类俱乐部、专业队在薄弱的市场经济基础上，迅速地整合资源、统一思想，增强了竞争力。而NBA的发展过程可谓是众多俱乐部或球队竞争的结果，最终形成了对美国篮球市场的垄断。与之相比，中职篮起初就是在强有力的行政力量主导下，对联赛市场的垄断基础上发展的，这与NBA的发展历程相比大相径庭。而NBA的发展史说明，体育联赛产业的垄断性特征是其发展的基本条件，也是其发展的优势。在美国市场经济为主导的经济体制下，反垄断法被美国政府认可对职业体育不起作用，也充分说明了职业体育垄断性的好处。因此，在中国的特殊国情环境中，结合职业体育的垄断性特征，从宏观的系统角度分析，政府体育主管部门委托中国篮协管理中职篮是比较合理的。

（2）中国篮协扮演了委托方与代理方双重身份合理度。中国篮协作为中国篮球管理中心的挂靠单位，其具有"两个牌子，一套班子"双重身份特征。而联赛委员会虽然由篮协和俱乐部派人组成，但实质上它只是篮协下设的联赛具体办事机构。从篮管中心、中国篮协与联赛委员会之间的一致或从属关系看，其本质上不形成委托和代理关系，它们之间内部的关系也不会形成对市场的影响，故该方面专家的评价为中性。但从联赛整个系统的关系角度看，专家认为，这种拥有联赛绝对的资源占有权和决策垄断权特征的机构。由于其在联赛的复杂系统中占据绝对主导地位，就会由于缺乏监督，很容易造成决策导向呈现"私人领导式思维现象""贪污腐败等违法越轨现象""利益霸占现象"等，使联赛的参与者利益分配出现失衡。这种情况也说明，当前中职篮管理机构（篮协或联赛委员会）与参与主体（俱乐部、投资方）之间的委托代理关系缺失，两者之间只存在从属关系，不存在实质意义上的委托代理关系。这与NBA的委托代理机制恰恰相反，NBA的资源实际上由各俱乐部所有者控制，这样联赛的委托人就由俱乐部的投资人组成，来委托职业经理人（NBA 总裁）机构在进行联盟的市场开发运作。因此，这种委托形式是建立在"两权分离"的基础上，投资人利用职业经理人专业的联赛管理、市场运营方面的优势，使其通过专业的运作，为投资人带来更大的回报；同时，代理人也利用委托人的联赛资源获得自我收益。NBA 和 CBA 这种资源归属的不同造就了不同的委托人，也造成联赛的核心产品供应主体俱乐部在联赛系统中的地位有着本质的区别，故 CBA 这种具有管办不分特征的委托代理机制很容易损害系统相关核心参与主体（俱乐部、投资方）的利益，进而影响到联赛系统的正常运行和进一步发展。

（3）联赛委员会与盈方公司之间委托代理关系的约束、激励机制合理度。委托人（机构）与代理人（机构）之间的委托代理关系是通过合同的形式实现的。合同的具体规定是双方反复讨价还价的博弈结果，既能够体现双方共同的意愿，也能够体现委托代理关系的激励机制和约束机制情况。中职篮在改革初期先后与 IMG 公司、中篮公司、瑞士盈方公司、中篮盈方公司建立了委托代理关系，这期间也经历了与羊城晚报之间失败的委托代理。最终，由于盈方的全球信誉、专业营销实力及其广泛的营销资源原因，中国篮协选择了与其长期合作，并成立了中篮盈方合资股份公司。其中，中国篮协拥有51%股份，瑞士盈方公司占有 49%股份，全力打造了 CBA 职业联赛的市场委托代理模式。从 10 年的合作效果看，CBA 选择与盈方的长期合作也是目前CBA 实现健康快速发展的原因之一。

（4）运动员经纪活动情况。运动员经纪人主要负责运动员的转会、比赛和日常事务管理等。中职篮品牌影响力的不断提高，以及球员的身价和市场价值也持续提高，给从事体育经纪的人员和机构提供了发展土壤。联赛为了健康发展，也非常注重对经纪人的培养和管理，先后定期的组织经纪人培训和考核，并采取注册制管理，这样就规范了这一市场参与主体的市场行为。

经过十多年的发展，联赛经纪人也从很少的几位（章明基、夏松、陆浩等）发展到现在的初具规模。❶ 但是由于联赛国内球员培养制度体系的不完善，造成市场的供给稀缺，也使国内球员转会市场的开发不足。在外援的引进方面，经纪人们做了大量工作，为中职篮提高竞赛水平做了巨大贡献，但也不乏水货或业务差的经纪人，为联赛引进的外援或外教与实际不符。目前，联赛仍然存在外援和外教更换频繁的现象，为本不富裕的俱乐部造成了巨大损失。

（5）体育组织经纪活动情况。体育经济组织主要从事俱乐部、运动员或体育团体有关事务代理和商业性市场开发。由于在中职篮的发展过程中，俱乐部一直属于弱势群体，且联赛对其市场开发的限制非常严格，属于俱乐部开发的项目也较少，故使这一类经纪活动在联赛市场中比较少。另一原因是俱乐部由于财政困难，为了节约成本，也无力成立专业的市场开发人才机构，或负责与社会体育中介服务机构合作。因此，与快速发展的联赛整体形成鲜明反差的俱乐部建设与发展滞后，将会是阻碍联赛未来发展的一大隐患。篮协应该给予此问题高度的重视，可以利用篮协专业的合作开发机构培训，帮助俱乐部进行市场开发，增加俱乐部的收入和改善俱乐部的生存环境。

代表俱乐部老板与经理人委托代理关系的主成分 F_{13}，无论整体上还是4类专家的分别评价得分均非常低，在 $0.4 \sim 1.5$ 分之间。这说明，当前俱乐部老板与经理人之间的委托代理关系的约束机制、激励机制方面存在很大问题。

CBA 职业篮球俱乐部准入实施方案对俱乐部准入条件提出了明确的规定：俱乐部必须是独立企业法人，必须建立完整的股东大会、董事会、监事会。这一规定是按照现代企业的两权分离的管理制度要求设立的。当前，联赛俱乐部虽然按照联赛准入制的要求进行了建设，但是由于俱乐部的绝对归

---

❶ 根据2012年中国篮协公布的注册篮球经纪人名单,其中达到 A 类标准的有19人,B 类标准的有13人。

属权属于投资人，为了做到对俱乐部的绝对控制，很多俱乐部的经理人都是投资人直接任命和直接干预聘任的。在采访俱乐部时也发现，具有独立民营企业属性的投资人很多老板，对俱乐部过度干预表现在经营和管理细节方面。例如，投资人老板以自己的认识直接干预经理人的经营管理、教练员的比赛指挥、运动员的比赛行为等。具有国有企业属性的投资人对俱乐部的过度干预表现在市场方面。例如，很多俱乐部市场经营权本就不多，冠名权和门票是其主要的经营收入。但投资人感受到以冠名公司的形式宣传会无形间影响到自己企业的宣传效果时，会依然抛弃冠名权，直接以自己企业名义命名，如北京首钢、青岛双星、山西汾酒等。而门票方面，门票营销也形成了中国特色的系统：一种形式是作为冠名权交易的一部分向冠名企业送票；第二种是为俱乐部在主办地更好地发展，向相关政府部门提供的赠票；第三种才是真正向直接消费者球迷销售的门票。很多俱乐部对直接消费者销售的门票低于总量的50%。以上现象说明，当前中职篮的俱乐部老板与经理人委托代理关系存在重大的问题，一是俱乐部经理人由投资人直接行政任命，以行政管理代替委托代理关系；二是由于俱乐部的市场经营权非常少，造成俱乐部市场开发中委托职业代理人的需求不大，进而造成培育职业代理机构生存和成长的土壤缺失。

第五节　中国男子篮球职业联赛竞争压力机制评价模型构建及实证分析

体育竞赛被转化为职业比赛，其目的就是通过吸引大量消费者对比赛产品产生兴趣，进而产生消费，使竞赛产品供给者获得收益。这往往促使个体消费者（观众）对比赛产生兴趣的原因有比赛中运动员精湛的技战术表现给球迷带来的享受，以及比赛结果不确定性给球迷带来的刺激等。间接消费者

（赞助商）参加一项比赛投资消费主要是获得经济回报。❶ 竞赛产品供给者组织竞赛目标就是营利最大化，这就要求必须以高质量的竞赛产品满足顾客需求。中职篮系统不仅存在内部俱乐部之间竞赛的竞争压力，还存在来自于系统所处环境的其他职业竞赛和娱乐业的竞争压力。例如，来自于中国足球、乒乓球超级联赛等体育职业联赛和电影、音乐、戏剧业等娱乐行业为争夺"顾客"的竞争。因此，中职篮只有不断地提高竞赛产品质量，不断地满足消费者的需求，才能够在市场中赢得竞争优势。综上所述，中职篮竞争压力机制指中职篮为了在市场竞争中获得生存优势，而采取的提高竞赛产品质量的一系列制度与措施及其产生功能与作用的原理与方式。为了达到提高竞赛产品质量的这一目标，必须提高竞赛表演观赏性、竞争激励性、结果不确定性等。其中，提高球员竞技能力是俱乐部内部训练和球员竞争之间的结果，而均衡球队之间的实力是联赛系统竞争压力机制的核心工作。根据前期学者们的研究，均衡联赛球队之间的实力主要从两方面采取措施。一是俱乐部财政收入上尽量均衡，使得每一个俱乐部都可能有实力雇用优秀运动员。二是促使优秀运动员在各俱乐部中的均衡分配。迈克尔·利兹等认为，所有大型运动竞赛都开发出旨在提高竞争性平衡的方法，其中最重要的是收入分享、工资帽、奢侈税、自由代理和选秀等制度。❷

一、评价模型构建

1. 竞争压力机制因子分析检验

通过探索性因子分析方法对竞争压力机制的样本进行分析，KMO 值为 0.895，Bartlett 球形值为 221.132，自由度为 15，其显著性水平（Sig = 0.000）

---

❶　杰·科克利.体育社会学[M].管兵,刘仲翔,何晓斌,译.北京:清华大学出版社,2003:421.
❷　迈克尔·利兹,彼得·冯·阿尔门著.体育经济学[M].杨玉明,蒋建平,王琳,译.北京:清华大学出版社,2003:248.

小于 0.05，适合做因子分析。

2. 竞争压力机制的主成分情况

竞争压力机制的 6 个指标相关矩阵显示，一些指标之间的相关系数较大，应提取主成分来概括该指标体系的信息，见表 6-22。

表 6-22　中职篮竞争压力机制指标相关矩阵

	V_{69}	V_{70}	V_{71}	V_{72}	V_{73}	V_{74}
V_{69}	1.000	0.787	0.695	0.687	0.810	0.776
V_{70}	0.787	1.000	0.577	0.675	0.752	0.724
V_{71}	0.695	0.577	1.000	0.599	0.639	0.624
V_{72}	0.687	0.675	0.599	1.000	0.835	0.716
V_{73}	0.810	0.752	0.639	0.835	1.000	0.829
V_{74}	0.776	0.724	0.624	0.716	0.829	1.000

表 6-23　竞争压力机制解释的总方差表

成分	初始特征值			提取平方和载入		
	合计	方差的 %	累积 %	合计	方差的 %	累积 %
1	4.588	76.467	76.467	4.588	76.467	76.467
2	0.471	7.851	84.319			
3	…	…	…			

注：提取方法为主成分分析法。

表 6-23 显示，相关系数矩阵 R 的特征值大于 1 的只有 1 个主成分，累积解释变量为原始变量的 76.467%。由于只抽取了一个主成分，所以无法对因子载荷矩阵进行旋转。

表 6-24　竞争压力机制成分矩阵表

成分	V_{73}	V_{69}	V_{74}	V_{70}	V_{72}	V_{71}
1	0.932	0.909	0.893	0.862	0.862	0.780

注：提取方法为主成分分析法。a. 已提取了 1 个成分。

表 6-24 的因子载荷矩阵显示，V_{73}（俱乐部与球员的合同制度）、V_{69}（联赛的收益在篮协和俱乐部之间的分配情况）、V_{74}（球员的转会制度）、V_{70}（篮管中心及其下属体系的分配制度）、V_{72}（俱乐部运动员的选拔制度）、V_{71}（俱乐部内部分配制度）组成了主成分 $F_{竞争压力机制}$。

3. 竞争压力机制主成分得分系数及竞争压力机制评价模型（见表 6-25）

表 6-25　竞争压力机制主成分得分系数矩阵一览表

成分	V_{69}	V_{70}	V_{71}	V_{72}	V_{73}	V_{74}
1	0.198	0.188	0.170	0.188	0.203	0.195

注：提取方法为主成分分析法。旋转法：具有 Kaiser 标准化的正交旋转法。

应用公式 $Y_{ij} = U_{ij} / \sqrt{\lambda_i}$ 确定因子值系数 Y_{ij}，求得竞争压力机制的主成分得分系数矩阵如表 31 所示。可求 $F_{竞争压力}$ 的表达式：

$$F_{竞争压力} = 0.198 \bar{X}_{69} + 0.188 \bar{X}_{70} + 0.170 \bar{X}_{71} + 0.188 \bar{X}_{72} + 0.203 \bar{X}_{73} + 0.195 \bar{X}_{74}$$

其中，$\bar{X}$ 代表调查问卷中竞争压力体系中三级指标均值得分。

二、实证分析

将调查问卷数据代入竞争压力机制评价模型，最终计算出不同专家综合评价的得分结果，如表 6-26 所示。

表 6-26　竞争压力机制模型评价得分表

	高校专家	中国篮协管理者	俱乐部管理者	职业队教练	整体评价
$F_{竞争压力}$	6.554	7.492	6.500	8.002	7.111
排序	3	2	4	1	

注：评分范围为 1~10 分，得分越低说明问题越大，得分越高说明问题越小。

竞争压力机制的整体评价得分为 7.111 分，四类专家的评价得分中，职业队教练最高，为 8.002 分。其次是中国篮协管理者，为 7.492 分。高校专家和俱乐部管理者的评价相近，均在 6.5 分左右。再从 6 个指标的分别得分看，大家对该指标体系的打分都较高，这说明当前中职篮的该机制的发展比较合理。

1. **联赛收益分配制度分析**

（1）联赛收益在篮协和俱乐部之间分配的合理度。前文阐述过，俱乐部收入主要包括冠名权、门票和联赛收入分成等方面。其中，联赛收入分成在职业联赛改革初期，由于自身产品质量较差，社会关注度不高，市场开发困难，而造成直接消费者（球迷和观众）消费水平和间接消费者（赞助商）投资水平较低，因而联赛的整体经营也处于非常困难的局面。但经过十年的前期建设积累，随着盈方公司的专业市场开发，联赛的整体收入情况也逐渐得到改观。用媒体专家的形容，将中职篮改革的前十年称为"蓄力"过程，后十年称为"蓄财"的开始。有些学者统计，由于联赛整体收入较少，在2003—2004 赛季至 2009—2010 赛季 7 个赛季的时间里，篮协基本上采取根据俱乐部竞赛成绩和加入时间早晚进行分成，各俱乐部分别拿到从 100 万元~400 万元不等的联赛收入分成。❶尽管与俱乐部年均 2000 万元以上的投入相比少得可怜，但也标志着俱乐部开始有了真正意义的联赛收入分成。2012—

---

❶　查找多处资料和访谈管理者得到的数据均不一致，最终只能做模糊统计

2013赛季是篮协与盈方公司新的5年合作期的开端，CBA已经拥有了20多家赞助商，其中就包括砸出5年20亿元的李宁。篮协采取了"平均主义"，将联赛收入的60%平均分给各俱乐部，此项分成也由此前的100万元左右激增到税前1226.76万元。这也成了CBA俱乐部收入的重要部分。对于那些没有品牌赞助、票房不佳的俱乐部来说，这块收入甚至能占到总收入的80%以上。篮协采取的此种制度也与美国职业体育联盟的分成制度基本相同，都是平均分配，目的就是为了提高俱乐部财政收入的均衡，提高俱乐部的竞争均衡，促使联赛整体收入的稳步增长。这种竞争均衡机制实际上是由于中职篮系统中俱乐部之间的竞争性与共生性决定的。联赛的参与主体俱乐部之间既存在竞争，又离不开与对手的竞争。对手实力差距较大时，就会影响到与之竞赛的精彩程度、结果的不确定性等，就会导致观众球迷的关注度下降，进一步影响到整个联赛系统的质量和收益。因此这种联赛收益平均分成的制度是必要的、合理的。

（2）篮管中心及其下属体系的分配制度合理度。根据相关资料显示，篮协将联赛收入的60%作为联赛分成平均分配给各俱乐部，10%作为CBA风险保证金，15%作为篮协组织后备人才培养经费，15%作为WCBA的发展经费，并在准入制度中要求俱乐部每年对后备力量的投入不少于70万元。[1] 从上述的联赛分配制度中可以看到，篮协在经营管理中职篮的同时，根据篮协的章程要求也对后备人才培养、WCBA等篮球运动的开展提供财力和物力的支持。4类专家对该指标的评价都比较高，认为重视整个篮球运动体系的建设是合理的，采取的分配制度也符合当前我国篮球运动发展的需要。

（3）俱乐部内部分配制度的合理度。根据调查了解到，俱乐部的内部分配主要包括一线运动员、教练员收入，二三线运动员、教练员收入，以及其他管理人员收入和日常运营支出等。俱乐部最大、也是最主要的支出都是一

---

[1]　2012—2013中国男子篮球职业联赛俱乐部准入实施方案[EB/OL].中国篮球协会官方网站. http://www.cba.gov.cn.

线运动员和教练员引进和薪水的费用。在前期的市场营销机制中，我们对运动员、教练员的投入成本（工资、训练补助、奖金等）已经进行了介绍，随着联赛的发展，运动员、教练员的成本支出也水涨船高，运动员、教练员年薪也从 15 年前的 10 万元~30 万元增加到 2014—2015 赛季联赛的 100 万元~300 万元，很多主力球员的年薪都达到了 500 万元~1000 万元，增长了 10 倍左右；教练员年薪涨幅也在 10 倍以上。同时，每个俱乐部运动员中投入最大的当属外援，2~3 名外援的引进费用及其薪水就会占据俱乐部球员总支出的一半以上。如在 2014—2015 赛季，新疆队布拉切税后薪水为 250 万美元，克劳福德税后为 200 万美元，山西队韦弗税后为 150 万美元，北京队马布里税后 150 万美元，其他球队的外援薪金也均在 100 万~150 万美元。实际上，CBA 俱乐部对球员的投资已远远超过了国际惯例规定的球员工资支出，应该控制在球队收入的 50% 左右的水平。可见，各个俱乐部对提高竞赛产品质量和成绩的重视程度。从联赛系统的整体上看，短期内如此大的投资可能对俱乐部运营造成很大的压力。但从长期发展的角度看，竞赛产品质量的提高是竞赛系统发展的核心因素。只有竞赛产品运动员和竞赛水平的提高，才可能吸引更多的消费者关注 CBA，获得更多的收入。同时，整体收入的增加也会使每个提供产品者收入增加，这是一个良性循环的过程。但核心产品运动员的价格也应该受到竞赛系统所处环境的制约，根据消费者的消费水平和俱乐部的经营能力进行合理制定，盲目的扩充很可能导致"大跃进"式的失败。

2. 优秀运动员分配制度分析

为了保证联赛球队实力的均衡，NBA 经过多年的经营，相继制订了选秀制度、储备制度等。选秀制度规定每年的选秀顺序就是根据上赛季球队成绩，排名在后的俱乐部优先挑选球员，其目的就是将有潜力的球员均衡的分配给联盟各俱乐部。NBA 历史上不乏由于弱队招入了具有巨大潜力的优秀球员而很快提升球队实力的例子。例如，奥拉朱旺、姚明被选入弱旅休斯敦火箭队，迈克尔·乔丹被选入芝加哥公牛队,凯文·杜兰特被选入俄克拉荷马雷霆队,这些巨星的加盟都对球队成绩提高起到了立竿见影的作用。事实说明,选秀制度能够短时间内提高弱队竞技能力,使俱乐部之间保持实力均衡,进而提高比赛精彩激烈程度和结果的不可预测性。储备制度实际上是通过拥有对球员的所有权,限制球员转会,避免了各个俱乐部恶性掠夺球员资源的制度。但随着联盟优秀球员的增多,储备制度已经松动,运动员转会也有了更大的自由度。中职篮也根据自己的发展制定了相关的球员选拔制度和合同制度。

(1)由于当前 CBA 俱乐部的球员基本上都是自己培养起来的,我国体教结合培养的优秀球员凤毛麟角,因此在 2015—2016 赛季前刚刚实施的 CBA 选秀制度执行效果也非常差。本次选秀大会仅有一名大学球员被选中,这种选秀制度显然只能作为中职篮球员选拔的辅助角色。因此,俱乐部的优秀球员选拔和竞争主要集中在青少年时段。据俱乐部实地调研发现,在青少年球员进入俱乐部开始训练后,俱乐部一旦发现到其有潜力,就会与之签署 5~10 年的合同。而且这种合同是强制性的,这样就把一个球员牢牢地控制在自己的球队。这种办法也可能和 NBA 的储备制度相似,确定了对球员的所有权,就成了俱乐部限制球员流动的最有效限制。一旦有些成名球员想转会,就需要支付巨额违约金。球队培养的优秀运动员较多时,宁愿自己养着,误其前途,也不愿意放到其他俱乐部当对手。这种狭隘的竞争观念,使很多有前途的球员丧失了发展时机。这种情况也使一段时间里篮协实施的"倒摘牌"制度形同虚设。篮协也意识到当前这种局面对联赛球员产品发展的有害性,在 2013 年 CBA 准入制度第十八条强制规定,俱乐部的一线队伍国内球员在中国篮协注册必须达到 12 名,不超过 16 名,每个俱乐部在 12~16 名国内注册球员中允许保留 10 名非交流球员,其余注册球员按照短期交流办法进行挂牌交流,但每个俱乐部最多允许被摘走 2 名球员。这一规定的实施,一下搞活了国内球员的转会市场,使近三个赛季国内球员的流动明显增加。这种制度既保留了优秀球员不流出，又盘活了存量球员的流动。该规定试行之初招来很多批评，但三年来却取得了非常好的效果。

（2）在中职篮中为达到使俱乐部实力均衡目的，近期采取的最有成效的措施就是亚洲外援的引进和使用。比如，赛制规定的2013—2014赛季后8名球队有权引进1名亚洲外援，且4节比赛中亚洲外援上场时间和次数均不受限制，就使前一赛季垫底的青岛队、排在第16位的山西队和第14位的吉林队成绩在2014—2015赛季有了质的飞跃。其中，青岛队排名第4位，吉林和山西也分别排名第5位和第6位。2015—2016赛季，拥有亚洲外援的四川金强、福建浔兴等球队也都显示出极强的实力，其中四川金强打进了总决赛并获得总冠军。因此，联赛委员会根据联赛实际需要，又对未来几个赛季的亚洲外援使用做了规定：即2015—2016赛季后6名球队可以使用亚洲外援，2016—2017、2017—2018赛季后5名球队可以使用亚洲外援；同时，继续维持比赛第4节亚洲外援上场不受限制的规定。

这一系列收益和球员分配制度的规定，是根据当前中职篮的实际需要结合国外先进经验理念制定的。目前，这种制度对球队竞争实力均衡起到了很好的作用。因此，专家们针对当前CBA球员分配制度还是给予了很高的评价。

第六节　中国男子篮球职业联赛激励机制评价模型构建及实证分析

组织行为理论对激励的概念界定为，为激发行为者工作动机而设计满足其需求的条件，促使其产生实现组织目标的特定行为过程。激励机制则强调一种关系，即个体需要的满足与组织目标实现之间的关系。[1] 在职业体育联

---

[1] 王强.中国企业家激励约束机制研究[D].西安:西北农业科技大学,2004:30.

盟中，联盟为了提高竞赛产品的质量，会对产品供给者（俱乐部及其运动员）制定激发其竞争发展动机的一系列规则，这一系列规则及其在联盟中发挥的功能与作用称之为激励机制。❶ 因此，中职篮激励机制是指 CBA 管理者为激励俱乐部在联赛范围内最大限度发挥自己的竞争实力而采取的手段与措施及其功能与作用的原理与方式。目前，体育职业联赛主要采用的激励措施有根据俱乐部联赛成绩进行收益分配，在赛制上采取升降级，以及采取精神激励等（最佳赛区奖、公平竞争奖、最佳运动员奖和精神文明奖等）。

一、评价模型构建

1. 激励机制因子分析检验

通过探索性因子分析方法对激励机制的样本进行分析，KMO 值为 0.737，Bartlett 球形值为 145.025，自由度为 6，其显著性水平（Sig = 0.000）小于 0.05，适合进行因子分析。

2. 激励机制的主成分的情况

通过对激励机制 4 个指标的相关矩阵分析发现，一些指标之间的相关系数较大。可以用较少的因子来概括该指标体系所有因子的信息，见表 6-27。

表 6-27　中职篮激励机制指标相关矩阵

	V_{75}	V_{76}	V_{77}	V_{78}
V_{75}	1.000	0.798	0.643	0.631
V_{76}	0.798	1.000	0.673	0.690
V_{77}	0.643	0.673	1.000	0.906
V_{78}	0.631	0.690	0.906	1.000

---

❶ 王庆伟.我国职业体育联盟理论研究[D].北京:北京体育大学,2004:67.

表 6-28　激励机制解释的总方差表

成分	初始特征值			提取平方和载入		
	合计	方差的 %	累积 %	合计	方差的 %	累积 %
1	3. 173	79. 314	79. 314	3. 173	79. 314	79. 314
2	0. 535	13. 381	92. 695			
3	…	…	…			

注：提取方法为主成分分析法。

如表 6-28 所示，相关系数矩阵 R 的特征值大于 1 的只有 1 个主成分，累积解释变量为原始变量的 79.314%。由于只抽取了一个主成分，所以无法对因子载荷矩阵进行旋转。

表 6-29　激励机制成分矩阵表

成分	V_{78}	V_{77}	V_{76}	V_{75}
1	0. 909	0. 908	0. 886	0. 858

注：提取方法为主成分分析法。a. 已提取了 1 个成分。

表 6-29 的因子载荷矩阵显示，V_{78}（篮协对俱乐部物质激励方法、方式和规定）、V_{77}（篮协对俱乐部荣誉激励方法、方式和规定）、V_{76}（俱乐部内部物质激励方法、方式和规定）、V_{75}（俱乐部内部荣誉激励方法、方式和规定）组成了主成分 $F_{激励机制}$。

3. 激励机制主成分得分系数及竞赛机制评价模型

表 6-30　激励机制主成分得分系数矩阵一览表

成分	V_{75}	V_{76}	V_{77}	V_{78}
1	0. 271	0. 279	0. 286	0. 287

注：提取方法为主成分分析法。旋转法：具有 Kaiser 标准化的正交旋转法。

应用公式 $Y_{ij} = U_{ij} / \sqrt{\lambda_i}$ 确定因子值系数 Y_{ij}，求得的主成分得分系数矩阵

如表 6-30 所示。可求 $F_{激励机制}$ 的表达式：

$$F_{激励机制}=0.271\bar{X}_{75}+0.279\bar{X}_{76}+0.286\bar{X}_{77}+0.287\bar{X}_{78}$$

其中，$\bar{X}$ 代表调查问卷中激励机制体系中三级指标均值得分。

二、实证分析

将调查放问卷数据代入激励机制评价模型，计算出不同专家综合评价的得分结果，如表 6-31 所示。

表 6-31 激励机制模型评价得分表

	高校专家	中国篮协管理者	俱乐部管理者	职业队教练	整体评价
$F_{激励机制}$	7.116	8.383	7.149	7.602	7.490
排序	4	1	3	2	

注：评分范围为 1~10 分，得分越低说明问题越大，得分越高说明问题越小。

专家对中职篮激励机制的总体评价得分为 7.490 分，4 类专家的评价也均在 7.1~8.4 分之间。这说明联赛激励机制的合理度比较好。

NBA 的激励机制由于存在俱乐部和联盟利益的一致性，因此俱乐部的激励和联盟整体激励是一体化的，即俱乐部追求利益最大化的过程，也是实现联盟利益最大化的过程。NBA 采取竞赛的积分办法来激励各俱乐部争胜，因为各俱乐部比赛的胜利可以在赢得积分和排名的同时，带来更多的社会影响力，吸引更多的关注，可以进一步实现自身价值的提升，进而实现利益最大化。其实，这点与 CBA 采取的按照胜负得分排名是一致的。这也是目前职业联赛普遍采取的最有效的激励机制。在中职篮中，这种激励机制同样也会带来俱乐部竞争的激烈和竞赛水平的提高。无论是俱乐部，还是整个联赛都会受到更多社会及消费者的关注，这样就会使联赛整体系统和俱乐部个体系统增加收入，并通过联赛系统整体与俱乐部之间的再次分配实现共赢。王庆伟

称之为良性的利益激励循环，或闭合式激励机制。❶

（1）当前，中职篮由于近几个赛季的竞赛产品质量提高，对社会企业和个体消费者的吸引力不断增大，因此联赛整体的赞助收入和俱乐部的冠名、门票等收入均不断地增加。篮协从2012—2013赛季开始每个赛季给俱乐部的联赛分成1000多万元，也是篮协对俱乐部物质激励机制作用的表现。而俱乐部在联赛系统平台上通过竞赛提高自己的知名度和影响力，进而增加收入，其实也是联赛物质激励机制作用的表现。

（2）篮协为提高联赛竞赛质量和竞赛环境质量，对俱乐部也实施了很多荣誉激励方法，如最佳赛区奖、公平竞争奖、周最佳运动员、月最佳运动员、年度最佳教练员、最佳俱乐部、季后赛最佳运动员、最佳教练员，另外还有全明星周末的一系列精神激励活动等。总之，这些精神方面的激励，对联赛的产品质量提升也起到了很好的促进作用。

（3）根据作者对相关俱乐部的访谈了解到，各个俱乐部对球队的激励机制也分为物质奖励和精神激励等方面，很多俱乐部设计了球队连胜奖（如新疆、山西、福建、江苏每场赢球奖有13万~15万元左右，根据比赛所做贡献大小分配给相关教练员、运动员、队医和工作人员）、球员抢篮板球奖❷、得分奖等，只要球员在比赛中积极拼搏都可能获得物质和精神方面的奖励。

综上所述，CBA的激励机制主要是通过联赛系统的整体与俱乐部的个体共同营造良好的竞赛环境，提升比赛的质量作为主要手段运行的。联赛系统的物质和精神激励和俱乐部给运动员、教练员等的物质和精神激励方法与手段从联赛的内涵到外表，从整体到部分，系统地组成了联赛的激励机制。但一些专家和学者认为当前中职篮的管理者（篮协）和参与者（俱乐部）之间虽然存在利益一致的关系，但是由于权力的不同，使俱乐部在联赛物质和精

---

❶ 王庆伟.我国职业体育联盟理论研究［D］.北京：北京体育大学,2004：35.
❷ 采访的俱乐部中三分之二设置了此项激励，也有的球队没有设置，认为此项措施可能误导球员的行为。

神激励方面没有发言权，致使两者之间产生了利益冲突和矛盾。目前，随着联赛收益的不断提高，这一矛盾也在逐渐激化。

第七节　中国男子篮球职业联赛约束机制评价模型构建及实证分析

王强认为，约束指不允许某种行为的发生，一旦发生则对行为主体进行处罚，这些处罚就是"约束因素"。约束机制则是约束主体通过约束因素与约束对象相互作用的形式。在组织中，这些相互作用的形式表现为一系列约束制度，或对约束对象行为有制约作用的文化价值观念、道德行为准则等。❶张林认为，约束机制是指将组织及其构成人员的行为限制在既定目标要求的范围之内的制约功能。❷它主要包括组织外部约束（如行政、法律等）和组织内部约束（如契约、经济处罚、社会舆论等）。而王庆伟认为，职业体育的约束机制是指由联盟制定的旨在约束各会员俱乐部竞争行为的各种手段与措施[150]。根据专家所述，结合中职篮的实际，本研究定义中职篮约束机制的概念为：中职篮管理者制定的旨在约束各参赛俱乐部及运动员竞争行为的各种手段与措施，以及其发挥功能与作用的原理与方式。这些约束手段与措施包括行政、法律、契约、经济处罚和社会舆论等约束。

一、评价模型构建

1. 约束机制因子分析检验

通过探索性因子分析方法对约束机制的样本进行分析，KMO 值为 0.802，Bartlett 球形值为 289.600，自由度为 21，其显著性水平（Sig = 0.000）小于

---

❶　王强.中国企业家激励约束机制研究[D].西北农业科技大学博士学位论文,2004:36.

❷　张林.职业体育俱乐部运行机制[M].北京:人民体育出版社,2001:125—132.

0.05，这两项指标都说明样本比较好，适合进行因子分析。

2. 约束机制的主成分情况

由于约束机制7个指标的相关矩阵显示，一些指标之间的相关系数较大，所以应提取主成分来概括该指标体系信息，见表6-32。

表6-32　中职篮约束机制指标相关矩阵

	V_{79}	V_{80}	V_{81}	V_{82}	V_{83}	V_{84}	V_{85}
V_{79}	1.000	0.787	0.769	0.372	0.512	0.421	0.476
V_{80}	0.787	1.000	0.845	0.508	0.581	0.631	0.545
V_{81}	0.769	0.845	1.000	0.605	0.644	0.687	0.517
V_{82}	0.372	0.508	0.605	1.000	0.929	0.784	0.507
V_{83}	0.512	0.581	0.644	0.929	1.000	0.771	0.573
V_{84}	0.421	0.631	0.687	0.784	0.771	1.000	0.664
V_{85}	0.476	0.545	0.517	0.507	0.573	0.664	1.000

表6-33　约束机制解释的总方差表

成分	初始特征值			提取平方和载入			旋转平方和载入		
	合计	方差的%	累积%	合计	方差的%	累积%	合计	方差的%	累积%
1	4.772	68.168	68.168	4.772	68.168	68.168	3.107	44.387	44.387
2	1.029	14.706	82.875	1.029	14.706	82.875	2.694	38.488	82.875
3	0.560	8.003	90.878						
4	0.311	4.440	95.318						

注：提取方法为主成分分析法。

如表6-33所示，相关系数矩阵R的特征值大于1的有2个主成分，累积解释变量为原始变量的82.875%。主成分旋转后的因子载荷矩阵见表6-34。

表6-34　约束机制旋转成分矩阵表

成分	V_{82}	V_{83}	V_{84}	V_{85}	V_{79}	V_{80}	V_{81}
1	0.932	0.887	0.845	0.603	0.175	0.363	0.459
2	0.192	0.318	0.351	0.425	0.922	0.866	0.806

注：提取方法为主成分分析法。旋转法：具有 Kaiser 标准化的正交旋转法。a. 旋转在 3 次迭代后收敛。

因子载荷矩阵显示，V_{82}（俱乐部内部管理的经济处罚约束规定）、V_{83}（俱乐部内部契约约束规定）、V_{84}（俱乐部当前的竞争约束规定）、V_{85}（当前社会舆论约束评价）组成了主成分 F_{15}，V_{79}（篮协对俱乐部工资封顶制度规定）、V_{80}（篮协对俱乐部准入制度和迁址制度规定）、V_{81}（篮协对俱乐部的经济处罚约束规定）组成了主成分 F_{16}。

3. 约束机制主成分得分系数及竞赛机制评价模型（见表6-35）

表6-35　约束机制主成分得分系数矩阵一览表

成分	V_{79}	V_{80}	V_{81}	V_{82}	V_{83}	V_{84}	V_{85}
1	−0.253	−0.129	−0.054	0.439	0.366	0.330	0.170
2	0.517	0.411	0.337	−0.232	−0.135	−0.098	0.040

注：提取方法为主成分分析法。旋转法：具有 Kaiser 标准化的正交旋转法。

应用公式 $Y_{ij} = U_{ij} / \sqrt{\lambda_i}$ 算出因子值系数 Y_{ij}，求得约束机制的主成分得分系数矩阵，如表41所示。可求 F_{15} 和 F_{16} 的表达式：

$$F_{15} = -0.253\bar{X}_{79} - 0.129\bar{X}_{80} - 0.054\bar{X}_{81} + 0.439\bar{X}_{82} + 0.366\bar{X}_{86} + 0.330\bar{X}_{84} + 0.170\bar{X}_{85}$$

$$F_{16} = 0.517\bar{X}_{79} + 0.411\bar{X}_{80} + 0.337\bar{X}_{81} - 0.232\bar{X}_{82} - 0.135\bar{X}_{86} - 0.098\bar{X}_{84} + 0.040\bar{X}_{85}$$

其中,$\bar{X}$代表调查问卷中约束机制指标体系中三级指标均值得分。

4. 约束机制评价模型

以上述2个主成分所对应的特征值所占提取主成分总的特征值之和的比例作为权重,结合各主成分表达式,计算出综合评价指标$F_{约束机制}$的表达式。

$$F_{约束机制} = 4.772/(4.772+1.029)F_{15} + 1.029/(4.772+1.029)F_{16} = 0.823F_{15}+0.177F_{16}$$

$$= -0.116\bar{X}_{79} - 0.033\bar{X}_{80} + 0.016\bar{X}_{81} + 0.320\bar{X}_{82} + 0.277\bar{X}_{86} + 0.255\bar{X}_{84} + 0.147\bar{X}_{85}$$

其中,$\bar{X}$代表调查问卷中约束机制指标体系中三级指标均值得分。

二、实证分析

约束机制评价模型建构后,将调查问卷数据代入模型,计算出不同专家对不同主成分及综合评价的得分结果,如表6-36所示。

表6-36 约束机制模型评价得分表

	高校专家	中国篮协管理者	俱乐部管理者	职业队教练	整体评价
F_{15}	5.985	5.915	6.122	6.703	6.263
F_{16}	5.392	6.240	4.583	5.067	5.258
$F_{约束机制}$	5.695	5.988	6.032	6.427	6.098
排序	4	3	2	1	

注:评分范围为1~10分,得分越低说明问题越大,得分越高说明问题越小。

代表俱乐部内部及社会舆论的约束机制主成分F_{15},专家们整体评价得分为6.263分,且4类专家的评价得分比较平均,在5.9~6.7之间。代表篮协对俱乐部制定的约束机制主成分F_{16},专家的整体评价得分为5.258分。其中，俱乐部管理者评价得分最低，为 4.583 分；篮协管理者最高，为 6.240 分；其他 2 类专家均在 5 分左右。这说明这一主成分的合理度，专家们存在分歧。

代表俱乐部内部及社会舆论的约束机制主成分 F_{15}。笔者在调查和对专家的访谈了解到了俱乐部内部主要涉及对教练员、运动员和其他人员的约束，包括契约（即合同制）、经济处罚和身体处罚等方式。

（1）俱乐部的契约（即合同制）约束更多用于限制球员的流动和对相关人员行为的约束。在 CBA 俱乐部中，俱乐部会根据每个球员、教练员和其他工作人员的具体情况分别签订长短期的约束合同，包括工资合同和遵守俱乐部规定合同等。如果有人违反了相关合同规定，将会受到相应的惩罚。

（2）俱乐部在日常管理中更多使用经济处罚。据了解，每个俱乐部对球员的生活行为管理均设置了很多经济处罚规定。例如，早上不吃早饭者、夜不归宿者、打架斗殴者，每违反一次规定均有定额的罚款，在每个月的工资中扣除。

（3）身体处罚更多用于训练中。在训练中产生的负面越轨行为，一般由负责训练的教练员进行处罚。因此，该类型的球员处罚与经济挂钩的较少，采用额外增加训练量进行处罚的情况较多。上述的一系列俱乐部内部约束机制目的均是为了加强对球员的管理，通过减少球员的负面越轨行为，进而实现俱乐部球队竞赛成绩提高。

（4）反映社会舆论的约束机制方面，主要涉及对联赛管理者、运动员和教练员等主体的舆论约束。由于该人群均是在农耕经济环境中成长起来的，民族传统文化对其心理结构会产生一定的消极影响。❶ 林语堂认为，中国是一个个人主义的民族，他们悉心于各自的家庭而不知有社会。此种只顾效忠家族

---

❶ 李征.中国民族传统文化对我国当代竞技篮球运动发展影响的研究[D].苏州:苏州大学博士论文,2008.

的心理，实即为扩大的自私心理。❶ 因此，传统文化的熏陶使联赛相关参与者非常注重家庭、家族等对自己的期望和评价，同时也忽视了国家和社会对自己的期望和评价，这也是社会舆论约束机制对中职篮相关参与者影响较小的原因。

（2）篮协对俱乐部制定的约束机制方面。很多制度也是参照国外的先进经验结合 CBA 实情制定的，但在执行过程中差别较大。NBA 约束机制中比较成熟的制度有：工资帽制度、奢侈税制度、准入制度和迁址制度等。

①工资帽制度是通过约束运动员工资总额来达到降低俱乐部的运行成本的目的，进而保证体育俱乐部财政运行稳定。❷ ②奢侈税制度指球队工资总额超过了工资帽制度规定的总额时，超出部分就必须缴纳 100% 的奢侈税。❸这一制度主要是限制实力强大的俱乐部出线购买更多的优秀球员，从而保证实力较弱的俱乐部公平竞争的能力。③准入制度是指联盟对新加盟俱乐部制定的一系列条件标准和要求。为了保证联赛的健康开展，又要保证俱乐部之间不存在过度的抢占市场冲突，联盟准入制度对新加盟俱乐部在地域、财务、球队实力、所在地域市场，以及加盟费等方面做了严格的规定。同时，为保证球队在寻找适合自己的市场时，发生的迁址行为不损害其他俱乐部利益，联盟往往制定一系列的俱乐部变迁主场所在地的条款，被称为迁移制度。❹

综上所述，这些约束机制的手段与措施都是为了避免具有垄断权力的职业体育联盟中各俱乐部之间的恶性竞争，进而实现联盟利益统一体的利益最大化。

职业俱乐部在运营中要想保证收支平衡，国际惯例都会将球员工资支出控制在俱乐部收入的 50% 左右，NBA 的工资帽政策也规定球员工资总额不得

---

❶ 林语堂.吾国与吾民[M].西安:陕西师范大学出版社,2008.
❷ 伯尼·帕克豪斯著.体育管理学[M].秦椿林,李伟,高春燕,等,译.北京:清华大学出版社.2003:219-221.
❸ 迈克尔·利兹,彼得·冯·阿尔门.体育经济学[M].杨玉明,蒋建平,王琳,译.北京:清华大学出版社,2003:80.
❹ 夏普·雷吉斯特·格里米斯.社会问题经济学[M].北京:中国人民大学出版社,2000:241-243.

超过 53% 的控制线。中国篮协为规范俱乐部支出和降低俱乐部经营风险，于 2009 年 10 月颁布了《CBA 俱乐部球员和教练员工资管理办法（试行）》，规定参赛俱乐部球员和教练员工资总额控制线为俱乐部上年度收入的 55%，并对国内外球员、教练员的工资限额和俱乐部违规的处理均进行了详细的规定。事实证明，《管理办法》形同虚设，各俱乐部为提高球队实力，在引进和支付球员工资方面投入巨大，远远超出俱乐部年度收入 55% 的控制线。为了应对联赛该约束机制的规定，很多俱乐部出现了"阴阳合同"，即表面上一份合同，私下里再签一份不公开的合同，这样的现象在当前的联赛俱乐部中普遍存在。造成此现象的主要原因，一是各俱乐部为了增强球队实力和扩大影响力；二是联赛俱乐部参加中职篮的目的多元化。很多俱乐部参加联赛的目的并不是为了直接的经济利益，还掺杂着政治、社会等复杂的综合利益。这是当前工资帽制度在中职篮中不能很好实施的根本原因，也从侧面反映出中职篮政策制定的时候，更应该将联赛的所有问题放在整体角度上去考虑，而不应该只专注于单一方面；否则，制定出来的政策如果不能很好地反映联赛多元化主体和主体多元化目标的需要，就有可能形同虚设。

在准入制度和迁址制度方面，篮协也制定了《中国男子篮球职业联赛俱乐部准入办法》，并随着中职篮的发展，不断地修订和完善。准入办法对申请加盟的俱乐部财政实力（缴纳加盟费 3500 万元）、俱乐部运营与推广、训练管理、教练员、成年队和青年队运动成绩、人才培养、地域环境（同一省内的 CBA 俱乐部不得超过两个，同一城市内的 CBA 俱乐部不得超过一个的特殊要求）、比赛场馆、基地设施、主场迁址（主场一经选定，在加盟中职篮后三年内不得变动）等 12 个方面进行了详细的规定。准入制度这些规定均围绕"保证联赛的稳定性、俱乐部之间的竞争公平性"等方面设计的，因而从联赛整体发展的角度去评价，这些制度对联赛的稳定、健康发展起到了约束作用。

综上所述，中职篮虽然在约束机制方面做了大量的工作，但是由于联赛管理者和俱乐部还没有建立具有共同利益的统一体，使俱乐部为了自身成绩和影响力等利益的最大化，制造了联赛中阴阳合同、逃税漏税、财务虚报等奇怪情况，也使联赛的约束管理难度加大。同时，俱乐部依据自身情况，随意地购买好球员，这样的行为很可能导致俱乐部之间的恶性竞争，并增加俱乐部发展的财务负担，为俱乐部的生存增加了风险。

第八节　中国男子篮球职业联赛监督机制评价模型构建及实证分析

监督的词义是监察和督促，在社会系统中多指一个组织中利用权威等措施使人们服从固有的法律、制度和规范。[1] 因此，监督是一种活动或者制度，具有约束权力和规范人们行为的功能与作用。赖炜坤认为，监督机制指监督系统活动的组织或部分之间相互作用的过程与方式。监督机制的内容主要包括监督主体、监督对象和内容、监督程序和监督效力等方面。[2] 综上所述，本研究定义中职篮监督机制为：篮协用来监督联赛相关参与者行为规范而制定的一系列规章制度及其功能与作用的原理与方式。中职篮作为市场改革的产物，追求利益是俱乐部投资资本的核心目标，联赛参与者都以自身利益最大化为目标来进行活动的。当联赛任何一方（或双方）参与者不择手段追逐利益时，一种经济活动或交易过程就遭到了破坏。因此，联赛的各种合作和竞争行为都必须遵循一定的规范。行为的规范可以通过软性的道德惯例和刚性的法律法规约束。其中，道德约束主要依托社会和环境的影响，来促使人的自觉或自省，法律法规约束通过惩罚威慑来实现。在对联赛参与者的行为

❶ 李中兴.社会主义监督机制研究[M].郑州:中州古籍出版社,1993:11-12.
❷ 赖炜坤.行政法视野下的政府责任监督机制[D].北京:中国政法大学,2008:9-11.

规范在尊重人权人性的同时，也必须依赖法律法规的约束。❶ 中职篮纪律委员会主要负责对联赛中的越轨行为进行调查和处罚。

一、评价模型构建

1. 监督机制因子分析检验

通过探索性因子分析方法对监督机制的样本进行分析，KMO 值为 0.750，Bartlett 球形值为 101.762，自由度为 3，其显著性水平（Sig = 0.000）小于0.05，适合进行因子分析。

2. 监督机制的主成分情况

监督机制 3 个指标的相关矩阵显示，一些指标之间的相关系数较大，可以提取主成分来概括该指标体系所有因子的信息，见表 6-37。

表 6-37　中职篮监督机制指标相关矩阵

	V_{86}	V_{87}	V_{88}
V_{86}	1.000	0.833	0.831
V_{87}	0.833	1.000	0.764
V_{88}	0.831	0.764	1.000

表 6-38　监督机制解释的总方差表

成分	初始特征值			提取平方和载入		
	合计	方差的 %	累积 %	合计	方差的 %	累积 %
1	2.619	87.301	87.301	2.619	87.301	87.301
2	0.236	7.879	95.180			
3	0.145	4.820	100.000			

注：提取方法为主成分分析法。

❶ 王庆伟.我国职业体育联盟理论研究[D].北京:北京体育大学,2004:73.

如表6-38所示，相关系数矩阵 R 的特征值大于 1 的只有 1 个主成分，累积解释变量为原始变量的 87.301%。由于只抽取了一个主成分，所以无法对因子载荷矩阵进行旋转。

表6-39　监督机制成分矩阵表

成分	V_{86}	V_{87}	V_{88}
1	0.952	0.926	0.925

注：提取方法为主成分分析法。a. 已提取了 1 个成分。

表6-39 的因子载荷矩阵显示，V_{86}（国家法律、法规对联赛的监督）、V_{87}（篮协纪律委员会对篮协的监督）、V_{88}（纪律委员会对俱乐部的监督）组成了主成分 $F_{监督机制}$。

3. 监督机制主成分得分系数及竞赛机制评价模型（见表6-40）

表6-40　监督机制主成分得分系数矩阵一览表

成分	V_{86}	V_{87}	V_{88}
1	0.363	0.354	0.353

注：提取方法为主成分分析法。旋转法：具有 Kaiser 标准化的正交旋转法。

应用公式 $Y_{ij} = U_{ij}/\sqrt{\lambda_i}$ 确定因子值系数 Y_{ij}，求得的主成分得分系数矩阵如表46所示。可求 $F_{监督机制}$ 的表达式：

$$F_{监督机制} = 0.363\bar{X}_{86} + 0.354\bar{X}_{87} + 0.353\bar{X}_{88}$$

其中，$\bar{X}$ 代表调查问卷中监督机制体系中三级指标均值得分。

二、实证分析

将调查问卷收集的数据代入模型，计算出不同专家综合评价的得分结果如表6-41所示。

表6-41 监督机制模型评价得分表

	高校专家	中国篮协管理者	俱乐部管理者	职业队教练	整体评价
$F_{激励机制}$	5.984	7.484	5.903	6.611	6.386
排序	3	1	4	2	

注：评分范围为1~10分，得分越低说明问题越大，得分越高说明问题越小。

4类专家对中职篮监督机制的整体评价得分为6.386分，其中篮协评价达到7.484分，高校和俱乐部专家评价较低，在5.9~6.0分之间。

（1）国家法律、法规对联赛的监督方面。当前，只有1995年通过的《中华人民共和国体育法》。从时间方面分析，我国市场经济在二十多年中发生了翻天覆地的变化，取得了举世瞩目的大发展，但是体育法却一直没有得到相应的跟进，这使我国的体育法制环境建设严重滞后。从内容上看，体育法中也没有关于职业体育的规定和描述。随着我国市场经济体制改革诞生的中职篮，作为适应市场经济关系的职业体育改革产物，也产生了诸多的利益群体，如CBA俱乐部、职业运动员、职业教练员、体育赛事推广公司、体育经纪人等。对这些新生联赛参与主体行为规范和制约，在目前的体育法和相关法律中没有明确的条款规定，这就导致了对这些新生主体权利与义务以及行为的规范无法界定。而大量的越轨行为又处于联赛内部处罚的范畴给联赛纪律制度的制定带来很大的考验。

由于无法可依，中职篮制度或规范的制定不受相关限制，很可能会导致联赛管理者等强势主体的意志通过制度或规范成为联赛的统治意志。这类不体现联赛其他参与主体意志的制度或规范，本身也可能存在缺陷，可能会迫使联赛参与者走错方向，并导致联赛的混乱或僵化，进而制约联赛的健康发展。❶ 在对俱乐部和联赛的调查中发现，由于缺少权威的国家法律依据，极易引起俱乐部对篮协裁决的不服，很多俱乐部对篮协裁决都怨声载道。但由

---

❶ 托马斯·来塞尔.法社会学导论[M].高旭军译.上海：上海人民出版社，2008：171.

于在联赛中的弱势地位，这些俱乐部只能表面服从，但会转求其他越轨行为谋求生存和利益，就会出现"阴阳合同""黑哨假球""品牌违规""炮轰篮协"等现象。因此，管理者在制定联赛制度和规范时，应该重视法律的依据寻找和联赛参与者的利益。

（2）篮协纪律委员会对篮协的监督是否到位方面。在当前中职篮的纪律委员会制定的监督制度《中国男子篮球职业联赛纪律处罚规定》中，只有对联赛相关参与者（参赛运动员、教练员、技术代表、裁判员、工作人员、俱乐部和竞赛承办单位）的行为规范，而缺少对联赛管理者的行为规范。这是该制度最大的缺陷之一，也反映出联赛监督机制的缺陷。这样就很容易产生处罚的不公平性和参与者不信服的现象。

（3）纪律委员会对俱乐部的监督是否到位方面。根据作者的调查，中职篮制定了较为严格的《中国男子篮球职业联赛纪律处罚规定》，处罚形式主要包括罚款、警告、严重警告、通报批评、取消赛区评优和停赛等方式。在2011—2015年的4个赛季中，对联赛越轨行为处罚次数多达144次，产生的罚金350多万元。4个赛季的罚款、通报批评、停赛以及取消赛区评优等处罚次数呈逐年增加趋势。这一方面说明中国篮协管理越来越严，另一方面也显示了比赛的激烈。在越轨种类方面，4个赛季中涉及赞助商利益、俱乐部场馆安全和维护管理、赛场主持人言论等越轨行为方面对俱乐部的处罚共计17次；裁判员除2013—2014赛季因越轨行为受罚超过5次，其余赛季都比较少；教练员、运动员越轨行为达到42次，主要包括教练组干扰比赛，球员动作过大和报复对手动作，球员、教练员报复观众，球员、教练员赛后在媒体发表的不正当言论等；观众、球迷中无论在4个赛季的越轨行为总量方面，还是在每个赛季的发生频率方面均排在第一位，共计发生65次，以观众投掷杂物和辱骂客队和裁判员为主。目前，中职篮越轨行为发展趋势呈以下特征。比赛激烈程度和观赏质量逐年增高，核心主体（教练员、运动员）的正面越轨行为随之增多；观众和球迷的越轨行为致因复杂，发生率居高不下；越轨种类不断增加；联赛轻度越轨行为普遍存在等。

第九节　中国男子篮球职业联赛后备人才培养机制评价模型构建及实证分析

竞技体育后备人才主要是指具有一定潜能的青少年运动员这一特殊群体，而竞技篮球后备人才指在身体、心理和运动能力等方面具有发展的潜力，且正在参加系统的竞技篮球训练和比赛，并可能创造优异成绩的青少年人才群体。❶ 中职篮后备人才则是指为准备参加中职篮而参加的 CBA 青少年竞技篮球训练和比赛的群体。从一般意义上来说，体育界都将各俱乐部的二三线青少年球员称为中职篮的后备人才。结合机制的概念，本研究定义中职篮后备人才培养机制为：中职篮的后备人才培养过程中，影响培养活动的各构成要素的结构、功能及其相互关系，以及这些要素产生影响、发挥功能的作用过程及原理。[177]中职篮后备人才是中职篮可持续发展的人力基础和动力之源。❷

一、评价模型构建

1. 后备人才培养机制因子分析检验

通过探索性因子分析方法对后备人才培养机制的样本进行分析，KMO 值为 0.892，Bartlett 球形值为 226.716，自由度为 10，其显著性水平（Sig = 0.000）小于 0.05，说明适合进行因子分析。

❶ 唐建倮.中国竞技篮球后备人才培养运行机制研究[D].北京:北京体育大学,2007:20.
❷ 郝家春.我国男子竞技篮球职业化发展的困境与路径研究[J].福州:福建师范大学,2010:123.

2. 后备人才培养机制的主成分情况

通过对后备人才培养机制 5 个指标的相关矩阵分析发现，一些指标之间的相关系数较大。可用较少的因子概括该指标体系的信息，见表 6-42。

表 6-42　中职篮后备人才培养机制指标相关矩阵

	V_{89}	V_{90}	V_{91}	V_{92}	V_{93}
V_{89}	1.000	0.901	0.846	0.698	0.886
V_{90}	0.901	1.000	0.822	0.660	0.835
V_{91}	0.846	0.822	1.000	0.730	0.820
V_{92}	0.698	0.660	0.730	1.000	0.687
V_{93}	0.886	0.835	0.820	0.687	1.000

表 6-43　后备人才培养机制解释的总方差表

成分	初始特征值			提取平方和载入		
	合计	方差的 %	累积 %	合计	方差的 %	累积 %
1	4.164	83.286	83.286	4.164	83.286	83.286
2	0.407	8.139	91.424			
3	…	…	…			

注：提取方法为主成分分析法。

如表 6-43 所示，相关系数矩阵 R 的特征值大于 1 的只有 1 个主成分，累积解释变量为原始变量的 83.286%。由于只抽取了一个主成分，所以无法对因子载荷矩阵进行旋转。

表 6-44　后备人才培养机制成分矩阵表

成分	V_{89}	V_{90}	V_{91}	V_{92}	V_{93}
1	0.953	0.928	0.926	0.820	0.930

注：提取方法为主成分分析法。a. 已提取了 1 个成分。

表 6-44 的因子载荷矩阵显示，V_{89}（后备人才培养的长期发展规划）、V_{90}（后备人才规模及梯队建设）、V_{91}（后备人才赛季的训练与竞赛安排）、V_{92}（后备人才选拔）、V_{93}（后备人才培养投入）组成了主成分 $F_{后备人才}$。

3. 后备人才培养机制主成分得分系数及竞赛机制评价模型（见表 6-45）

表 6-45　后备人才培养机制主成分得分系数矩阵一览表

成分	V_{89}	V_{90}	V_{91}	V_{92}	V_{93}
1	0.229	0.223	0.222	0.197	0.223

注：提取方法为主成分分析法。旋转法：具有 Kaiser 标准化的正交旋转法。

应用公式 $Y_{ij} = U_{ij} / \sqrt{\lambda_i}$ 确定因子值系数 Y_{ij}，求得该主成分得分系数矩阵如表 51 所示。可求 $F_{后备人才}$ 的表达式：

$$F_{后备人才} = 0.229\bar{X}_{89} + 0.223\bar{X}_{90} + 0.222\bar{X}_{91} + 0.197\bar{X}_{92} + 0.223\bar{X}_{93}$$

其中，$\bar{X}$ 代表调查问卷中后备人才培养机制体系中三级指标均值得分。

二、实证分析

将发放问卷收集的数据代入模型，计算出不同专家综合评价的得分结果如表 6-46 所示。

表 6-46　后备人才培养机制模型评价得分表

	高校专家	中国篮协管理者	俱乐部管理者	职业队教练	整体评价
$F_{后备人才}$	2.997	7.597	2.637	3.203	3.717
排序	3	1	4	2	

注：评分范围为 1~10 分，得分越低说明问题越大，得分越高说明问题越小。

中职篮后备人才培养机制的专家整体评价得分非常低，为 3.717 分。在 4 类专家中，中国篮协管理者的评价得分，为 7.597 分，明显和其他 3 类专家的2.6~3.3分间差异显著。这说明该方面整体存在较大的问题。从 $F_{后备人才}$ 包括的 5 个指标的专家均分方面分析，专家的平均打分在 2.6~4 分之间，说明该主成分的 5 个指标均存在较大的问题。

1. 中职篮后备人才培养模式的演变

新中国在 20 世纪 50 年代开始成立篮球管理机构，逐步建立了解放军和各大行政区篮球队，初步制定和健全了我国篮球后备人才培养的各项章程、制度和规划。经过多年的发展，形成了基层业余体校、篮球传统项目学校、重点业余体校、体育运动学校、体工队等层层衔接的三级培养体系和网络。到了 20 世纪 90 年代，由于国家竞技战略的调整，使足篮排等投入大、收益小的集体项目被推向社会，进行职业化、市场化改革，利用社会资金进行维持和建设。这些改革也使得后备人才培养体系随之有了很大的变革，很多省篮球专业队改制成为俱乐部的后备人才队伍，篮协通过建立篮球学校、高水平后备人才基地、篮球城市，以及联合教育系统进行了传统项目学校和大学办高水平运动队的尝试等途径，拓宽培养人才范围。此外，根据 CBA 准入制度要求，作为我国竞技篮球主要后备人才培养平台的俱乐部，都必须有自己的青年梯队，并且每年对后备人才培养投入不少于 70 万元。因此，各俱乐部都建立了自己的二三线青训队伍，并重视青训队伍的训练工作，均邀请了经验丰富的教练员负责训练，并在参加篮协组织的各种集训和比赛的基础上，拓展自己队伍的训练和比赛空间。例如，与地方 NBL、CUBA 等强队进行定期的教学比赛，积极与高校合作开发新的运动员培养方式。同时，中国篮协将联赛收入的15%作为篮协组织后备人才培养经费，依托俱乐部、体校、高水平篮球后备人才基地、篮球传统学校等组织形式设置了从 U12 到 U19 各级培养体系。为了保证培养质量，篮协每年都组织从 U13 到 U19 的各个等级训练营和全国比赛。从上述的联赛相关规定可以看出，当前篮管中心非常重视竞技篮球人才培养问题，也为后备人才培养提供了大量的财力和物力支持。

2. "三级培养体系"模式的不足

中职篮职业化改革与发展已经历了 20 年，但后备人才培养还主要依靠计划经济时代形成的精英式的三级培养体系进行，由于该模式属于小范围、窄口径的"体校（篮校）——俱乐部二、三线队——俱乐部一线队"培养与选拔体系，造成了当前我国高水平竞技篮球后备人才培养规模在 U13 年龄段就基本定型。这种模式不但过早地限制了球员的培养规模范围，也使更多身体发育较晚的、具有优秀竞技篮球潜质的青少年丧失了从事竞技篮球运动的机会。根据相关资料显示，这种精英培养的方式使 2013 年中国篮协注册的一、二三线队员分别仅为 672、1551、323 人，❶ 而根据中国篮协下发的"2013、2015 年全国青少年篮球竞赛计划"可以了解到在未满 16 岁的各级竞赛（U13~U15）中，每年能够参加正规比赛的球员均不到 600 人，且一年中只有 1~2 次正规比赛的机会，❷❸ 而美国仅高中的篮球运动员数量就是中国青少年篮球运动员的 15.5 倍。❹ 近两年教育系统篮球联赛开始禁止注册球员的参加，使注册球员人数加速萎缩，导致当前体育系统的篮球训练开展遭遇前所未有的人源危机，这也造成了当前我国篮球的青训体系情况恶化，呈现出"三级训练"梯队运动员人数"头重脚轻"的"倒金字塔"现象[178]。另外，我国在训青少年篮球运动员数量与质量低下的主要原因还包括无材参选、训练体制僵化、退役球员安置困难和"学训矛盾"突出等。❺ 目前，在我国新的竞技篮球后备人才体系没有建立起来的前提下，"由于 CBA、NBL 联赛规模较小，优秀队

❶ 黄优强,周武.对中国男篮后备人才培养模式的审视[J].北京体育大学学报,2014,37(04):133-139.
❷ 关于印发《2013 年全国青少年篮球比赛竞赛规程》的通知[EB/OL].[2013-01-31].中国篮球协会官方网站.http://www.cba.gov.cn/show.aspx? id=10946&cid=43.
❸ 关于下发《2015 年全国青少年篮球比赛竞赛规程》的通知[EB/OL].[2015-01-08].中国篮球协会官方网站.http://www.cba.gov.cn/show.aspx? id=13306&cid=43.
❹ 柴立森,张勇.我国中部地区竞技篮球发展的前景预期分析[J].北京体育大学学报,2012,35(6):129.
❺ 都娟.后发优势与我国优秀篮球后备人才的培养[D].苏州:苏州大学,2007.

员需求较少和淘汰率较高""退役运动员安置系统不完善""我国教育制度的主流思想是'重文化，轻体育'"等问题，使大量有潜质的青少年在需求动机得不到满足的情况下远离篮球，这也是造成目前我国竞技篮球后备人才萎缩和匮乏的主要原因。随着我国体育产业的国家重视和高速发展，中职篮作为主要的改革先锋，要想把握好改革时机促进发展，就需要通过尽快地扩大联赛规模和提高比赛质量的方式来实现发展。而实现联赛发展对大规模、高质量后备人才的需求与当前的三级培养体系供给之间，显然存在严重失衡问题。

3. "体教结合"模式的缺陷

早在 20 世纪 90 年代，我国体育系统就联合教育系统通过组建传统项目学校和大学高水平运动队的形式进行了"体教结合"模式的探索。但经过 20 多年的尝试，效果并不明显。优秀球员主要还是以体育系统培养为主，教育系统培养出来的优秀球员却凤毛麟角。归其原因，教育系统虽然开始重视青少年培养体系的构建尝试，但是在我国多年"重文轻武"思想牢固的大中小学，无论从重视程度上，到学校具备的硬件设施，再到教练等专业人员的配备方面，短期内都不可能满足竞技篮球开展的需要。❶ 另外，由于两大系统管理体制不同，造成了培养后备人才的目标多元化、利益多元化冲突，也限制了两大系统之间的合作程度。通过对多年的高校高水平运动队和运动训练专业招生合作情况调查发现，能够参加高校比赛的 CBA 俱乐部球员均是二三线球员。俱乐部一线优秀球员，由于赛程冲突和损伤预防等原因，只是在高校挂名，而不能对高校的比赛成绩有任何帮助，高校也成了各俱乐部一线球员获取虚学历和文聘的基地。在高校达不到自己所预定的需求目标时，就会放弃招收俱乐部优秀球员。随着 2015—2016 赛季 CUBS（大学

---

❶ 王新雷,练碧贞,张晓丽.复杂性科学理论视域下中国男篮成绩表现归因解析[J].沈阳体育学院学报,2015,34(6):129-134.

生超级联赛）与CUBA（全国大学生篮球联赛）合并为CUBA联赛，且不允许篮协注册球员参加联赛，更是将两大系统的合作推向了边缘。其结果一是当前俱乐部的注册球员上大学的通道被堵死；二是各高校也参加到U14~U16年龄段基层优秀球员的争夺之中。由于我国"重文轻武"的传统文化思想影响，家长更想让孩子通过竞技篮球选择一个具有长期发展的稳定职业，因此高校与俱乐部的竞争会具备更大的优势，也使俱乐部的二三线队伍选拔人才越发困难。

第十节　中国男子篮球职业联赛外生环境机制评价模型构建及实证分析

　　根据系统论的观点，组织生存与发展离不开外在环境的影响，组织活动也始终与其所处的外生环境因素保持交互或并行的互动关系。[1]中职篮作为一项具有高度社会化的社会组织活动，其生存与发展不仅取决于自身活动的科学性，所在的政治、经济、社会和体育领域等层面都存在对其发展具有重要影响的外生因素。如果对这些外生环境中的影响因素认识不够或处置不当，就会影响到联赛的健康发展。因此，中职篮改革与发展的整个过程都与外生环境的相关因素存在着密切联系。根据外生环境和机制的概念，本研究定义中职篮的外生环境机制为：中职篮所处的环境里，影响联赛运行与发展的众多因素的结构、功能及其相互联系，产生影响、发挥功能的作用过程原理及其运行方式。很多学者运用PEST方法从政治的、经济的、社会的、技术的四方面分析组织所处的宏观环境对于组织的影响。[2]本研究也主要从中职篮

---

[1]　余亮.外生环境因素对企业研发活动影响的理论与实证分析[J].科技管理研究,2010,4(6):126-128、135.

[2]　师灿斌.中国男子篮球职业联赛发展路径研究[D].上海:上海体育学院,2009:54.

所处的政治、经济、社会和体育等环境领域进行分析。

一、评价模型构建

1. 外生环境机制因子分析检验

通过探索性因子分析方法对外生环境机制的样本进行分析，KMO 值为 0.573，说明取样的适当性稍差，但 Bartlett 球形值为 70.593，自由度为 6，其显著性水平（Sig=0.000）小于 0.05，说明样本符合要求，适合进行因子分析。

2. 外生环境机制的主成分情况

通过对外生环境机制 4 个指标的相关矩阵分析发现，一些指标之间的相关系数较大。所以可以提取主成分来概括该指标体系的信息，见表 6-47。

表 6-47 中职篮外生环境机制指标相关矩阵

	V_{94}	V_{95}	V_{96}	V_{97}
V_{94}	1.000	0.624	0.319	−0.022
V_{95}	0.624	1.000	0.675	0.262
V_{96}	0.319	0.675	1.000	0.605
V_{97}	−0.022	0.262	0.605	1.000

表 6-48 外生环境机制解释的总方差表

成分	初始特征值			提取平方和载入			旋转平方和载入		
	合计	方差的 %	累积 %	合计	方差的 %	累积 %	合计	方差的 %	累积 %
1	2.297	57.429	57.429	2.297	57.429	57.429	1.776	44.393	44.393
2	1.150	28.748	86.177	1.150	28.748	86.177	1.671	41.784	86.177
3	0.356	8.912	95.089						
4	0.196	4.911	100.000						

注：提取方法为主成分分析法。

如表 6-48 所示，相关系数矩阵 R 的特征值大于 1 的有 2 个主成分，累积解释变量为原始变量的 86.177%。主成分旋转后的因子载荷矩阵见表 6-49。

表 6-49　外生环境机制旋转成分矩阵表

成分	V_{94}	V_{95}	V_{97}	V_{96}
1	0.922	0.839	-0.067	0.466
2	-0.072	0.389	0.934	0.802

注：提取方法为主成分分析法。旋转法：具有 Kaiser 标准化的正交旋转法。a. 旋转在 3 次迭代后收敛。

旋转后的因子载荷矩阵显示，V_{94}（政治环境）、V_{95}（经济环境）组成了主成分 F_{17}，V_{97}（社会环境）、V_{96}（体育技术环境）组成了主成分 F_{18}。

3. 外生环境机制主成分得分系数及竞赛机制评价模型（见表 6-50）

表 6-50　外生环境机制主成分得分系数矩阵一览表

成分	V_{94}	V_{95}	V_{96}	V_{97}
1	0.599	0.477	0.122	-0.244
2	-0.248	0.080	0.438	0.642

注：提取方法为主成分分析法。旋转法：具有 Kaiser 标准化的正交旋转法。

应用公式 $Y_{ij} = U_{ij} / \sqrt{\lambda_i}$ 确定因子值系数 Y_{ij}，求得的主成分得分系数矩阵，如表 56 所示。可求 F_{17} 和 F_{18} 的表达式：

$$F_{17} = 0.599\overline{X}_{94} + 0.477\overline{X}_{95} + 0.122\overline{X}_{96} - 0.244\overline{X}_{97};$$

$$F_{18} = -0.248\overline{X}_{94} + 0.080\overline{X}_{95} + 0.438\overline{X}_{96} + 0.642\overline{X}_{97}$$

其中，$\overline{X}$ 代表调查问卷中外生环境机制指标体系中三级指标均值得分。

4. 外生环境机制评价模型

以上述 2 个主成分所对应的特征值所占提取主成分总的特征值之和的比

例作为权重，结合各主成分表达式，计算出综合评价指标 $F_{外生环境}$ 的表达式：

$$F_{外生环境} = 2.297/（2.297 + 1.150）F_{17} + 1.150/（2.297 + 1.150）F_{18} =$$

$$0.666 F_{17} + 0.334 F_{18} = 0.316 \bar{X}_{94} + 0.345 \bar{X}_{95} + 0.227 \bar{X}_{96} + 0.051 \bar{X}_{97}$$

其中，$\bar{X}$ 代表调查问卷中外生环境机制指标体系中三级指标均值得分。

二、实证分析

外生环境机制评价模型建构后，将调查问卷数据代入模型，计算出不同专家对不同主成分及综合评价得分结果，如表 6-51 所示。

表 6-51　外生环境机制模型评价得分表

	高校专家	中国篮协管理者	俱乐部管理者	职业队教练	整体评价
F_{17}	7.314	7.026	5.594	6.931	6.840
F_{18}	7.034	7.034	6.85	7.301	7.208
$F_{外生环境}$	7.277	7.179	6.138	7.198	7.109
排序	2	3	4	1	

注：评分范围为 1~10 分，得分越低说明问题越大，得分越高说明问题越小。

专家们对中职篮所处外生环境机制的评价达到 7.109 分，且 4 类专家对代表政治和经济环境的主成分 F_{17} 评价得分为 6.840 分，对代表社会环境和体育环境的主成分 F_{18} 评价得分为 7.208 分。以上数据说明，当前中职篮所处的环境条件比较好，所有环境影响因素对联赛运行都朝着有利的方向发展。

1. 对代表政治和经济环境的主成分 F_{17} 的分析

（1）政治环境方面。尽管很多要素影响我国体育产业能否大力发展，但在我国以政府为主导的社会中，政府的重视是首要前提与保障。一旦政府对其进行重视，就会采取相应的规制措施和制定相关的法律等制度保障。随着我国经济的飞速发展，人民物质文化生活水平的不断提高，从 20 世纪 90 年代，国家对体育产业发展的重视也提升到了国家政治战略的水平。1997年，在九届人大二次会议上朱镕基总理《政府工作报告》指出：积极引导居民增加文化、娱乐、体育健身和旅游消费，拓宽服务性领域。❶ 这是我国政府第一次在工作报告中提及体育产业的发展，也意味着体育产业在我国经济市场中具备了生长发育的条件。随后，全国各级地方政府也开始了对体育产业发展的制度和措施建设。2009年1月，国家体育总局局长刘鹏在全国体育局长会议上指出，我国经济社会转型中的职业体育发展，不能照搬西方模式，应该从中国国情实际出发，处理好政府职能和市场机制的关系，协调好不同主体的利益关系。强调为国争光的核心目标不能变，又要搞好当前联赛，还要继续抓好青少年后备人才的长远发展。另外，他还强调加强宏观调控和综合治理，健全制度和机制，建立秩序，优化环境，提高水平等。这次会议的内容为中职篮的职业化发展道路提出了方向。紧接着，在《国务院办公厅关于加快发展体育产业的指导意见》中指出，大力发展体育健身市场，努力开发体育竞赛和体育表演市场。应借鉴吸收国内外体育赛事组织运作的有益经验，探索完善全国综合运动会和单项赛事的市场开发和运作模式。鼓励企业举办商业性比赛，积极引导国际知名品牌的赛事，努力打造有影响、有特色的赛事品牌。积极培育体育中介市场和做大做强体育用品产业。对体育产业加大投融资力度，完善税费优惠政策，加强公共体育设施建设和管理。支持和规范职业体育发展，加快体育市场法制化、规范化建设等。❷ 在2014年10月国务院又颁布了《关于加快发展体育产业促进体育消费的若干意见》，在总体要求的基本原则中提出要坚持改革创新。加快政府职能转变，进一步简政放权，减少微观事务管理。加强规划、政策、标准引导，创新服务方式，强化市场监

---

❶　李光明.体育产业成为国民经济新的增长点所需政策环境研究[M].北京:人民体育出版社,2001:335-348.

❷　国务院办公厅关于加快发展体育产业的指导意见(国办发〔2010〕22号)[EB/OL].http://www.gov.cn/zwgk/2010-03/24/ content_1563447.htm.

管，营造竞争有序、平等参与的市场环境。发挥市场作用。遵循产业发展规律，完善市场机制，积极培育多元市场主体，吸引社会资本参与，充分调动全社会积极性与创造力，提供适应群众需求、丰富多样的产品和服务。

在主要任务的创新体制机制中提出推进职业体育改革。拓宽职业体育发展渠道，鼓励具备条件的运动项目走职业化道路，支持教练员、运动员职业化发展。完善职业体育的政策制度体系，扩大职业体育社会参与，鼓励发展职业联盟，逐步提高职业体育的成熟度和规范化水平。完善职业体育俱乐部的法人治理结构，加快现代企业制度建设。改进职业联赛决策机制，充分发挥俱乐部的市场主体作用。在主要任务的改善产业布局和结构中提出抓好潜力产业。以足球、篮球、排球三大球为切入点，加快发展普及性广、关注度高、市场空间大的集体项目，推动产业向纵深发展。❶这些相关政策的颁布，为我国职业化体育创造了非常好的发展环境，对已经发展了 19 年的中职篮，也会是一个重大的发展机遇。在如此好的大环境下，如何下好这盘棋，将是从事篮球工作者的责任和挑战。

（2）经济环境方面。马克思主义认为，体育和人类的活动有着密切的关系，社会生产关系和人们的经济地位也决定了人们对体育的需求程度，即社会生产力的发展水平决定和制约体育产业发展。在 30 多年的经济改革中，我国 GDP 基本上是以每年 8%～10% 的速度快速增长，成为世界第二大经济体。国内居民的物质生活水平有了质的飞跃。在老百姓不断走向富裕的前提下，消费观念也从传统的基本生存需要向追求生活质量的享受型和健康型转变。国家统计局的数据显示，2009—2013 年，我国城镇居民的人均可支配收入从 17175 元增长到 26955 元，5 年的时间增长了 56.94%。我国经济的高速增长也使中等收入以上人群大幅增加。据麦肯锡全球研究院（MGI）研究预计，

---

❶ 国务院关于加快发展体育产业促进体育消费的若干意见（国发〔2014〕46 号）[EB/OL].http：//www.
scio.gov.cn/xwfbh/xwbfbh/wqfbh/2015/33862/xgzc33869/Document/1458267/1458267.htm.

2025 年中国居民可支配收入将达到 13.3 万亿元，中产阶级人口将占到城镇
总人口的一半以上。中产阶级代表社会消费前卫的方向，他们更注重生活质

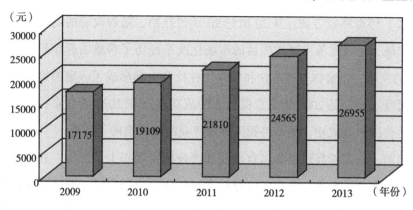

图 6-4　2009—2013 年我国居民可支配收入增长情况趋势图

量和健康品质。根据作者的调查，中产阶级已成为中职篮主要的消费人群，
在当前经济快速增长的前提下，中产阶级规模的大幅提升也为中职篮的发展
提供了重要的消费市场。因此，在我国从工业化向第三产业发展的转轨的关
键时期，国家非常重视第三产业作为我国经济新的增长源和带动消费的力量
进行引导，频繁地颁布刺激体育产业和提高文化生活质量的文件，就是看到
了当前广大社会人群的健康和娱乐需要给体育产业发展带来的巨大市场潜力。
当前的经济环境也为中职篮发展提供了良好的市场条件。

2. 对代表社会和体育环境的主成分 F_{18} 的分析

（1）社会环境方面。尽管伴随着 30 多年的经济体制改革，社会负面问
题时有发生，但总体上，我国政治稳定、经济繁荣、人民安居乐业，生活质
量明显改善。当前，在国际局势动荡等形势下，我国能够保持稳定繁荣实属
不易。近年来，随着国家大力整治腐败，加强法制建国的措施实施，使公民
权利和利益逐步得到保障。另外，三农政策、惩治腐败、社会保障制度等一
系列利民政策的实施，得到了老百姓的大力支持和欢迎，党在老百姓心目中

的拥护度也得到了大力提升。因此，安定的社会环境为体育产业的发展提供了有力的保障，也有利于中职篮的发展。

（2）体育环境方面。从20世纪90年代开始，随着政府的竞技体育战略调整实施，足篮排等大球类项目的市场化改革经历了艰难的起步阶段。经过20年的发展，当前体育产业化和职业化在社会中都形成了一定的影响力和群众认可度。特别是2008年北京奥运会的成功举办和2022年北京—张家口冬季奥运会的申办成功，更是将我国体育产业的发展推向了高潮。

当前，国家领导班子将体育事业和产业的发展提上了日程，并颁布文件尽快完成职业体育管办分离，由行政主导转化为市场主导还明确规定以足篮排职业化改革为切入点，加快发展普及性广、关注度高、市场空间大的集体项目。因此，良好的政治环境政策、经济环境条件、社会环境氛围、体育环境基础为中职篮职业化改革与发展提供了坚强的保障。

第十一节　中国男子篮球职业联赛运行机制整体评价模型构建及实证分析

前面对中职篮运行机制从微观的10个维度进行了模型构建和实证研究，本部分对中职篮运行机制系统整体从一级指标体系角度进行模型构建和实证研究，以达到对系统多角度、全方位分析的目的。

一、评价模型构建

1. 一级指标体系分析检验

通过探索性因子分析方法对一级指标体系的样本进行分析，KMO值为0.845，Bartlett球形值为290.835，自由度为45，其显著性水平（Sig = 0.000）小于0.05，适合进行因子分析。

2. 一级指标体系的主成分情况

一级指标体系中10个指标的相关矩阵显示，很多指标之间的相关系数较大。可以用较少的因子来概括该指标体系的信息，见表6-52。

表 6-52　中职篮运行机制一级指标相关矩阵

	C_1	C_2	C_3	C_4	C_5	C_6	C_7	C_8	C_9	C_{10}
C_1	1.000	0.691	0.127	0.549	0.608	0.352	0.596	0.440	0.150	0.510
C_2	0.691	1.000	0.253	0.747	0.484	0.666	0.885	0.767	0.108	0.602
C_3	0.127	0.253	1.000	0.152	-0.090	0.106	0.197	0.164	-0.024	-0.076
C_4	0.549	0.747	0.152	1.000	0.625	0.657	0.711	0.652	0.051	0.675
C_5	0.608	0.484	-0.090	0.625	1.000	0.448	0.485	0.385	0.081	0.522
C_6	0.352	0.666	0.106	0.657	0.448	1.000	0.730	0.770	-0.049	0.691
C_7	0.596	0.885	0.197	0.711	0.485	0.730	1.000	0.789	0.141	0.670
C_8	0.440	0.767	0.164	0.652	0.385	0.770	0.789	1.000	0.091	0.659
C_9	0.150	0.108	-0.024	0.051	0.081	-0.049	0.141	0.091	1.000	0.058
C_{10}	0.510	0.602	-0.076	0.675	0.522	0.691	0.670	0.659	0.058	1.000

表 6-53　一级指标体系解释的总方差表

成分	初始特征值			提取平方和载入			旋转平方和载入		
	合计	方差的 %	累积 %	合计	方差的 %	累积 %	合计	方差的 %	累积 %
1	5.417	54.172	54.172	5.417	54.172	54.172	5.341	53.410	53.410
2	1.167	11.666	65.839	1.167	11.666	65.839	1.170	11.698	65.107
3	1.058	10.583	76.421	1.058	10.583	76.421	1.131	11.314	76.421
4	0.829	8.285	84.706						
5	…	…	…						

注：提取方法为主成分分析法。

如表6-53所示，相关系数矩阵 R 的特征值大于 1 的有 3 个主成分，累积解释变量为原始变量的 76.421%。因子载荷矩阵进行旋转后成分矩阵见表6-54。

表6-54　一级指标体系旋转成分矩阵表

矩阵指标	成分		
	1	2	3
C_7	0.891	0.185	0.127
C_2	0.880	0.245	0.159
C_4	0.859	0.016	0.059
C_8	0.847	0.178	−0.024
C_6	0.846	0.049	−0.217
C_{10}	0.829	−0.226	−0.014
C_1	0.673	−0.010	0.399
C_5	0.670	−0.369	0.224
C_3	0.110	0.924	0.024
C_9	0.006	0.011	0.910

注：提取方法为主成分分析法。旋转法：具有 Kaiser 标准化的正交旋转法。a. 旋转在 4 次迭代后收敛。

旋转后的因子载荷矩阵显示，C_7（约束机制）、C_2（组织管理机制）、C_4（市场营销机制）、C_8（监督机制）、C_6（激励机制）、C_{10}（外生环境机制）、C_1（目标动力机制）、C_5（竞争压力机制）组成了主成分 F_{24}，C_3（竞赛机制）组成了主成分 F_{25}，C_9（后备人才培养机制）组成了主成分 F_{26}。

3. 一级指标体系主成分得分系数及其评价模型（见表6-55）

表6-55 一级指标体系主成分得分系数矩阵一览表

矩阵指标	成分		
	1	2	3
C_1	0.098	-0.028	0.308
C_2	0.149	0.178	0.073
C_3	-0.019	0.794	0.032
C_4	0.164	-0.021	-0.022
C_5	0.128	-0.342	0.139
C_6	0.185	0.002	-0.276
C_7	0.157	0.125	0.041
C_8	0.162	0.117	-0.095
C_9	-0.081	0.029	0.842
C_{10}	0.175	-0.231	-0.093

注：提取方法为主成分分析法。旋转法：具有 Kaiser 标准化的正交旋转法。

应用公式 $Y_{ij} = U_{ij} / \sqrt{\lambda_i}$ 确定因子值系数 Y_{ij}，求得的主成分得分系数矩阵如表61所示。可求 F_{24}、F_{25} 和 F_{26} 的表达式：

$$F_{24} = 0.098\bar{X}_{C1} + 0.149\bar{X}_{C2} - 0.019\bar{X}_{C3} + 0.164\bar{X}_{C4} + 0.128\bar{X}_{C5} + 0.185\bar{X}_{C6} +$$

$$0.157\bar{X}_{C7} + 0.162\bar{X}_{C8} - 0.081\bar{X}_{C9} + 0.175\bar{X}_{C10}$$

$$F_{25} = -0.028\bar{X}_{C1} + 0.178\bar{X}_{C2} + 0.794\bar{X}_{C3} - 0.021\bar{X}_{C4} - 0.342\bar{X}_{C5} + 0.002\bar{X}_{C6} +$$

$$0.125\bar{X}_{C7} + 0.117\bar{X}_{C8} + 0.029\bar{X}_{C9} - 0.231\bar{X}_{C10}$$

$$F_{26} = 0.308\bar{X}_{C1} + 0.073\bar{X}_{C2} + 0.032\bar{X}_{C3} - 0.022\bar{X}_{C4} + 0.139\bar{X}_{C5} - 0.276\bar{X}_{C6} +$$

$$0.041\bar{X}_{C7} - 0.095\bar{X}_{C8} + 0.842\bar{X}_{C9} - 0.093\bar{X}_{C10}$$

其中，$\bar{X}$ 代表调查问卷中一级指标体系中指标均值得分。

4. 一级指标体系评价模型

以上述 3 个主成分所对应的特征值所占提取主成分总的特征值之和的比例作为权重，结合各主成分表达式，计算出综合评价指标 $F_{一级指标}$ 的表达式：

$$F_{一级指标} = 5.417 / （5.417 + 1.167 + 1.058）F_{24} + 1.167 / （5.417 + 1.167 + 1.058）F_{25} + 1.058 / （5.417 + 1.167 + 1.058）F_{26} = 0.709F_{24} + 0.153F_{25} + 0.138F_{26} = 0.108\bar{X}_{C1} + 0.143\bar{X}_{C2} + 0.113\bar{X}_{C3} + 0.110\bar{X}_{C4} + 0.060\bar{X}_{C5} + 0.089\bar{X}_{C6} + 0.136\bar{X}_{C7} + 0.118\bar{X}_{C8} + 0.076\bar{X}_{C9} + 0.075\bar{X}_{C10}$$

其中，$\bar{X}$ 代表调查问卷中一级指标体系中指标均值得分。

二、实证分析

一级指标体系评价模型建构后，将调查问卷数据代入模型，计算出不同专家对不同主成分及综合评价得分结果，如表 6-56 所示。

表 6-56　一级指标体系模型评价得分表

	主成分 F_{24}	主成分 F_{25}	主成分 F_{26}	$F_{一级指标}$	排序
高校专家	7.778	1.939	2.743	6.196	5
中国篮协管理者	8.364	3.003	5.286	6.421	3
俱乐部管理者	8.101	1.378	3.110	6.393	4
职业队教练	8.231	1.456	3.245	6.514	1
整体评价	8.055	1.880	3.329	6.471	2

注：评分范围为 1~10 分，得分越低说明问题越大，得分越高说明问题越小。

在一级指标模型评价中，无论从整体上还是 4 类专家的分别评价中，得分均在 6.1~6.6 之间，说明专家们比较肯定当前中职篮的整体发展。在 10

个维度所形成的 3 个主成分之中，代表约束、组织管理、市场营销、监督、激励、环境、目标动力和竞争压力机制的主成分 F_{24} 评价得分较高，达到了 8.055 分；但代表竞赛机制的主成分 F_{25} 评价得分仅有 1.880 分，代表后备人才培养机制的主成分 F_{26} 评价得分仅为 3.329 分。

这些调研的数据说明，当前中职篮系统中竞赛和后备人才机制方面存在较大的问题。这与前期分维度中的分析相符。根据当前一级维度的模型评价结果和前期分维度模型分析情况，总结出中职篮系统中存在的主要矛盾与问题，如图 6-5 所示。目标动力机制中主要存在联赛管理主体多元化的目标动力和参与主体追求利益最大化之间的矛盾；组织管理机制中主要存在双轨制

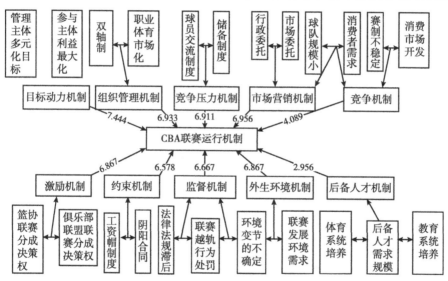

图6-5　中职篮运行机制主要矛盾和存在问题示意图

注："←→"表示各维度运行机制的主要矛盾或存在问题，"7.444…2.956"等数字指专家对该维度的评价得分。

与市场主导之间的矛盾；竞争压力机制中，主要存在球员交流和储备之间的矛盾；市场营销机制主要存在行政委托与市场决策委托之间的矛盾；竞赛机制中，不但存在供求不均衡的情况，还存在赛制不稳定制约联赛的发展现象；

激励机制中，篮协联赛分成决策权的拥有与俱乐部追求联赛分成决策权的冲突；约束机制中存在着工资帽制度与阴阳合同的对立；监督机制中，由于国家市场经济改革的环境变化不确定性，使在法律、法规严重滞后的前提下，处罚联赛越轨行为无法可依；联赛的外生环境虽然政治、经济、社会和体育基础已经建立，但是涉及人的意识、思维转变的软环境，与联赛发展的需要还存在较大的差距；后备人才机制中问题最大，不但存在体育系统内部精英式培养不能满足联赛和国家队需要的问题，还存在体育系统和教育系统无法融合发展的问题，这也是当前中职篮后备人才培养甚至联赛整体运行的核心问题。

第七章 运用复杂系统理论推进中国男子篮球职业联赛运行机制改革发展的策略分析

第一节 运用复杂适应系统理论（CAS）应对微观机制维度存在问题的策略分析

复杂适应系统理论（Complex Adaptive System，简称CAS）是由美国科学家霍兰提出的，它主要针对系统组织的维生能力提出的一套比较系统的科学理论。该理论以"适应性造就复杂性"为中心思想，论述了系统中的主体具有主动性、活动性和适应性。[1] 主体适应性体现在它可以通过与所处系统以及系统所处环境进行交互作用，来实现学习和经验的积累；然后，利用经验对自身结构和行为方式进行适应性调整，增强自我对所处系统及环境变化的适应能力，进而推动所处系统整体的发展。霍兰将主体与环境以及其他主体间的主动、持续地交互作用，以促进整个宏观系统演化或进化所具有的特性称为适应性。[2] 适应性主体的根本特征就是具有主动性，能够感受环境，自

---

[1] 黄欣荣.复杂性科学方法及其应用[M].重庆:重庆大学出版社,2012:84-89.
[2] 郭士勇.非线性科学与复杂性科学[M].哈尔滨:哈尔滨工业大学出版社,2006:185.

我学习，主动调整、改变自身，以便能动地适应环境。❶ 大量具有主动性的主体在相互作用中努力地相互适应，寻找和创建能够相互适应并共同适应外部环境所需要的行为规则。有这样的适应性主体整合而成的系统就是 CAS，具有主动性的系统往往充满活力，而系统规则制约主体主动性过多，往往会导致系统的止步不前，甚至破坏消亡。

一、目标动力机制方面

该方面最主要矛盾是管理主体（篮协）的多元化的目标动力与参与主体（俱乐部、投资人等）追求最大利益之间的矛盾。当前，篮协组织联赛的首要目标动力是提高我国竞技篮球竞赛水平和获得优异成绩，完成自己的政治任务和社会任务；其次才是促进中职篮的发展，实现经济利益。但俱乐部、投资人和赞助商等参与联赛的主要目的就是实现利益最大化，尽管实现的渠道有多种方式。例如，通过参与联赛扩大企业的政治影响力、社会关注度，进而间接实现经济利益；通过销售门票和冠名权等直接获得经济利益等。因此，在当前联赛系统中，由于管理主体的多元目标属性，一旦和参与主体的目标发生冲突时，就会利用职权来保证他的行政和社会目标的实现。根据作者的调查，管理者保证这些目标实现的过程，不但没有重视参与者的目标实现问题，而且有时候会损害参与者的利益。这是管理者对联赛系统本质的认识片面造成的，管理者认识的片面性主要来自于：一是对联赛系统促进多元目标实现的功能认识不足；二是管理者受计划经济时代影响深远，其观点和思维方式还不能随着市场经济的发展进行转变；三是对联赛系统在市场经济中的如何发展认识有限。尽管当前国家大力推动体育产业的市场经济改革，但其关键问题在于如何解决联赛管理者和参与者的认识和思维的变革，即人的思维和认识跟不上，系统的变革与发展都为空谈。

---

❶ 苗东升.系统科学精要[M].北京:中国人民大学出版社,2006:210.

　　传统还原论者认为，由于组织在制定发展战略目标时，过多的目标会引起子系统单位之间的冲突、混乱和工作效率低下，也会影响管理层做好优先战略工作，所以组织应该首选一定的优先目标进行工作，这样可以给予参与者明确的引导。当前，篮管中心就是将保证国家队的成绩作为优先目标，中职篮的工作也必须以国家队为中心展开。这种"组织追求多元目标中的优先目标能够使其获得成功"的观点，被更多从事复杂适应系统研究的学者质疑。CAS 理论者认为，组织发展的成功在于它们合并了众多具有不同价值的领导能力。这些领导能力所潜在的多元战略目标之间并不矛盾，甚至存在一致和互补。[1] 多元战略目标客观存在于组织中，组织实施多元战略目标则会增加系统运行的复杂性。但多元目标实现过程中可以整合多元的环境特征，使战略行为实施更有效，效率及经济的产出绩效更优。[2] 根据 CAS 理论的观点，中职篮系统管理者多元战略目标的同步实施和参与者的利益最大化并不冲突，而是一致的或相辅相成的，如图 7-1 所示。

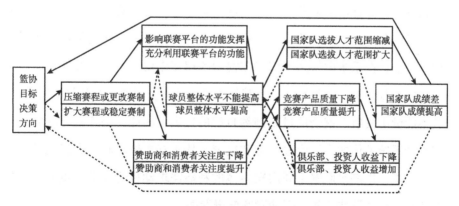

图 7-1　目标机制决策不同导致的系统关系变化图

注："——▶"表示恶性循环的关系链，"·····▶"表示良性循环的关系链。

[1] Neillis, Gregory M. The effect of strategic complexity on marketing strategy and organizational performance [J]. Journal of Business Research, 2006, 59(1):1-10.
[2] 吴彤. 复杂网络研究及其意义[J]. 哲学研究, 2004, 8(4):58-63.

如果篮管中心采取多元目标同步实施的战略，既要保证国家队成绩，又要搞好联赛，还要促进体育产业发展等。适度增加中职篮的参赛队伍数量，延长联赛的时间，从而在提高联赛收入的前提下，使更多的队员得到职业联赛的锻炼，提高运动员的竞技能力，进一步保证国家队后备人才质量和数量，同时还可以保证投资人和俱乐部的利益。这种多元目标同步实施的战略设计会使联赛系统在良性循环中发展。同样的分析，篮协通过压缩联赛赛程或更改赛制来保证国家队集训时间和成绩的优先战略目标设计，虽然临时保证了国家队少数球员能够通过集训提高水平的目的，却大大损害了整个联赛的开展，使球员的整体水平提高受到制约。压缩赛程或更改赛制，还会降低消费者的关注，减少联赛赞助商的投资，使联赛产品提供者俱乐部和投资人的利益受损，最终造成俱乐部的维持困难和对球员的培养投资减少，又影响联赛水平的提高。以上的关系链就这样由于某个环节的指向错误，本来良性循环的系统就会向恶性循环发展。因此，联赛的管理者在设计战略目标时，应该站在联赛系统的整体上去考虑所有要素，而不应该简单地运用线性的因果关系去思考问题。由于联赛的管理者和投资人、俱乐部和其他人员都是系统的一部分，而且在系统内外大家都存在密切的相互作用和联系，过度片面地考虑自身的利益动机，会很容易损害其他主体的利益，而他人的利益受到损害，使其不能健康发展，就会反过来制约自己的发展。因此，决策领导层应该从联赛复杂系统整体的多维度去思考和决策，从所有主体的利益和多元目标动力方面考虑，以满足联赛不同层次主体的利益需求动机为原则，重视多元的联赛战略目标的同步实施，促使联赛健康发展。

综上所述，中职篮目标动力机制改革，应该从联赛复杂系统整体的多维度去思考和决策，从所有主体的利益和多元目标动力方面考虑。即联赛目标决策应该在适应联赛所处外部环境发展的前提下，以满足联赛不同层次主体的利益需求为原则，重视联赛多元战略目标的同步实施，促使联赛健康发展。

因此，中职篮目标动力机制改革，应该利用当前我国大力发展体育产业的黄金时机，在盈方公司与联赛 5 年合约即将到期之际，通过尽快增加联赛球队的方式扩大联赛规模和影响力，为联赛获得更大的赞助合同做好准备，同时还可以提高联赛球员的竞技能力和竞争力，吸引更多具有天赋的球员参与竞技篮球运动；通过向俱乐部下放一定的商务经营权，提高俱乐部的参赛积极性，增强俱乐部的经营运作能力和球队竞技能力，从而提高俱乐部的综合竞争力；另外，随着联赛系统规模不断扩大，对高水平球员的需求增加，也会带动后备人才培养系统的不断完善，通过逐步增加体育系统和教育系统青少年各级联赛的队伍数量、比赛规模及场次，完善各级联赛之间的衔接机制，尽快完善中职篮球员选秀制度，使我国新的竞技篮球后备人才培养体系快速形成。❶ 通过上述系列措施的实施，可以有效地促使整个联赛系统在达到满足管理者和参与者多元目标的前提下，实现健康和快速的发展。

二、组织管理机制方面

随着中职篮不断成长，联赛的结构系统变得越来越复杂，联赛的主体数目及管理的层次开始增加，加上以政府行政主导为主和市场主导为辅的"双轨制"使中职篮诞生了很多具有双重属性的系统主体（如联赛管理者具有行政角色和市场角色的二重性，很多俱乐部的国企投资人和管理人也具有行政角色和市场角色的二重性，见图 7-2），也形成了这些系统多元主体所具有的多元性联赛参与目标行为，使中职篮的组织管理与 NBA 等市场化的职业联赛相比更具复杂性，势必会对联赛的发展产生很多复杂的影响。

---

❶ 王新雷,练碧贞,张晓丽,王磊,等.中国男篮成绩影响指标体系评价模型构建及实证研究[J].北京体育大学学报,2016,39(2):116-124、139.

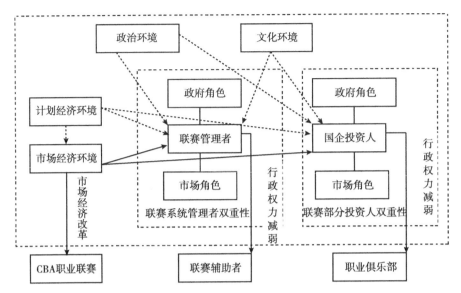

图7-2 中职篮组织管理机制主要矛盾和存在问题示意图

注："——▶"表示联赛职业化发展的推动因素，"----▶"表示联赛职业文化发展的阻碍因素。

  传统还原论者认为，组织系统的结构越复杂，越有可能接受到来自自身和环境的被歪曲的各类信息，这会影响管理层决策时对各类信息的正确判断。这种组织系统结构复杂性的过剩所导致的组织信息传递失真或者延迟，还会引起组织部门间发生冲突，甚至会破坏组织间的协作，使组织不得不浪费大量精力解决内部问题。❶ 反之，组织系统结构越简单，信息传递时的速度就越快，失真率也越低。组织反应越快，决策准确性就越高。我们从中职篮系统网络的 NW 小世界构造模型中可以看到，中职篮管理层在进行决策时，应该受到所有网络组成主体方面行为或需求的影响，并且决策的执行质量和效果也均由该复杂网络中所有主体的执行力所决定。机构越复杂，主体越多，越容易造成决策制定和执行过程出现问题越多的情况。而 CAS 理论者认为，一个拥有较多子系统的组织，本身也具有更多的结构复杂性。如果这时组织

---

❶ 白万纲.利丰行和冯国经的绝对挑战——破解复杂[EB/OL].(2006-09-05)[2016-03-18].世界咨询师管理文库,http:// manage.org.cn/ Article/200609/38657.htm.

会更加分权且非正规化，这种分权就有利于组织增强内部信息沟通与交流的能力。❶ 当前的中职篮系统是在高度集权和过于规范的情况下运行的，自身严格受限的联赛系统很难产生自行变革，并且也会限制联赛系统内外信息的交换。如果联赛系统权力分散且非正规化时，系统的成员及部门间的各种关系不受严格的规章所限，就会自发地、灵活多变地进行自身变革，进而会使它们与系统内外畅通地交换信息，实现更快更好地发展。同样，中职篮系统结构中的关系复杂性也是这样，如果联赛系统权力分散且非正规化时，联赛系统相关主体就会在系统网络内外自行建立丰富的沟通与交流渠道，从而共同推动联赛系统向适应环境和向有创造力的混沌边缘状态发展。

另外，传统还原论者还认为，过高的组织复杂性会影响管理者的选择决策发展空间，使他们总是忙于事务、疲惫不堪。❷ 但也有些管理者由于自身性格或管理风格而刻意造成了组织的一些过剩复杂性。这些复杂性是不受欢迎的，且必须被剔除。❸ 目前，由于篮协是具有高度集权的政府机构，所以联赛改革发展的方向很大程度上受到管理者自身性格和意愿影响，不同领导人的管理也表现出明显的差异性和波动性。另外，当前联赛还存在行政权力对资本权力的一些越位行为，以及资本权力对技术权力的扭曲干涉行为，这些均是上述负面复杂性的表现。例如，中职篮的体育管理部门（行政权力代表）对俱乐部所属企业（资本权力代表）的某些越位管理行为，就是中职篮的负面复杂性表现。在 2013 年发生的山西中宇男篮俱乐部转让案例，就是典型的行政权力对资本权力的越位行为。中职篮的企业老板或俱乐部领导（资本权力代表）直接在比赛和训练中对教练员及运动员（技术权力代表）的指导与干涉，也是一种背离比赛规律的扭曲行为。在中职篮中，我们经常可以

❶　Shrivastava P,Huff A. Advances in Strategic Management. Greenwich［M］.CT:JAI Press,1992,8:391-408.

❷　Rybakov L A. Environment and complexity of organizations［J］.Emergence,2001,6(4):83-94.

❸　Galbraith J R. Designing complex organizations ［M］. MA:Reading,Addison-Wesley,1977:221.

看到这样的现象发生。而复杂适应系统理论（CAS）认为，在组织决策执行中，不同参与者对某决策的兴趣及参与者之间的相互影响，会产生不同的行为复杂性。例如，在目前中职篮管理系统机制中，不同主体在传递信息和执行决策的过程均会从自己的角度出发，以获取最大限度的利益为原则去产生行为，势必会产生很多复杂性现象，如管办不分、赌球、行贿裁判、球员转会制度形同虚设和阴阳合同等奇怪现象。这种类型的复杂性，要求管理层在组织决策的过程中，应该重视系统相关主体关注的兴趣点和建议，充分考虑系统不同主体的利益和生存发展需求。从中职篮复杂系统的整体角度去进行决策，有助于形成更广阔的联赛发展与创新空间，使联赛具有更强的适应环境的能力和生命力。

很多专家认为职业联赛等同于市场经济主导的联赛，不是市场主导的联赛不能称之为职业联赛。当前，中职篮的政府行政主导为主和市场主导为辅的"双轨制"，已严重制约了联赛市场化的发展，对将中职篮称为中国男子篮球职业联赛也提出了很多质疑。其实，当前中职篮的职业化改革，实质上是对联赛管理者和参与者思想、意识、思维和利益再分配的改革。当前关注的焦点集中于管办分离，根据复杂科学中协同论的观点，❶ 此前联赛职业化推进，是在以强有力的政府行为作为序参数❷进行的，并在联赛发展初期起到了很好的效果。如果管办分离后，政府这一强有力的序参数丧失，那么在当前联赛系统所处的政治、文化环境中，市场能否作为序参数起到应有的主导作用？系统中具有二重性身份的管理者和参与者真正转化为市场角色时，这些在计划经济环境中成长起来的参与者是否会从思想、意识、思维方面接受市场的规则，是否会放弃当前拥有的决策权力而追求长远的不确定的利益？采访的众多篮协管理者和俱乐部管理者都不能给出确定的回答。因此，联赛

❶ 赫尔曼·哈肯.协同学[M].凌复华,译.上海:上海译文出版社,2013:8.
❷ 在复杂系统中,众多组元就好像由一只无形之手促使它们自行有序地安排起来,赫尔曼·哈肯把这只能够把众组元有序组织起来的无形之手称为序参数.

的管理体制和运行机制改革不只是联赛系统组成部分的改革，而是联赛系统的各子系统协同的、整体的改革，应该在适应当前所处环境变化的前提下，遵循提高联赛主体主动性（即追求利益最大化）的原则，逐步地进行。并利用环境变革和联赛收益的市场化，逐步推进联赛主体意识的转变，即环境推进人的市场化和人的市场化推动环境的转变。

国家也非常重视行政机构和协会"管办不分"的顽症，于2015年7月印发了《行业协会商会与行政机关脱钩总体方案》，要求各级行政机关与其主办、主管、联系、挂靠的行业协会商会逐步进行机构分离、职能分离、资产财务分离、人员管理分离等相关关系的脱钩分离，并提出了一系列配套政策，由局部试点逐渐扩大到全国范围。随后，很多政府机关开始落实此项工作，借此时机，2016年1月16日，中职篮18家俱乐部投资人集聚东莞签署了注册成立"中职联篮球（北京）股份有限公司"的文件。大家一致认为，成立联合公司是响应国务院有关文件精神，激活我国篮球市场，发展中职篮的重要举措。这一事件也标志着中职篮向管办分离的职业化、市场化迈出了重要的一步。但仅仅两天之后，篮协就公布了国家体育总局已经批准中国篮协牵头成立中职篮公司的方案。其中，设计的管办分离改革分为两步走，第一步是由中国篮协将联赛的商务权和赛事推广权授权给由中国篮协和各俱乐部共同出资入股的CBA公司。第二步是适时由中国篮协将联赛竞赛组织等办赛权授权给CBA公司。待授权全部完成后，CBA公司将全面负责联赛运营，中国篮协则行使监督管理和业务指导。这是当前中职篮管理者和参与者之间利益冲突加剧的表现，从复杂系统改革发展的角度分析，虽然中职联篮球公司的成立可以实现管办分离，俱乐部可以获得更多的经营权，也会使乐部投资人成为真正的联赛主人。但是，当前联赛系统所处的政治、文化环境还均存在强烈的计划经济时代的行政主导色彩，系统中具有二重性身份的篮协和部分俱乐部管理者和参与者是否会从思想、意识、思维方面接受市场的规则？在国家体育产业法律法规还没有出台的前提下，俱乐部能否实现自我管理和自我约束？一旦俱乐部投资人等主体出现违规行为，又有谁能够作为系统发展的序参数执行联赛越轨行为的处罚和维护联赛的正常秩序？这些问题是当前管办分离需要明确和解决的问题，也是其改革成败的关键。因此，中职联篮球公司的成立与管办分离应该有一个试行过程，以便于在发现问题时有一个解决和完善的过程。另外，中职篮公司的成立也存在与环境冲突的问题，如篮协参与入股中职篮公司的前提必须先按照国家脱钩方案完成与国家体育总局的关系脱离，在做好脱离后的协会组织结构重组、责权利定位等一系列工作的基础上，再进行该方案的实施；否则，就会违反国家管理机构不允许以任何方式参与市场企业的我国法律规定。❶ 因此，本研究认为，中职篮推进管办分离必须遵守联赛改革适应环境和适应系统其他主体发展的原则展开。在当前我国市场经济发展不成熟时期，联赛改革还不能放弃篮管中心对联赛的所有权和监督权，只有坚持篮管中心在联赛系统中的序参数主导作用，联赛才可能稳定地、持续地进行改革，否则在失去强有力的序参数控制下，由于参与者利益博弈，很可能造成联赛的混乱和倒退。管办分离的改革实际上是对联赛具体所有权与运营决策权的分离。

目前，由于我国正处于经济改革的摸索阶段，中职篮的改革和发展也处于这样的特殊阶段，照搬 NBA 和欧洲联赛的模式在我国的政治制度、经济制度、文化环境下是行不通的，联赛的管理和运营也只能在摸索改革中逐步进行，绝不能犯大刀阔斧的冒进错误，也不能止步不前的丧失绝好的发展机会。因此，中职篮的改革应该根据上述分析原则进行规划。一是必须与国家经济改革大环境的发展相一致；二是必须以共赢的原则考虑联赛系统所有管理者和参与者的利益诉求；三是必须保证中职篮的平稳改革与发展；四是必须顾及与中职篮发展息息相关的其他社会系统的发展的需要。因此，中职篮长远

❶ 毕仲春.我国 CBA 职业联赛市场组织与行为法律规范的研究[D].北京:北京体育大学,2006:74.

改革规划的制定，应该随着联赛所处市场环境发展的成熟度和联赛本身发展需要，分为几个阶段逐步完成"管办分离"和"市场化"进程。第一步，根据我国社会主义大环境的需要，在联赛所有权不能下放的前提下，尽快完成篮管中心和篮协的脱钩，并积极推动篮协对中职篮具体运营工作的全面接管，进而实现联赛所有权和运营权的分离。第二步，在篮协的牵头下成立具体的中职篮运营公司（建议篮协、中职联和 CBA 公司达成共识，共同联合成立 CBA 联盟），使 CBA 联盟真正成为联赛运营的实际决策者和利益统一体。第三步，由 CBA 联盟根据联赛整体和各俱乐部发展实际需要，将一定的管理运营权委托给各个俱乐部，以鼓励具体的俱乐部按照市场规律和环境要求选择适合自己的发展方式，发挥各自的主观能动性，对各自俱乐部的组织结构、参与者行为等进行自我调节，以实现俱乐部通过协调优化系统内部、外部主体之间的关系来赢得竞争优势。第四步，篮管中心以监督机构的身份继续充当联赛健康发展的监督者和主导者，利用国家下拨经费和 CBA 联盟上交的管理费做好对联赛健康发展的监管、竞技篮球后备人才建设和我国大众篮球运动开展等工作。这种新型职业联赛的形式即适应国家政治大环境发展的需要，又符合联赛参与者市场发展的需要，应该说是中职篮目前改革发展的较佳选择方案。

三、竞争压力机制方面

为了实现联赛俱乐部实力的均衡，前期的研究中说明主要从两个维度去实现，一是联赛收入的平均分成，使俱乐部的财政收入稳定，进而保证俱乐部的竞争力；二是优秀球员的均衡分配制度，联赛采取合理的优秀球员分配制度，使每个参与俱乐部都能够保证有足够的优秀球员，且俱乐部之间可以保证实力的均衡。目前，联赛经过一定时间的发展，受到了消费者和赞助商的关注度不断提升，联赛的整体收入也不断增加。各俱乐部所得到的联赛分成也得到了大幅增长，每年1000多万元的分成也对俱乐部的生存和发展起到了很大的作用。但是该机制当前最主要的问题表现在，俱乐部的队员储备和交流方面，见图7-3。与NBA相比，中职篮的后备人才培养和选拔主要来自

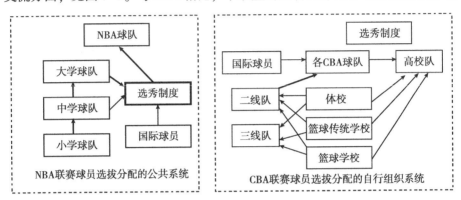

图7-3　NBA与中职篮球员选拔系统比较图

注：输送渠道箭头越粗，表明该渠道输送球员越多。

于俱乐部自身所辖的二三线青年队，国际球员的选拔也是各俱乐部自行组织，联赛管理者无权干涉；而从高校等途径进行选秀的制度刚刚建立，还没有起到作用。NBA球员的培养则主要放在了NCAA大学生联赛以及其他国家联赛，绝大部分球员想进入NBA参赛，都要经过联盟的选秀，这样就使联盟牢牢控制着联盟各俱乐部球队优秀球员的分配。NBA利用美国和其他国家公共资源对其后备人才进行培养，以及利用选秀制度对俱乐部优秀球员分配进行严格控制，与CBA的俱乐部各自培养后备人才和各自选拔外援的制度形成了鲜明的对比。其中，NBA的后备人才的公共属性可以实现倒摘牌制度的实施，使弱队能够选到优秀的球员，而CBA的后备人才的俱乐部私有属性也造成了当前倒摘牌制度形同虚设，每个俱乐部是不可能把自己培养的最优秀青年球员交易出去，甚至有潜力自己用不了，也不会交给对手。虽然近年来联赛管理者通过对亚洲外援名额的调配和国内球员短期流动的规定实现了短期俱乐部竞争实力的平衡，但从整个联赛系统的角度看，这样的方式只能使我

们的联赛在为别国球员付出高额的薪水的同时，提升这些竞争国家的实力，同时也限制了自己后备人才的培养。最重要的是，由于对外援引进没有统一的规定，也使各俱乐部在引进外援中存在恶意竞争或引进水货等现象。各俱乐部缺乏专业的外援选拔评估人才，外援引进则是通过八仙过海、各显神通的方式完成，造成了很多俱乐部花大价钱却引进了水货球员的现象。当前，联赛中频频更换外援的现象不但影响到其竞赛成绩，也造成了俱乐部巨大的经济损失。另外，联赛的举办并没有解决我国竞技篮球后备人才的培养问题，也是造成近年来国家队水平下降的主要原因之一。因此，从球员分配制度的根源上分析，中职篮之所以控制不好球员的分配，主要是由于国内球员的俱乐部私有培养属性造成的，国内球员选秀不能实现，国际球员的引进也就无法建立选秀制度。因此，解决此类问题应该从联赛后备人才培养和选拔系统的整体入手，一是逐步发展扩大后备人才基础培养体系规模，扩大 NBL 和高校等低级联赛的规模和提高其比赛质量，逐步将目前依靠俱乐部和体育系统的小范围精英式培养扩大到利用社会以及教育系统的大范围培养；二是进一步完善联赛的球员选拔制度，逐步将国内球员和外援的选拔纳入选秀制度中，由联赛委员会组织选秀将优秀球员分配到各俱乐部中，实现俱乐部均衡竞争的目标。这也和当前联赛的竞赛机制、后备人才培养机制的改革需要相一致。

四、市场营销机制方面

根据前期对该维度各级指标的分析，目前市场营销机制中主要存在行政主导和市场主导冲突的矛盾，该矛盾与组织管理机制中的矛盾相一致。另外，竞赛产品市场规模和消费者的供不应求的关系，又与竞赛机制的主要问题相一致，这也说明了在系统整体中它们之间的关系非常密切。

按照复杂适应系统理论（CAS）的观点，中职篮市场营销机制就是在联赛系统的控制下，系统的供给主体和消费主体依据系统所处环境和系统的具体规范结合自身的实际情况，寻找最佳自我发展路径，实现利益最大化的行为过程。但是在当前中职篮的市场系统中，政府对市场资源的垄断造就了联赛的市场供给以系统整体行政开发为主。在联赛建立早期，这种方式有利于加快系统资源整合，提高联赛市场的竞争实力。联赛的飞速发展也证明了这种机制适合早期我国特殊的经济环境和联赛举办的不成熟市场实际。但联赛市场经历了二十多年的发展已初具规模，间接消费主体（企业赞助）和直接消费主体的规模也实现了快速扩张，虽然联赛系统委托专业的代理机构进行整体开发比较成功，由于联赛已经发展为一个多层次的复杂动态系统，且随着时间、空间和参与主体的不断发展变化，系统的相关规制、价格关系也应该随之变化。由于系统的多层次、多主体和主体所处环境不同，使联赛的各子系统处于不同的市场中。而当前这种主体融资渠道单一、市场管制行为过多的弊端也逐渐显示出来，联赛系统表面呈现繁荣昌盛的假象，其内部参与主体由于缺乏动力和活力而死气沉沉。当前，系统另一类产品核心供给主体俱乐部（投资人）的市场营销动力由于开发资源不足和开发权力过小一直没有得到激发，造成拥有巨大潜力的俱乐部相关市场得不到开发，也使俱乐部自我"造血"功能缺乏。多年来，俱乐部这一联赛核心主体的生存仍主要靠企业投入维持，虽然暂时没有出现危机，但从长远看，投资人对俱乐部的投入是因为看到了联赛的品牌价值和商机。如果长期得不到收益，或短期的间接收益目标（投资人的政治目标、社会影响力目标）实现后，就会做出摒弃继续参与的行为。因此，系统的统一标准管理是不科学的，或者很难实现的，如果具有联赛决策权的篮协管的过多，就可能回到20世纪我国的计划经济时代，使俱乐部和投资人、企业等处处受限，失去发展的活力。联赛的管理主体应该重视众多联赛参与主体的目标诉求，重新进行系统资源管理权和经营权的定位，以激发俱乐部主体市场开发的积极性和潜力为中心，尽快形成俱乐部主体市场开发的系统策略，逐步将一定的经营权和决策权交给俱乐部。

这样，俱乐部等就会根据自己的具体目标、实际需要和面对消费主体的情况进行决策，有利于系统的适应性发展。这是当前联赛是否能够保持快速健康发展的关键之处。

五、竞赛机制方面

根据前面竞赛机制维度的分析，该维度目前存在的问题较多，主要有以下几方面。

一是联赛球队的数量少和规模小与市场消费者多的供不应求关系。从联赛系统的整体视角分析，有些专家认为，按照当前我国经济水平的发展和球迷消费群体的规模，中职篮的球队扩大到 40~50 支也不为过。因为联赛核心主体球队增多，竞赛规模扩大，不但可以在规模上扩大联赛的比赛场次和赛季时间，在地域上扩大联赛的关注空间和影响力，进一步提升联赛的品牌价值，而且可以吸引更多青少年加入我国的竞技篮球运动，使更多的运动员和教练员在联赛中得到历练，势必会提高运动员的竞技能力和教练员的执教能力，进一步提高国家队的后备人才质量和数量，从根本上解决国家队新老交替以及竞争意识不强的局面。这样就不至于再在"选择提高比赛质量"还是"锻炼我国球员"的外援使用制度上左右为难，也可以不再分分计较外援的上场时间。李宁公司的 5 年赞助即将到期，联赛管理层应该看到当前联赛的巨大市场潜力和经济价值，抓住时机争取在未来的 2 个赛季再吸收几支队伍进来，为 2017—2018 赛季联赛获取更大的利益打好基础。

二是联赛赛程的不稳定影响到联赛市场的开发，在目标机制中对该方面也做了相关分析。当前，联赛的竞技成绩和经济效益与国家队成绩也是相矛盾的，这些矛盾使得联赛改革发展的决策一直处于国家队竞技成绩和联赛市场效益之间左右为难。其实，决策领导层从复杂的联赛系统整体的多维度去思考就会发现，竞技成绩和经济效益是相互依存、相得益彰的关系，从系统的发展整体上分析并不矛盾。❶ 联赛才是锻炼队员最好的平台，联赛赛程的稳定不仅可以提高竞赛质量和解决国家队选材和成绩问题，还可以提高联赛的经济效益，使各俱乐部在改善生存条件的基础上增加对提高比赛产品质量的投入。因此，联赛的每个维度都能使联赛促成不同的战略思考，整合这些思考就能获得适应环境的多元战略，这样的多元战略就会促使中职篮和国家队协同发展。

三是当前外援使用和国内球员提高之间的矛盾。从复杂系统的时空发展上看，这些矛盾只是系统在发展的时间和空间上的错位造成的。不同的联赛，不同的发展水平，引进外援的作用和目的也各不相同。联赛建立初期由于外援的使用，提高了比赛质量，吸引了观众眼球，当联赛的质量和品牌影响力达到一定水平时，外援的使用目的就可能发生质的改变，联赛政策就可以转而倾斜于国内球员的培养，外援引进的目的也由联赛发展初期的提高竞赛水平转向开拓国外市场等方面。简单地讲，综合考虑联赛系统的时间和空间因素，选择在正确的时间做正确的事情。

六、激励机制方面

在激励机制中，存在篮协联赛分成决策权的拥有与俱乐部追求联赛分成决策权的冲突。其根源在于中职篮的管理者（篮协）和参与者（俱乐部）之间虽然存在利益一致的关系，但是由于权力的不同，使俱乐部在物质和精神激励的方面没有发言权，致使两者之间产生了利益冲突和矛盾，这样的矛盾也是联赛诞生时留下的问题。很多俱乐部老板认为，联赛管理者没有将联赛收入和支出进行公开，造成了俱乐部对篮协的不信任，进一步对联赛分成金额产生怀疑。目前，随着联赛收益的不断提高，联赛整体运作效益最大化的

---

❶ 王新雷，练碧贞，张晓丽，刘成.中国男子篮球职业联赛目标动力机制评价模型构建及实证研究[J].体育科学,2016,36(7):32-39.

效果已经体现出来，但是随着联赛收益加大和俱乐部分成加大，这一矛盾会愈演愈烈。NBA 之所以没有这样的问题，主要是 NBA 联盟的俱乐部投资人既是联赛的参与者，也是联赛的实际老板，只是将俱乐部的联赛委托给职业的经纪人进行经营和管理。俱乐部投资人与委托的职业经纪人既是委托关系，也是利益统一关系。虽然中职篮管理者和投资人之间也存在利益统一关系，但是由于管理者是绝对的联赛拥有者和决策者，俱乐部投资人只是处于从属地位，故产生了这样的矛盾。因此，从中职篮系统的整体上分析，当前联赛的核心主体俱乐部处于系统的弱势地位，而另一核心主体篮协又处于绝对的强势主导地位，俱乐部这一核心主体的行为受到管理者的约束。因此，当前很多学者与专家认为，改变双轨制将是联赛进一步发展的当务之急。从复杂适应系统的角度分析，由于整个系统都处于统一的利益体中，但系统核心主体之间又存在利益冲突矛盾，这样强势的主体就会主导系统的发展方向，如果考虑不到或者做出的决策不符合参与主体的利益，就可能使参与主体（俱乐部）主动性受到约束，进而导致系统的活力不够。因此，在管办分离改革的过程中，应侧重于如何调动俱乐部的主动性为中心，逐渐建立联赛系统管理主体和参与主体的利益统一体，使系统所有主体的主动性得以激活，共同促进中职篮的发展。

七、约束机制方面

造成约束机制中存在工资帽制度与阴阳合同对立的主要原因，宏观上是因为联赛管理体制的组织结构不合理，监管机制不到位。微观上是各俱乐部为了增强球队实力和扩大影响力，以及俱乐部参加中职篮的目的多元化。很多具有双重属性的俱乐部抱着政治、社会、经济等复杂的多元目的参加联赛，这也是中职篮运行复杂性的主要表现之一，也使中职篮的约束机制规范比 NBA 要复杂得多。当前，中职篮虽然在约束机制方面做了大量的工作，但是由于联赛管理者和俱乐部还没有建立具有共同利益的统一体，加上强有力的联赛法律、法规等监管机制还没有建立，俱乐部为了自身成绩和影响力等利益的最大化，很容易制造阴阳合同、逃税漏税、财务虚报等情况。这些行为很可能导致俱乐部之间恶性竞争，增加俱乐部发展财务负担，使俱乐部生存风险增加；同时，从侧面反映出中职篮政策制定虽然参照了 NBA 相关制度，但缺乏对中职篮所处环境与整个联赛系统的实际情况进行研究，也缺乏将规制的制定从联赛系统内外的多角度进行分析。制定出来的政策没能反映出联赛所处环境发展的不确定性和社会法律、法规的滞后性，更没能反映出满足联赛多元化主体及其多元化目标的合理需要，使这些规制形同虚设。因此，在联赛系统所处的市场环境不成熟的前提下，中职篮系统只能依靠自身强有力的序参数联赛管理者（篮协等）设计规制进行约束，也体现出联赛管理者（篮协等）制定规制的重要性和难度，在缺乏外生环境中法律、法规为支撑的情况下，制定行之有效的约束规制，就应该将规制设计放在整个联赛系统的层面上进行全面的、系统的、多角度的分析和考虑，既要满足设计的规制与当前联赛系统所处的发展环境导向相一致，又要考虑尽可能符合系统所有参与者的多元化目标的合理需要。

八、监督机制方面

中职篮是中国特色社会主义市场经济下竞技体育改革的产物，前期没有固定的模式模仿，只能不断地摸索和完善，这就必然会在改革的过程中出现各种问题。大环境也决定了联赛的规范制度也是在其发展中不断地摸索和完善。当前的这种环境的不确定性特点也造成了联赛法律法规建设滞后等一系列问题，也使当前联赛的各种越轨行为监管难度加大。因此，我们分析和处理该方面问题时，应该注重联赛系统的环境特征和结合自身现状进行决策。

从宏观上看，应该正确看待违规行为的发生，认识中职篮越轨行为发生的环境根源。首先，迪尔凯姆认为，越轨现象是任何健康社会都不可或缺的一部分。❶ 由于当前联赛所处的大环境也处于变革的不确定时期，造成了联赛在新的规范初建时期存在价值导向不明晰，社会心理变化剧烈等问题。联赛规制什么时候该进行调节，什么时候该交由市场或社会自主运行成为重要难题，管理得过多，与转型的目标相悖，过少则无法消除社会不良行为，从而使度的把握成为难题。当前的监管规制制定有两种导向。一种是容忍越轨行为在一定范围内发生，对于一些轻度的越轨行为，采取利用和引导来提高联赛的影响力和品牌质量，同时将越轨问题作为联赛体制改革的"学费"，以换取联赛职业化、市场化转型和日后治理的"经验资本"，而不减缓职业化改革的步伐。另一种是以延缓发展速度为代价制定严厉的制度去治理越轨问题，只要发生越轨行为，不管程度轻重，都采取严厉的处罚措施，势必会使运动员、教练员的场上行为缩手缩脚，影响比赛的质量，进而失去观众的关注。两者相比，显然前者的价值更大，只有在一定限度内容忍越轨问题，换取联赛的快速发展，而不能以停滞联赛的发展为代价去治理越轨问题。另外，从我国竞技体育领域的宏观角度分析，中职篮体育越轨问题的出现，还可以暴露整个职业体育领域中存在的风险，对促进中国特色职业体育发展具有重要意义。因此，我们要准确认识中职篮越轨问题存在双面性。❷

从中观上看，结合职业体育的特征，应尽快完成国家体育法规的修订，依据法律法规构建合理的联赛规范制度，尤其要做好越轨行为评价标准的合理选择。当前，我国竞技体育法的修订，既是对当前实施职业化改革的竞技体育系统中主体的行为模式、利益分配、组织制度、身份确立等方面进行的规范，也是对中职篮制定规制的有力支撑和有效引导。在体育法对竞技体育职业化内容的规制时，要注意符合最大多数竞技体育主体利益分配的公平公正性，能够使社会大众从内心对法律的公正产生认同感方面，真正能够让法

---

❶　戴维·波谱诺.社会学[M].李强,译.北京:中国人民大学出版社,1999:207.
❷　张兵,周学荣,沈克印."替罪"or"原罪":论当前职业体育越轨问题中的体制[J].首都体育学院学报,2011(5)：389-392.

律通过其功能，控制竞技体育越轨行为的同时，对竞技体育职业化改革起到推进作用。在体育法对竞技体育相关规制进行规范后，联赛的管理机构依据法律规范，有效地制定符合联赛利益主体的客观需要，并体现法治精神的管理政策和文件，进而使联赛参与主体（包括运动员、教练员、裁判员、俱乐部和球迷等）能够遵守法律，服从规则，避免越轨。

从微观上看，重视联赛违规行为细节管理，逐步形成联赛参与者互信关系，❶ 从联赛的越轨行为源头预防、比赛全程监控和完善越轨行为处罚规制等多方面入手，做好越轨行为防治的细节工作，逐步形成联赛参与者互信关系，如图7-4所示。

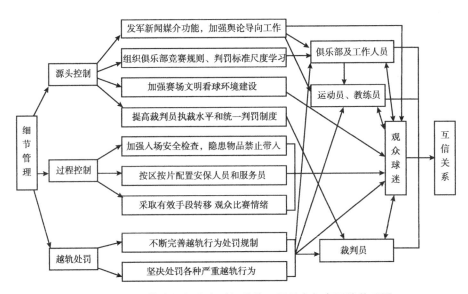

图7-4 中职篮违规行为应对细节管理及其参与者互信关系图

首先，构建源头预防机制，防患于未然。①积极发挥新闻媒介功能，加强舆论导向工作。联赛管理机构积极与媒体单位合作、交流，将官方信息透明、客观、快捷地发布出去，使媒体报道更加客观真实，把握好舆论导向；

❶ 成会君.消费者对中国足球职业联赛的信任研究[J].武汉体育学院学报,2007,(9):32-36.

并利用媒体强大的信息传播能力，普及中职篮各项规定及篮球规则，消除观众对比赛判罚的误解。②联赛管理者赛季前组织俱乐部对联赛竞赛规则和裁判员判罚标准尺度进行学习，要求俱乐部组织教练员、运动员和相关工作人员进行学习，使所有竞赛参与者达成共识。③在比赛场地内外设置文明标语，打造文明观众文化，营造观众集体文明观赛气氛。在比赛中主持人发挥作用，对比赛进行积极健康地引导，使观众对比赛有正确的认知。④净化联赛环境，严格执行公正、公平的竞赛规则。通过定期的裁判培训学习，提高裁判员执裁水平和统一判罚制度。为加强对裁判员的管理，应尽快建立职业裁判制度，在联赛中逐渐完成由业余裁判向职业裁判执裁的过渡。其次，构建比赛全程监控机制。赛前加强入场安全检查，禁止观众球迷将一切具有潜在安全隐患或导致越轨行为发生的物品带入赛场。在比赛过程中，按区按片做好安保人员和服务人员的安排，做到对赛场全方位立体动态监控，并能及时制止越轨行为的发生。赛后做好安全疏导工作，安排轻松舒适的音乐，诱导观众转移注意力释放紧张激动情绪，使观众能够平静地、迅速地分流退场。此外，不断完善越轨行为处罚规制。在制定越轨行为处罚标准时，应该以有益于联赛的发展，有利于联赛参与者达成共识为前提，随着联赛的发展而不断地完善。

九、后备人才培养机制方面

邓小平认为，世界各国的综合国力竞争在根本上还是取决于人才质量和数量的竞争。竞技体育的发展路径同样遵循这样的规律。NBA联盟的发展经验表明，丰富而广泛的大学、中学篮球人才储备是成功之道。而后备人才持续短缺是我国竞技体育发展中长期存在、久治不愈的一个顽疾。❶我国竞技篮球后备人才不但数量少，而且由计划经济体制发展出来的青训工作培养的

---

❶　鲍明晓：转变我国竞技体育发展方式的对策研究[J]，北京体育大学学报，2014,37(1):9~23.

人才质量也不高。其中，陈旧训练思想的束缚，不但使众多青少年伤病频繁，而且在思想道德方面缺失了自我尊严、荣誉和信心。因此，体教结合已经成为影响我国竞技篮球持续、协调发展的关键。利用 CAS 理论对当前体育系统和教育系统博弈的行为进行分析后发现，教育系统实施的体育系统注册球员不允许参加 CUBA 联赛，表面上看堵死了体育系统培养的运动员高校上学出路，使三级培养体系遭到了巨大的冲击。但是体育系统在 2015—2016 赛季推出的选秀制度，虽然只有很少的球员被联赛俱乐部选中，但也不失为体育系

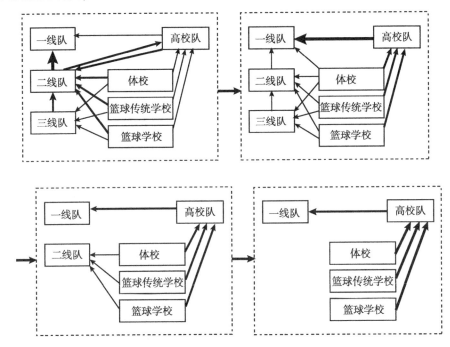

图 7-5　中职篮后备人才培养渠道的改革趋势

注：输送渠道箭头越粗，表明该渠道输送球员越多。

统与教育系统结合的一大创举。如此的改革很可能经过一段时间的发展，当前的俱乐部自我培养二线、三线队伍的模式就会向直接通过选秀的方式在高校获取，而后备人才培养机制改革就会朝着以高校为主的方向发展，如图 7-5 所示。随着俱乐部二线球员进高校的线路被堵死，加上俱乐部一线球员

需求的有限性，就会使向俱乐部提供二线、三线球员的体校、篮球传统学校和篮球学校在输送队员的方向上由"直接向俱乐部输送"向"更多向高校输送"改变。经过一定时期的融合发展，依靠拥有更多的青少年市场和自身文化教育的优势，高校就会实现优质生源和教练员的流入，很快提升自己的竞争力，进一步就会形成培养系统体系。与 NBA 的后备人才培养系统一样，高校将作为最大的、也是最主要的中职篮后备人才培养平台。这样的模式最终既可以解决俱乐部势单力薄的单独培养的劣势、篮协精英训练培养的狭隘，又能满足球员的文化教育，拓宽自身融入社会发展的道路，进而使中国竞技篮球后备人才培养规模更大、范围更广、质量更高。从整体上分析，虽然两大系统的后备人才培养是根据各自的目标需求进行的，但实际上在博弈的过程中最终会走向统一，这是任何力量也不能阻挡的。

因此，要全面推开我国竞技篮球后备人才培养工作，应该借组"国务院办公厅关于强化学校体育促进学生身心健康全面发展的意见"❶ 实施的时机，从联赛后备人才培养和选拔系统的整体入手。第一，利用政策引导，使大中小学重视篮球运动的开展工作，并积极创造软、硬件环境。第二，由国务院牵头，国家体育总局和教育部合作，成立联合工作组，负责开展基层各级训练体系之间的合作与交流，通过运动队进学校（利用学校专业的学习环境和专业的文化教师，促进运动员学习文化知识），学校队进俱乐部或体校（利用专业的场地、设备和专业的教练员，提高训练质量）等方式，各获所需、实现共赢。该方式既可避免资源重置和浪费，又可以在现有基础上快速实现

---

❶　国务院办公厅关于强化学校体育促进学生身心健康全面发展的意见［EB/OL］.（2016-05-06）［2016-04-01］.中华人民共和国中央人民政府网站.http://www.gov.cn/xinwen/2016-05/06/content_5070962.htm.

资源整合与共享。❶❷ 第三，逐步扩大职业联赛的规模和大力发展高校篮球运动，带动后备人才基础培养体系规模建设，扩大 NBL 和高校、中学、小学等各级联赛的规模和提高其比赛质量，逐步将目前依靠俱乐部和体育系统的小范围精英式培养扩大到利用社会以及教育系统的大范围联合培养。第四，进一步完善联赛的球员选拔制度，逐步改革原有俱乐部球员私有属性，将国内外公共培养体系的后备人才资源纳入选秀制度中，由联赛委员会组织选秀将优秀球员分配到各俱乐部中，实现俱乐部后备人才选拔与配置的均衡目标。以上几点即可以满足竞技篮球参与者的知识需求、择业需求，❸ 又可以解决我国篮球后备人才选拔范围不足问题，还有利于联赛球员选拔和配置的均衡管理。这种"去私求公"❹ 的真正体教结合模式是中职篮后备人才培养机制改革的较佳途径。

十、外生环境机制方面

笔者将复杂系统理论结合专家访谈成果进行了研究后认为，当前中职篮系统的职业化改革是在我国市场经济体制改革的大环境中进行的尝试，因此改革受到的制约来自于不确定的政治、经济和文化环境等因素。我们运用了 PEST 方法对外生环境机制进行了分析，认为我国的经济大力发展，一系列促进体育产业政策的出台，以及稳定的社会环境和快速发展的体育环境，给中职篮的职业化发展提供了保障。但上述的这些有利方面只是从系统的硬件方面进行了分析，在这样的大环境中，与中职篮发展相关的外生环境中还有很

---

❶ 在过去两年的调研中发现，俱乐部教练员、体校教练及大中小学带队体育教师也都非常乐意与对方的交流和互助。

❷ 王新雷，练碧贞，张晓丽.复杂性科学理论视域下中国男篮成绩表现归因解析[J].沈阳体育学院学报,2015,34(6):129-134.

❸ 杨再淮，项贤林，倪伟，等.我国竞技体育后备人才目标市场的研究[J].体育科学,2006,26(4):14-20,79.

❹ 去除球员培养的私有属性，利用体育系统、教育系统大范围的公共培养体系进行培养与选拔。

多人的要素（人的思想、意识、思维和人群的利益）等却扮演阻碍其发展的阻力。其实，联赛职业化改革的过程表面上是对组织结构和联赛制度的改革，实质上其改革的核心内容是对系统内外相关主体的思想、意识、思维和利益再分配的改革。联赛的职业化改革是我国市场经济改革的一部分，当前的联赛系统所处的大环境，一方面决定了其内部管理者和部分俱乐部投资人的双重性身份（既代表政府角色，又扮演市场参与者的角色），使这些主体具有多元化的参与目标。管办分离意味着联赛管理者和国企投资人向市场角色方向的发展，市场作为联赛的主导力量作用越来越强的同时，也伴随着相关管理者在联赛中行政权力的减弱，这样的发展过程就会使当前拥有很多联赛权力的管理者利益受到损失。因此，该利益群体是当前联赛职业化改革系统内部最大的阻碍因素。另一方面，中职篮系统外部社会环境、文化教育环境中，与之相关的政府、企事业组织机构很多管理者固守计划经济时期的思想、意识和思维，也是联赛改革发展的阻力因素。例如，地方政府利用行政职权对当地俱乐部市场化发展的干预；教育系统高考制度的主导，影响家长及青少年选择竞技篮球的意识；很多社会组织机构的管理者对体育人社会地位的偏见影响着青少年参加职业体育的热情等。

综上所述，尽管中职篮所处的经济、社会环境等硬件已具备改革的条件，但改革推动缓慢的原因就在于其核心软件人的因素方面，联赛的相关人员背景复杂，与联赛所处的政治环境、文化环境有着千丝万缕的关系，成为联赛改革的最大阻碍。因此，作者认为当前中职篮职业化改革的过程，实质上是随着我国社会主义市场经济改革进行的，也是随着社会主义市场经济改革的政治、社会、文化教育环境变化进行的。当前的政治、社会、文化教育环境行政化的色彩还比较浓厚，对职业体育的市场化改革影响还非常大，因此当前改革的进程还不能过快，否则就可能脱离当前联赛所处的环境现实，造成联赛出现众多问题而影响其健康发展。联赛的职业化发展与改革，是中职篮系统与所处社会大环境相互影响、相互促进的改革过程，改革的进程应该与大环境的改革相一致。

第二节　运用复杂网络理论应对中职篮运行机制整体改革发展的策略分析

复杂网络理论是复杂性科学的最新理论分支。其中，小世界现象❶和无标度网络❷不但开创了复杂网络理论研究的新领域，而且对系统科学的复杂性研究也具有重要的意义。网络不但是许多复杂系统的结构形态，而且是复杂系统的拓扑结构模型。按照复杂网络理论的阐释，现实事物的系统结构可以抽象为网络，构成要素可以被抽象为节点，相互作用可以被抽象为节点之间的连线或边，这样就可以运用复杂网络分析的理论、方法和工具进行复杂系统结构的拓扑特性研究。复杂网络可以用来描述人与人之间的社会关系、计算机之间的网络连接、神经元之间的通信反馈作用等。❸

前文对中职篮10个维度运行机制存在的问题运用复杂适应系统（CAS）进行了分析，并提出了各维度解决问题的思维方式和途径。由于除外生环境机制维度属于与系统存在紧密联系的外部要素外，其余9个维度都属于联赛系统整体的一部分。在分析的过程中发现，很多存在的主要矛盾和问题也是与其他维度存在密切的相互关系。因此，利用纽曼（Newman）和瓦茨（Watts）提出的复杂网络NW小世界模型，对10个维度之间的复杂关系进行模型构建，以此来对中职篮运行机制的复杂性作进一步的阐释和分析。

---

❶ Watts,D J,Strogatz,S H. Collective dynamics of small-world networks[J].Nature,1998,393:440-442.
❷ Barabasi A L,Albert R. Emergence of scaling in random networks[J].Science,1999(286):509-512.
❸ 黄欣荣.复杂性科学方法及其应用[M].重庆:重庆大学出版社,2012:211.

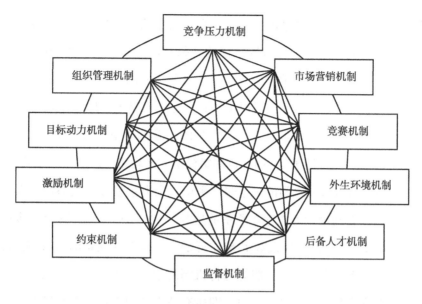

图 7-6　中职篮运行机制复杂性的 NW 小世界网络模型

如图 7-6 所示，中职篮运行机制复杂性的 NW 小世界网络模型中，每个维度被看成一个节点，与其他维度节点存在联系时则以连线进行连接，图中任意两个节点之间的关系均是相互的，而不是单向作用。因此，该网络称为无向网络，且该网络中无法估计哪个节点赋予的权值大小，又称之为无权网络。另外，为了进一步说明 10 个维度节点之间有着密切的关系，我们可以利用小世界网络的三个重要指数——平均路径长度、聚类系数、度与度的分布来解释。❶❷ 平均路径长度是反映系统要素彼此之间关系亲疏的参数，能够科学地显示复杂系统网络成员之间的距离或关系的统计特征和宏观结构。在中职篮运行机制的复杂网络中，10 个维度之间几乎都存在这种直接的相互作用。例如，联赛组织目标动力的变化可以直接影响到联赛管理机构的设置和

---

❶ 在中职篮复杂系统的 NW 小世界网络模型分析中，我们对三个重要指标的概念进行了阐述，在此不多做赘述。

❷ 王新雷,练碧贞,张晓丽.复杂性科学理论视域下中国男篮成绩表现归因解析[J].沈阳体育学院学报,2015,34(6):129-134.

组织运行，而联赛组织管理的变化也会反作用于组织目标的实施；联赛组织管理机制的变化可以影响到市场营销的效果，使竞赛机制、竞争压力机制、激励与约束机制等产生连锁反应，同时，这些机制的变化也会引起与其有联系的其他机制的变化。因此，可以了解到在这一模型中，10 个机制维度之间都存在直接的联系边。也就是说，该网络的任意两个节点 (i, j) 之间的最短路径上的边数 d_{ij} 都等于 1，因此该网络模型的平均路径长度 L 也等于 1。这说明这些机制维度节点之间的关系非常密切。聚类系数 C 就是系统中实际存在联系的边数 E 与最大可能存在联系的边数 H 之间的一种比例关系，即 $C = E/H$。如果实际存在联系的边数 E 越靠近最大可能存在联系的边数 H，说明网络中节点关系越紧密。在中职篮运行机制复杂网络中，每 1 个维度节点均与其他 9 个维度节点存在着联系边，即所有节点之间都存在着相互作用和影响。因此，网络中实际存在联系的边数 E 与最大可能存在联系的边数 H 相等，即聚类系数 C 等于 1，说明 10 个维度节点的关系非常密切。节点的度是指这个节点在网络结构中重要性的科学反映。通过该节点的边数越多，则节点度越大，说明其重要性越大。度的分布就是指该节点与 K 个其他节点有关系的概率大小，这个概率就是该网络的度分布。从度与度的分布上看，因为图中每个维度节点与其他 9 个维度节点之间都存在联系边，所以节点度相同。这也反映了 10 个维度节点在中职篮运行中均非常重要。

另外，该在中职篮运行机制小世界系统网络中，每个维度节点细分下去都是一个该网络系统的子系统，每个子系统中也存在复杂的小世界网络。例如，组织管理机制系统的节点之间、后备人才培养机制系统内部的节点之间、外生环境机制系统内部的节点之间、竞赛机制系统内部的节点之间、市场营销机制系统内部的节点之间等，都存在相互关系和作用等。这一系列的阐述也都说明了中职篮运行机制网络的高度复杂性内涵，体现了中职篮系统运行网络复杂性的高难度。

　　综上所述，中职篮运行机制系统网络是具有多层次、高度紧密相互关系的复杂性网络，几乎所有的机制维度节点与其他机制都存在直接的相互关系。换言之，任何一个机制的存在、完善与发展都会受到其他机制的影响；同时，任何一个机制的变化也会影响到其他机制的运行。因此，在这种具有高度相关关系的复杂网络系统中，对系统每个运行机制维度的改革都应该考虑到该机制对其他直接或间接不同层次相关维度的影响。简单的线性思考和决策很容易损害其他直接联系和间接联系的机制。这也是前期联赛很多决策在执行过程中不能得到落实的根本原因所在。因此，对中职篮运行机制复杂性的研究可以帮助我们认识中职篮管理者、参与者等主体之间和各运行机制维度之间的复杂关系。进而在改革决策过程中，应更加重视中职篮系统的复杂关系与作用，以及对联赛系统整体角度的考虑和把控。

第八章　结论与建议

第一节　结论

  中职篮诞生于中国经济体制转轨、社会结构转型的特定时期，联赛系统所处的外围环境复杂性、系统主体及其相互关系的不确定性、系统结构的多层次性、系统运行的动态性、系统行为结果的随机性等复杂系统特征，决定了中职篮是具有开放性的复杂系统。影响中职篮系统运行与发展的各构成要素的结构、功能特征及其相互复杂关系，以及这些要素组成的主体产生影响、发挥功能的复杂作用过程、作用原理及其运行方式，共同构成了中职篮运行机制的复杂性。

  当前，管办不分情况很容易导致管理者违规或者不作为，造成联赛管理机构与参与主体之间的委托代理关系缺失，引发系统主体相互之间的对抗和冲突，形成联赛组织管理运行双轨制与市场主导之间的矛盾。俱乐部经营权被限制过度，既造成了俱乐部经济效益差、联赛产品质量不高、缺乏竞争力等弊病，也造成培育职业代理机构生存和成长的土壤缺失。

  CBA与NBA等职业联赛相比，企业界的赞助意识与满足联赛市场发展需求还有很大差距。联赛平台规模和球员培养机制还不能满足联赛市场发展的需求，导致其关系链上的一系列参与主体活动受到影响和制约。另外，体育系统内部"三级训练"的精英式培养方式、体育和教育系统培养后备人才的目标及利益多元化冲突、俱乐部培养球员的私有属性等,共同造成目前我国竞技篮球后备人才的匮乏。

由于联赛管理者和俱乐部还没有建立利益统一体,致使管理者和参与者之间在联赛的物质和精神激励方面发言权不对等。我国的体育法制环境建设严重滞后,使联赛出现了"阴阳合同""假球黑哨""炮轰篮协""财务虚报"等奇怪情况。另外,当前中职篮监督制度也缺少对联赛管理者的行为规范。

虽然当前良好的政治、经济、社会、体育等外生环境为中职篮职业化改革与发展提供了保障,但是涉及人的意识、思维等软环境,与联赛改革的需要还存在较大的差距。联赛职业化改革的过程表面上是对组织结构和联赛制度的改革,实质上其改革的核心就是对联赛管理者和参与者的思想、意识、思维和利益再分配的改革。

由于中职篮改革的环境特殊性,造就了联赛系统外生环境中的相关主体、联赛系统的管理主体和部分俱乐部管理主体等具有行政和市场的双重身份属性,形成了中国特殊的双轨制现象。这必然产生具有多元决策目标属性的联赛管理者与追求利益最大化的联赛参与者在联赛系统不同层面发生的利益和行为冲突。因此,这样的联赛主体多重身份、多元动力目标和外围环境发展的不确定性在增加了系统运行复杂性的同时,也导致联赛职业化改革问题非常复杂。

第二节　建议

中职篮运行系统是具有高度紧密关系的复杂性网络。任何一个机制的存在、完善与发展都会受到其他机制的影响,任何一个机制的变化也会影响到其他机制的运行。因此，对联赛系统的每个运行机制维度的改革决策，都应该重视中职篮系统微观主体之间的相互作用与复杂关系和联赛系统整体宏观发展诉求。

宏观上，联赛的目标动力决策应该从所有主体的利益和目标动力方面考虑，即以满足联赛不同层次主体的利益需求动机为原则，以激发俱乐部主体市场开发的积极性和潜力为中心，逐步将一定的经营权和决策权交给俱乐部，鼓励具体的联赛参与者发挥主观能动性，按照市场规律和环境要求选择适合自己的发展方式。

微观上，以适应联赛系统所处环境和系统其他主体发展为原则，在重视系统主体相互关系的基础上，推动联赛各子系统环节的相关工作。抓住时机扩大联赛规模，落实赛程稳定规划，引进高水平外援；大力发展高校竞技篮球，完善球员选拔制度，逐步将国内球员和外援的选拔纳入选秀制度；国务院牵头，加强体育和教育系统合作交流，通过互通有无的方式，扩大后备人才培养范围。

尽快完成国家体育法规的修订，依法构建联赛监管制度，逐步形成联赛参与者互信关系。

正处于我国经济改革摸索阶段的中职篮，其职业化改革的过程也是其与所处的政治、经济、社会、文化教育等大环境相互影响、相互促进的发展过程。当前，联赛系统所处外生环境的行政化色彩还比较浓厚，导致 CBA 职业化改革既不能脱离当前联赛所处的环境现实犯大刀阔斧的冒进错误，也不能止步不前地丧失绝好的发展机会，应该与所处大环境的变革协同推进。

参考文献

[1] 2014—2015赛季中职篮总结(新闻稿)[EB/OL].[2015-04-29].http://www.cba.gov. cn/ show. aspx? id=13660&cid=46.

[2] NBA常规赛有望登陆中国 NBA嘉年华今与北京球迷见面[EB/OL].(2003-09-26) [2016-10-30]. http://sports.sina. com.cn/k/2003-09-26/0205597276.shtml.

[3] 赵国华.我国竞技篮球职业化发展战略研究[D].苏州:苏州大学,2013.

[4] 李元伟.2007中国篮球发展高峰论坛——大视野大发展大未来[EB/OL].[2008-11- 14].http://www.basketball. cn.

[5] 李元伟.关于进一步完善我国竞技体育举国体制的研究[G].国家体育总局体育科学研 究论文集,2002.

[6] 赵国华.我国竞技篮球职业化发展战略研究[D].苏州:苏州大学,2013.

[7] 师灿斌.中国男子篮球职业联赛发展路径研究[D].上海:上海体育学院,2009.

[8] 王郓,褚翔.我国中职篮发展模式的路径选择与战略取向[J].武汉体育学院学报,2011, 41(1).

[9] 王郓,池建,何斌等. 中职篮市场的现状、问题与对策[J].武汉体育学院学报,2008,42(4).

[10] 马孝煜.中国男子篮球联赛—中职篮—若干制度研究[D].河南大学,2013.

[11] 杨扬.我国男子篮球职业联赛竞争性平衡研究[D].上海体育学院,2009.

[12] 郭晓捷,顾永军.我国职业篮球产业组织主体优化的路径选择—兼论职业篮球俱乐部 发展走势[J].首都体育学院学报,2009(4).

[13] 孙义良等.我国职业篮球俱乐部现状与发展走向研究[J].武汉体育学院学报,2008(3).

[14] 张瑜.中美职业篮球俱乐部管理体制的比较研究[D].延安:延安大学,2010.

[15] 崔鲁祥.中国职业体育利益相关者分析及协同治理——职业篮球、足球实证[D].北京：北京体育大学,2012.

[16] 张可. CBA 赛制变化对中国篮球运动职业化发展影响的研究[D].西安体育学院,2011.

[17] 张成云.职业篮球俱乐部经营战略分析[J].体育文化导刊,2009(3).

[18] 邓梅花,张成云. 中职篮体制之改与体制之困[J].体育文化导刊,2011(10).

[19] 刘卫东.竞技篮球运动制胜规律的研究[D].北京:北京体育大学,2008.

[20] 周进强.我国职业体育俱乐部的法律资格、特征及其设立问题研究[J].天津体育学院学报,2000,15(4).

[21] 孙民治.篮球运动高级教程[M].北京:人民体育出版社,2004.

[22] 朱磊. 中职篮运营方式的 SWOT 分析[D].北京:北京体育大学,2009.

[23] 叶红明. 中职篮产权的结构研究[D].北京:北京体育大学,2007.

[24] 孟涛. 中职篮产业发展现状与模式研究[D].北京:北京交通大学,2008.

[25] 李剑.对 CBA 职业联赛赛场文化系统结构剖析[J].体育与科学,2010,31(4).

[26] 李晓蕊.NBA 与 CBA 主场文化比较研究[D].西安:西北师范大学,2010.

[27] 陈鹏. 中职篮官方网站项目中的沟通及风险管理[D].北京:北京邮电大学,2009.

[28] 李晓宇. NBA 与 CBA 品牌形象传播策略的比较研究[D].宁波:宁波大学,2010.

[29] 潘垌同.影响 CBA 篮球联赛发展的大众传媒分析[D].沈阳:沈阳体育学院,2013.

[30] 刘岗.中国男子篮球职业联赛品牌管理研究[D].北京:北京体育大学,2011.

[31] 刘杰虎.中职篮品牌的构建[D].上海:上海体育学院,2011.

[32] 董广强.我国职业体育联赛形象塑造的研究——以中职篮为例[D].北京:北京体育大学,2010.

[33] 项飞.中国男子篮球职业联赛球队冠名现状研究[D].北京:北京体育大学,2013.

[34] 吴乐. 中职篮体育美学特征研究[D].北京:首都体育学院,2011.

[35] 刘红建,孙庆祝,徐晨. NBA 软实力建设经验及对 CBA 的启示[J].天津体育学院学报,2009,24(6).

[36] 张宁.中职篮外籍球员引进机制的嬗变与反思[J].成都体育学院学报,2014,40(8).

[37] 马春林.中职篮引援变迁与中国竞技篮球运动发展的瓶颈[J].北京体育大学学报，2012,35(1).

[38] 黄廷芳.CBA引进外籍球员对本土球员影响的研究[D].成都：成都体育学院,2013.

[39] 王菲.对中国男子篮球职业联赛运动员转会现状的研究[D].呼和浩特：内蒙古师范大学,2013.

[40] 赵志强.构建CBA仲裁机构的研究[D].北京：北京体育大学,2009.

[41] 陈新键.NBA与CBA职业联赛裁判制度对比研究[J].北京体育大学学报,2013,36(10).

[42] 张培峰,汪洋,张睿玺,张宁.中国篮球裁判员体制问题分析与对策研究[J].成都体育学院学报,2010,36(11).

[43] 柳建庆.中国篮球教练员职业地位获得研究[D].北京：北京体育大学,2008.

[44] 舒刚民.中国竞技篮球教练员人才资源开发与管理研究[D].北京：北京体育大学,2012.

[45] 窦海波.CBA职业俱乐部外籍教练执教效果及影响因素的研究[D].北京：北京体育大学,2007.

[46] 李成梁,崔鲁祥等.中职篮11年发展历程中我国国内球员的变化分析[J].沈阳体育学院学报,2008,27(1).

[47] 唐建倦.中国竞技篮球后备人才培养运行机制研究[D].北京：北京体育大学,2007.

[48] 都娟.后发优势与我国优秀篮球后备人才的培养[D].苏州：苏州大学,2007.

[49] 杨再淮,项贤林,倪伟,金赟,周战伟.我国竞技体育后备人才目标市场的研究[J].体育科学,2006,26(4).

[50] 陈兰波.我国优秀篮球运动员的成长与培养[D].苏州：苏州大学,2006.

[51] 蔡美燕.我国职业篮球俱乐部后备人才培养影响因素研究[J].山东体育学院学报,2011,(4).

[52] 杨铁黎.职业篮球市场论：兼谈我国职业篮球市场的现状与改革思路[M].北京：北京体育大学出版社,2003.

[53] 王建国.NBA制衡机制的研究[D].北京：北京体育大学,2005.

[54] 王建国.NBA联盟的利益主体及利益博弈分析[J].体育学刊,2007,14(7).

［55］杨刚.前瞻与启示:NBA 联盟经营模式与 CBA 发展战略—一个基于新制度经济学的视角
　　　［J］.西安体育学院学报,2010,(5).

［56］郭永东.欧洲篮球与世界竞技篮球主流板块迁移［J］.成都体育学院学报,2008,(6).

［57］魏磊.美国职业篮球联赛(NBA)发展的启示［J］.体育科研,2010,(3).

［58］周清泉. NBA 球员格式合同法律问题研究［D］.湘潭:湘潭大学,2011.

［59］王庆伟,许广树,李贵成等.澳大利亚高水平运动员培养体制调查研究［J］.体育科学,
　　　2004,25(1).

［60］鲍明晓.中国职业体育评述［M］.北京:人民体育出版社,2010:112.

［61］刘红建,孙庆祝,徐晨.NBA 软实力建设经验及对 CBA 的启示［J］.天津体育学院学报,
　　　2009,24(6).

［62］李晓蕊.NBA 与 CBA 主场文化比较研究［D］.西安:西北师范大学,2010.

［63］张林.职业体育俱乐部运行机制［M］.北京:人民体育出版社,2001.

［64］王庆伟.我国职业体育联盟理论研究［M］.北京:北京体育大学出版社,2007.

［65］姜韩.CBA 联赛职业化改革运行机制及其优化［J］.南京体育学院学报,2013,27(1).

［66］刘成,王满秀,熊曼丽. CUBA 与大超联赛运行机制比较研究——对我国高校竞技篮球
　　　"体教结合"的审视［J］.北京体育大学学报,2007,30(2).

［67］何元春,文秀丽.乒超联赛主场经营状况调查及其运行机制研究［J］.北京体育大学学
　　　报,2009,32(3).

［68］徐晓伟.我国男子篮球职业联赛运行机制存在问题的研究［J］.西安体育学院学报,
　　　2008,25(5).

［69］张扬.中日两国职业足球联赛运行机制的比较研究［D］.济南:山东师范大学,2013.

［69］崔瑞华,王泽宇.辽宁省公共体育设施建设与经济发展的协调性分析［J］.武汉体育学
　　　院学报,2012,46(4).

［70］董新光,晓敏,丁鹏,等.农村体育评价指标体系的研究［J］.体育科学,2007,27(10).

［71］张大超,李敏. 我国公共体育设施发展水平评价指标体系研究［J］.体育科学,2013,33(4).

［72］林震岩.多变量分析—SPSS 的操作与应用［M］.北京:北京大学出版社,2008.

［73］朱洪军.中职篮服务质量的实证分析研究［J］.体育科学,2011,31(10).

[74] 刘晓平,唐益明,郑利平.复杂系统与复杂系统仿真研究综述[J].系统仿真学报,2008,20(23).

[75] 中国社会科学院语言研究所.《现代汉语词典》.北京:商务印书馆,1983.

[76]《辞海》编辑委员会.《辞海》(缩印本).上海:上海辞书出版社,1983.

[77] 郭志光.电子商务环境下的信用机制研究[D].北京:北京交通大学,2012.

[78] 中国医院管理编辑部.什么是运行机制[J].中国医院管理,1990(7).

[79] 蒋园园.复杂理论视域下的教育教育政策执行研究[D].上海:华东师范大学,2010.

[80] 冯契.哲学大词典(修订本)[M].上海:上海辞书出版社,2001.

[81] 成思危.复杂性科学探索[M].北京:民主与建设出版社,1999.

[82] Levy S. Artifial Life[M].New York:Random House,1992.

[83] 梅拉妮·米歇尔.复杂[M].湖南:湖南技术科学出版社,2014.

[84] 霍根.科学的终结[M].孙雍君,译.北京:远方出版社,1997.

[85] 程书肖.教育评价方法技术[M].北京:北京师范大学出版社,2009.

[86] Klir G J. Facets of systems Science [M]. Kluwer Academic / Plenum Publishers,2001.

[87] Flood R L,Carson E R. Dealing with Complexity —— AnIntroduction to the Theory and Application of Systems Science[J]. Plenum Press,1993(2).

[88] 葛永林等.整体论、系统论与复杂性理论及其归宿[J].徐州工程学院学报,2013(2).

[89] 赵明.系统科学视域下的科技创新新主体复杂性研究[D].哈尔滨:哈尔滨理工大学,2014.

[90] 齐磊磊.论"系统科学"与"复杂性科学"之异同[J].系统科学报,2008(10).

[91] 黄欣荣.复杂性科学方法及其应用[M].重庆:重庆大学出版社,2012.

[92] 吴彤.复杂性的科学哲学探究[M].呼和浩特:内蒙古人民出版社,2008.

[93] 张建坤,罗为东.基于自组织理论的房地产业演化动力研究[J].华东经济管理,2010,(1).

[94] 黄欣荣.复杂性科学与哲学[M].北京:中央编译出版社,2007.

[95] 约翰·霍兰.隐秩序[M].周晓牧,韩晖,译.上海:上海科技教育出版社,2000.

[96] 朱亮.复杂适应系统理论视角的区域创新系统研究[D].合肥:国科学技术大学,2009.

[97] 赵黎明.基于 CAS 回声模型的综合孵化器系统自适应机制研究[J].科技进步与对策,

2012,(11).

[98] 段锦云,周冉.基于复杂适应系统的中观层面领导模型——复杂领导理论[J].经济管理,2010,32(7).

[99] 赫尔曼·哈肯.协同学[M].凌复华,译.上海:上海译文出版社,2013.

[100] Haken H. Synergeticsz An Introduction[M].spring-veflog,1997.

[101] H 哈肯,高等协同学[M].郭治安,译.北京:科学出版社,1989.

[102] 曹峰彬.基于湖南现代制造业的产业网络演化自组织研究[D].长沙:中南大学,2009.

[103] 骆军.协同学理论视角下的当代中国大学生公民意识教育[J].江汉论坛,2010,(9).

[104] 薛凌.资源型城市向现代化城市转型问题研究[D].哈尔滨:哈尔滨工程大学,2008.

[105] 袁祖怀.基于协同理论的市矿统筹发展机理研究[D].徐州:中国矿业大学,2013.

[106] 张天蓉.蝴蝶效应之谜[M].北京:清华大学出版社,2013.

[107] 黄欣荣.复杂性科学研究方法及其应用[M].重庆:重庆大学出版社,2012.

[108] 吴彤.复杂网络研究及其意义[J].哲学研究,2004,8(4).

[109] 钱学森等.论系统工程(增订本)[M].湖南:湖南科学技术出版社,1988.

[110] 钱学森.创建系统学(新世纪版)[M].上海:上海交通大学出版社,2007.

[111] 郭元林.复杂性科学知识论[D].北京:中国社会科学院,2003.

[112] 成思危主编.复杂性科学探索[M].北京:民主与建设出版社,1999.

[113] 徐正权,宋学锋.组织复杂性管理[M].北京:经济管理出版社,2009.

[114] 苗东升.复杂性科学研究[M].北京:中国书籍出版社,2014.

[115] 约翰·霍兰.涌现:从混沌到有序[M].陈禹,译.上海:上海科学技术出版社,2001.

[116] 司马贺.人工科学:复杂性面面观[M].武夷山,译.上海:上海科技教育出版社,2004.

[117] 杨隽.社会转型期的越轨行为和社会调控[J].武警学院学报,2001,19(2).

[118] 林默彪.社会转型与转型社会的基本特征[J].社会主义研究,2004,(6).

[119] 杨洁.复杂性科学视野中的教师评价系统[D].西安:陕西师范大学,2009.

[120] 史植忠.智能主体及其应用[M].北京:科学出版社,2000.

[121] 苗东升.论复杂性[J].自然辩证法通讯,2000,22(6).

[122] 中国篮球协会官方网站[EB/OL].http://www.cba.gov.cn/zhongguolanxie.aspx.

［123］莫兰.复杂思想：自觉的科学［M］.北京：北京大学出版社,2001.

［124］Albert R,Barabasi A L.Statistical Mechanics of Complex Networks［J］.Reviews of Modern Physics,2002,74(1).

［125］汪小凡,等.复杂网络理论与应用［M］.北京：清华大学出版社,2006.

［126］Christensen K,Moloney N R. Complexity and Criticality［M］.London：Imperial College Press,2005.

［127］Najmanovich D. From Paradigms to Figures of Thought［J］.Emergence,2002,21(4).

［128］向洪、沙地、黄世礼.淘金体育［M］.北京：经济日报出版社,2004.

［129］詹姆斯·弗雷. 运动社会学［M］. 王宗吉,译.深圳：洪业文化有限公司,2000.

［130］郝家春.我国男子竞技篮球职业化发展的困境与路径研究［D］.福州：福建师范大学,2010.

［131］师灿斌.中国男子篮球职业联赛发展路径研究［D］.上海：上海体育学院,2009.

［132］陈林祥. NBA 成功运作的营销策略分析［J］.武汉体育学院学报,2000,(1).

［133］辛凭,欧洲职业篮球联赛和法国、西班牙联赛考察报告,中国篮球协会内部资料,2007,(6).

［134］鲍明晓.转变我国竞技体育发展方式的对策研究［J］.北京体育大学学报,2014,37(1).

［135］郝家春.我国男子竞技篮球职业化发展的困境与路径研究［D］.福州：福建师范大学,2010.

［136］陈钧,孙民治.美国篮球职业化的起因、发展,带给我们的启示［J］.西安体育学院学报,2002,9(4).

［137］孙晓红,门涛.管理学［M］.大连：大连财经大学出版社,2005.

［138］张林.职业体育俱乐部运行机制［M］.北京：人民体育出版社,2001.

［139］纪康宝.体育俱乐部市场化运作与现代化管理实务手册［M］.长春：吉林电子出版社,2003.

［140］周进强.我国职业体育俱乐部的法律资格、特征及其设立问题研究［J］.天津体育学院学报,2000,15(4).

［141］王新雷,练碧贞,张晓丽,刘成.中国男子篮球职业联赛目标动力机制评价模型构建及

实证研究[J].体育科学,2016,36(7).

[142] 张兵,周学荣,沈克印."替罪"或"原罪":论当前职业体育越轨问题中的体制[J].首都体育学院学报,2011(5).

[143] Louis A. Management and Organization[M].New York:McGraw-Hill Book Company,1958.

[144] Barnard C.The Functions of the Executive[M].Cambridge:Harvard University Press,2001.

[145] 朱浩.非线性视野中我国大学和谐管理机制研究[D].上海:华东师范大学,2007.

[146] 张林.职业体育俱乐部运行机制[M].北京:人民体育出版社,2001.

[147] 王新雷,练碧贞,张晓丽,王磊.中国男篮成绩影响指标体系评价模型构建及实证研究[J].北京体育大学学报,2016,39(2).

[148] 蒋昭侠.产业贸易理论教程[M].北京:中国经济出版社,2008.

[149] 钟天朗,张林.体育产业学科发展研究报告(2008—2011)[M].上海:复旦大学出版社,2013.

[150] 刘扶民.2007年全国体育产业工作会议报告[R].国家体育总局,2007.

[151] 鲍明晓.体育产业的行业管理[J].体育科研,2006(1).

[152] 中国篮协官方网站[EB/OL].[2015-11-06]. http://www.cba.gov.cn/zhongguolanxie. aspx.

[153] 田麦久.运动训练学[M].北京:人民体育出版社,1994.

[154] 陈立基.试论体育市场的若干理论问题[J].体育科学,1998(4).

[155] 王郓.中国职业篮球竞赛市场的运行机制研究[D].北京:北京体育大学,2006.

[156] 王郓.中国职业篮球竞赛市场的运行机制研究[D].北京:北京体育大学,2006.

[157] Neale. The peculiar of professional sports[J].Quarterly Journal of Econimics,1964.

[158] 鲍明晓.中国职业体育评述[M].北京:人民体育出版社,2010.

[159] 王郓.中国职业篮球竞赛市场的运行机制研究[D].北京:北京体育大学,2006.

[160] 杰·科克利.体育社会学[M].管兵,刘仲翔,何晓斌,译.北京:清华大学出版社,2003.

[161] 迈克尔·利兹,彼得·冯·阿尔门.体育经济学[M].杨玉明,蒋建平,王琳,译.北京:清华大学出版社,2003.

[162] 2012—2013中国男子篮球职业联赛俱乐部准入实施方案[EB/OL].(2012-03-29)

[2016-2-10]中国篮球协会官方网站. http://www.cba.gov.cn.

[163] 王强.中国企业家激励约束机制研究[D].咸阳:西北农业科技大学,2004.

[164] 王庆伟.我国职业体育联盟理论研究[D].北京:北京体育大学,2004.

[165] 王庆伟.我国职业体育联盟理论研究[D].北京:北京体育大学,2004.

[166] 王强.中国企业家激励约束机制研究[D].咸阳:西北农业科技大学,2004.

[167] 张林.职业体育俱乐部运行机制[M].北京:人民体育出版社,2001.

[168] 李征.中国民族传统文化对我国当代竞技篮球运动发展影响的研究[D].苏州:苏州大学,2008.

[169] 林语堂.吾国与吾民[M].西安:陕西师范大学出版社,2008.

[170] 伯尼·帕克豪斯.体育管理学[M].秦椿林,李伟,高春燕,等,译.北京:清华大学出版社.2003.

[171] 迈克尔·利兹,彼得·冯·阿尔门.体育经济学[M].杨玉明,蒋建平,王琳,译.北京:清华大学出版社,2003.

[172] 夏普·雷吉斯特·格里米斯著.社会问题经济学[M].北京:中国人民大学出版社,2000.

[173] 李中兴.社会主义监督机制研究[M].郑州:中州古籍出版社,1993.

[174] 赖炜坤.行政法视野下的政府责任监督机制[D].北京:中国政法大学,2008.

[175] 王庆伟.我国职业体育联盟理论研究[D].北京:北京体育大学,2004.

[176] 托马斯·来塞尔.法社会学导论[M].高旭军译.上海:上海人民出版社,2008.

[177] 唐建倦.中国竞技篮球后备人才培养运行机制研究[D].北京:北京体育大学,2007.

[178] 郝家春.我国男子竞技篮球职业化发展的困境与路径研究[J].福州:福建师范大学,2010.

[179] 黄优强,周武.对中国男篮后备人才培养模式的审视[J].北京体育大学学报,2014,37(4).

[180] 关于印发《2013年全国青少年篮球比赛竞赛规程》的通知[EB/OL].[2013-01-31].中国篮球协会官方网站.http://www.cba.gov.cn/show.aspx? id=10946&cid=43.

[181] 关于下发《2015年全国青少年篮球比赛竞赛规程》的通知[EB/OL].[2015-01-08].中国篮球协会官方网站.http://www.cba.gov.cn/show.aspx? id=13306&cid=43.

[182] 柴立森,张勇.我国中部地区竞技篮球发展的前景预期分析[J].北京体育大学学报, 2012,35(6).

[183] 都娟.后发优势与我国优秀篮球后备人才的培养[D].苏州:苏州大学,2007.

[184] 王新雷,练碧贞,张晓丽.复杂性科学理论视域下中国男篮成绩表现归因解析[J].沈 阳体育学院学报,2015,34(6).

[185] 余亮.外生环境因素对企业研发活动影响的理论与实证分析[J].科技管理研究, 2010,4(6).

[186] 师灿斌.中国男子篮球职业联赛发展路径研究[D].上海:上海体育学院,2009.

[187] 李光明.体育产业成为国民经济新的增长点所需政策环境研究[M].北京:人民体育 出版社,2001.

[188] 国务院办公厅关于加快发展体育产业的指导意见(国办发〔2010〕22 号)[EB/OL]. (2010 - 03 - 24)[2016 - 01 - 11]. http://www. gov. cn/zwgk/2010 - 03/24/ content_ 1563447.htm.

[189] 国务院关于加快发展体育产业促进体育消费的若干意见(国发〔2014〕46 号)[EB/ OL][2015 - 12 - 17]. http://www. scio. gov. cn/xwfbh/xwbfbh/wqfbh/2015/33862/xg- zc33869/Document/1458267/1458267.htm.

[190] 黄欣荣.复杂性科学方法及其应用[M].重庆:重庆大学出版社,2012.

[191] 郭士勇.非线性科学与复杂性科学[M].哈尔滨:哈尔滨工业大学出版社,2006.

[192] 苗东升.系统科学精要[M].北京:中国人民大学出版社,2006.

[193] Neillis,Gregory M. The effect of strategic complexity on marketing strategy and organiza- tional performance[J].Journal of Business Research,2006,59(1).

[194] 吴彤.复杂网络研究及其意义[J].哲学研究,2004,8(4).

[195] 白万纲.利丰行和冯国经的绝对挑战——破解复杂[EB/OL].(2006-09-05)[2016- 03-18]. 世界咨询师管理文库,http://manage.org.cn/ Article/200609/38657.htm.

[196] Shrivastava P,Huff A. Advances in Strategic Management. Greenwich[M].CT:JAI Press, 1992,8.

[197] Rybakov L A. Environment and complexity of organizations[J].Emergence,2001,6(4).

[198] Galbraith J R. Designing complex organizations [M]. MA：Reading, Addison - Wesley,1977.

[199] 赫尔曼·哈肯.协同学[M].凌复华,译.上海：上海译文出版社,2013.

[200] 毕仲春.我国 CBA 职业联赛市场组织与行为法律规范的研究[D].北京：北京体育大学,2006.

[201] 戴维·波谱诺.社会学[M].李强,译.北京：中国人民大学出版社,1999.

[202] 成会君.消费者对中国足球职业联赛的信任研究[J].武汉体育学院学报,2007,(9).

[203] 鲍明晓.转变我国竞技体育发展方式的对策研究[J],北京体育大学学报,2014,37(1).

[204] 国务院办公厅关于强化学校体育促进学生身心健康全面发展的意见[EB/OL].[2016-05-06].http://www.gov.cn/xinwen/2016-05/06/content_5070962.htm.

[205] Watts D J, Strogatz S H. Collective dynamics of small - world networks[J].Nature, 1998,393.

[206] Barabasi, A L, Albert R. Emergence of scaling in random networks[J].Science, 1999 (286).

[207] 黄欣荣.复杂性科学方法及其应用[M].重庆：重庆大学出版社,2012.

附 录

附录 A 德尔菲法三轮征求专家意见表

"中国男子篮球职业联赛运行机制指标评价体系"专家建议表（第一轮）

尊敬的专家老师：

恳请老师对该研究初步制定的"中国男子篮球职业联赛运行机制指标评价体系"指标组成和评价方式提出宝贵的意见，感谢老师们的支持和帮助！

中国男子篮球职业联赛运行机制指标评价体系表

一级指标	二级指标	三级指标
目标机制（动力机制）C_1	中职篮开展的总目标动力合理度 D_1	中职篮开展是为了追求政治利益 V_1
		中职篮开展是为了追求经济利益 V_2
		中职篮开展是为了追求社会利益 V_3
		中职篮开展是为了提高中国竞技篮球运动成绩 V_4
		不合理指标：　　　　建议修改为：
		没有考虑到的指标：

一级指标	二级指标	三级指标
目标机制（动力机制）C_1	篮协组织中职篮的目标动力合理度 D_2	中职篮开展是为了追求政治利益 V_5
		中职篮开展是为了追求经济利益 V_6
		中职篮开展是为了追求社会利益 V_7
		中职篮开展是为了提高中国竞技篮球运动成绩 V_8
		不合理指标：　　　建议修改为：
		没有考虑到的指标：
	俱乐部参加中职篮的目标动力合理度 D_3	中职篮开展是为了追求政治利益 V_9
		中职篮开展是为了追求经济利益 V_{10}
		中职篮开展是为了追求社会利益 V_{11}
		中职篮开展是为了提高中国竞技篮球运动成绩 V_{12}
		不合理指标：　　　建议修改为：
		没有考虑到的指标：
	投资人投资中职篮的目标动力合理度 D_4	中职篮开展是为了追求政治利益 V_{13}
		中职篮开展是为了追求经济利益 V_{14}
		中职篮开展是为了追求社会利益 V_{15}
		中职篮开展是为了提高中国竞技篮球运动成绩 V_{16}
		不合理指标：　　　建议修改为：
		没有考虑到的指标：
	不合理指标（二级指标）：　　　建议修改为：	
	没有考虑到的指标（二级指标）：	

一级指标	二级指标	三级指标
组织机制（管理机制）C_2	组织管理制度合理度 D_5	《中职篮章程》V_{17}
		《俱乐部准入制》V_{18}
		《运动员选秀和交流制度》V_{19}
		《联赛的纪律处罚规定》V_{20}
		《俱乐部股权转让和退出机制》V_{21}
		《外援管理和上场制度》V_{22}
		《中职篮的商务开发模式》V_{23}
		中职篮其他规定 V_{24}
		不合理指标：　　　建议修改为：
		没有考虑到的指标：
	组织管理机构设置合理度 D_6	中国篮协（篮管中心）组织系统的结构 V_{25}
		俱乐部组织体系结构 V_{26}
		我国篮球后备人才培养系统组织结构 V_{27}
		不合理指标：　　　建议修改为：
		没有考虑到的指标：
	组织管理机构权利和义务规定合理度 D_7	中国篮协组织系统的权利和义务规定合理度 V_{28}
		俱乐部权利和义务规定合理度 V_{29}
		篮管中心后备人才培养系统权利和义务规定合理度 V_{30}
		中国篮协组织系统与俱乐部之间的权利和义务分配合理度 V_{31}
		俱乐部与后备人才组织之间的权利和义务分配合理度 V_{32}
		中国篮协组织系统与后备人才培养机构之间的权利和义务分配合理度 V_{33}
		不合理指标：　　　建议修改为：
		没有考虑到的指标：
	不合理指标（二级指标）：　　　建议修改为：	
	没有考虑到的指标（二级指标）：	

一级指标	二级指标	三级指标
市场机制（营销机制）C_3	价格机制合理度 D_8	价格体现竞技水平和比赛的精彩程度的合理度 V_{34}
		价格体现职业运动员、教练员的价值合理度 V_{35}
		价格体现竞赛组织的内部相关制度合理度 V_{36}
		价格体现比赛地点合理度 V_{37}
		价格体现当地消费者的收入水平及消费需求的合理度 V_{38}
		政府相关政策影响价格的合理度 V_{39}
		价格体现赛事的品牌价值的合理度 V_{40}
		价格体现广告质量的合理度 V_{41}
		价格体现媒体转播收视率的合理度 V_{42}
		价格体现体育中介机构的商务推广能力的合理度 V_{43}
		不合理指标：　　　建议修改为：
		没有考虑到的指标：
	供求机制合理度 D_9	联赛市场不能满足消费者的偏好、选择度及消费水平需求 V_{44}
		联赛市场不能满足赞助商的收益需求 V_{45}
		体育中介服务机构的商务推广能力不能满足市场需求 V_{46}
		联赛平台不能满足球员及后备人才的发展需求 V_{47}
		企业界的赞助意识不能满足联赛市场需求 V_{48}
		联赛竞赛赛制安排与参赛球队数量不能满足联赛市场需求 V_{49}
		宏观经济环境和税收政策不能满足联赛市场需求 V_{50}
		不合理指标：　　　建议修改为：
		没有考虑到的指标：

续表

一级指标	二级指标	三级指标
市场机制（营销机制）C_3	委托代理机制合理度 D_{10}	政府体育主管部门委托中国篮协管理 CBA 职业联赛合理度 V_{51}
		中国篮协扮演了委托方与代理方双重身份合理度 V_{52}
		联赛委员会与俱乐部投资方之间不存在实质意义的委托代理关系，这种现象的合理度 V_{53}
		俱乐部老板与经理人之间的委托代理关系的激励机制合理度 V_{54}
		俱乐部老板与经理人之间的委托代理关系的约束机制合理度 V_{55}
		联赛委员会与盈方公司间委托代理关系的激励机制合理度 V_{56}
		联赛委员会与盈方公司间委托代理关系的约束机制合理度 V_{57}
		不合理指标：　　　　　建议修改为：
		没有考虑到的指标：
	不合理指标（二级指标）：　　　　　建议修改为：	
	没有考虑到的指标（二级指标）：	
竞争机制（压力机制）C_4	联赛分配制度合理度 D_{11}	联赛的收益在篮协和俱乐部之间的分配的合理度 V_{58}
		篮管中心及其下属体系的分配制度的合理度 V_{59}
		俱乐部内部分配制度的合理度 V_{60}
		不合理指标：　　　　　建议修改为：
		没有考虑到的指标：
	优秀运动员分配制度合理度 D_{12}	俱乐部运动员的选拔制度的合理度 V_{61}
		俱乐部与球员的合同制度的合理度 V_{62}
		球员的转会制度的合理度 V_{63}
		不合理指标：　　　　　建议修改为：
		没有考虑到的指标：
	不合理指标（二级指标）：　　　　　建议修改为：	
	没有考虑到的指标（二级指标）：	

一级指标	二级指标	三级指标
激励机制 C_5	协会与俱乐部之间激励机制 D_{13}	篮协对俱乐部物质激励方法、方式和规定的合理度 V_{64}
		篮协对俱乐部荣誉激励方法、方式和规定的合理度 V_{65}
		不合理指标：　　　　建议修改为：
		没有考虑到的指标：
	俱乐部内部激励机制 D_{14}	俱乐部内部物质激励方法、方式和规定的合理度 V_{66}
		俱乐部内部荣誉激励方法、方式和规定的合理度 V_{67}
		不合理指标：　　　　建议修改为：
		没有考虑到的指标：
	不合理指标（二级指标）：　　　　建议修改为：	
	没有考虑到的指标（二级指标）：	
约束机制 C_6	协会与俱乐部之间约束机制合理度 D_{15}	篮协对俱乐部工资封顶制度规定的合理度 V_{68}
		篮协对俱乐部准入制度和迁址制度规定的合理度 V_{69}
		篮协对俱乐部的经济处罚约束规定的合理度 V_{70}
		不合理指标：　　　　建议修改为：
		没有考虑到的指标：
	俱乐部内部约束机制合理度 D_{16}	俱乐部内部管理的经济处罚约束规定 V_{71}
		俱乐部内部契约约束规定 V_{72}
		俱乐部当前的竞争约束规定 V_{73}
		不合理指标：　　　　建议修改为：
		没有考虑到的指标：
	社会舆论合理度 D_{17}	当前社会舆论约束评价的合理度 V_{74}
		不合理指标：　　　　建议修改为：
		没有考虑到的指标：
	不合理指标（二级指标）：　　　　建议修改为：	
	没有考虑到的指标（二级指标）：	

一级指标	二级指标	三级指标
监督机制 C_7	体育法律、法规运行机制到位程度 D_{18}	国家法律、法规对联赛的监督是否到位 V_{75}
		篮协纪律委员会对篮协的监督是否到位 V_{76}
		纪律委员会对俱乐部的监督是否到位 V_{77}
		不合理指标：　　　建议修改为：
		没有考虑到的指标：
	不合理指标（二级指标）：　　　建议修改为：	
	没有考虑到的指标（二级指标）：	
外生环境机制 C_8	联赛发展环境的 PEST 适合度 D_{19}	政治环境（Political）对联赛发展的适合度 V_{78}
		经济环境（Economic）对联赛发展的适合度 V_{79}
		社会环境（Social）对联赛发展的适合度 V_{80}
		体育技术环境（Technological）对联赛发展的适合度 V_{81}
		不合理指标：　　　建议修改为：
		没有考虑到的指标：
	不合理指标（二级指标）：　　　建议修改为：	
	没有考虑到的指标（二级指标）：	
不合理指标（一级指标）：　　　建议修改为：		
没有考虑到的指标（一级指标）：		

老师，您对指标条目的判断依据？

您对指标条目的判断依据	理论依据	实践经验	国内外资料	直觉
请在对应栏里画"√"				

老师，您对指标条目的熟悉程度？

您对指标条目的熟悉程度	非常熟悉	比较熟悉	模棱两可	比较不熟悉	非常不熟悉
请在对应栏里画"√"					

老师，您的简要情况介绍：

您的职业	高校专家	中国篮协管理者	职业俱乐部管理者	职业队教练员
请在对应栏里画"√"				

再次向老师的关心表示感谢！　敬礼

2015 年 4 月

"中国男子篮球职业联赛运行机制指标评价体系"专家建议表（第二轮）

尊敬的专家老师：

恳请老师根据您的见解和观点对中国男子篮球职业联赛运行机制指标的重要程度做出评价（请在您认为最恰当的程度栏里画"√"）。在此学生十分感谢老师们的支持和帮助！

1. 一级指标

一级指标	非常重要	比较重要	模棱两可	比较不重要	非常不重要
目标动力机制 C_1					
组织管理机制 C_2					
竞赛机制 C_3					
市场营销机制 C_4					
竞争压力机制 C_5					
激励机制 C_6					
约束机制 C_7					
监督机制 C_8					
后备人才培养机制 C_9					
外生环境机制 C_{10}					
没有考虑到的指标					

2. 二级指标

二级指标	非常重要	比较重要	模棱两可	比较不重要	非常不重要
中职篮开展的总目标动力 D_1					
篮协组织中职篮的目标动力 D_2					
俱乐部参加中职篮目标动力 D_3					
投资人投资中职篮目标动力 D_4					
组织管理制度 D_5					
组织管理机构设置 D_6					
组织管理机构权利和义务规定 D_7					
竞赛规划 D_8					
竞赛管理 D_9					
价格机制 D_{10}					
供求机制 D_{11}					
委托代理机制 D_{12}					
联赛分配制度 D_{13}					
优秀运动员分配制度 D_{14}					
协会与俱乐部之间激励机制 D_{15}					
俱乐部内部激励机制 D_{16}					
协会与俱乐部之间约束机制 D_{17}					
俱乐部内部约束机制 D_{18}					
社会舆论 D_{19}					
体育法律、法规运行机制 D_{20}					
后备人才培养规划 D_{21}					
后备人才管理 D_{22}					
联赛发展环境 D_{23}					

没有考虑到的指标

3. 三级指标

A 目标动力机制

三级指标	非常重要	比较重要	模棱两可	比较不重要	非常不重要
中职篮开展的总目标动力（二级指标）					
政治任务需要 V_1					
追求经济利益 V_2					
社会发展需要 V_3					
提高中国竞技篮球运动成绩 V_4					
篮协组织中职篮的目标动力（二级指标）					
政治任务需要 V_5					
追求经济利益 V_6					
追求社会影响力 V_7					
提高中国竞技篮球运动成绩 V_8					
俱乐部参加中职篮的目标动力（二级指标）					
追求政治关注 V_9					
追求经济利益 V_{10}					
追求社会知名度 V_{11}					
提高中国竞技篮球运动成绩 V_{12}					
投资人投资中职篮的目标动力（二级指标）					
追求政治关注 V_{13}					
追求经济利益 V_{14}					
追求社会知名度 V_{15}					
提高中国竞技篮球运动成绩 V_{16}					
没有考虑到的指标					

B 组织管理机制

三级指标	非常重要	比较重要	模棱两可	比较不重要	非常不重要
组织管理制度（二级指标）					
《中国篮球协会章程》V_{17}					
《中职篮委员会章程》V_{18}					
《中职篮俱乐部准入实施方案》V_{19}					
《中国篮球协会教练员管理办法》V_{20}					
《中国篮球协会运动员管理规定》V_{21}					
《中国篮球协会球员注册与交流管理办法》V_{22}					
《中职篮球员商业权利管理规定》V_{23}					
《中职篮竞赛管理办法》V_{24}					
《中职篮纪律处罚规定》V_{25}					
《中职篮外援引进与管理制度》V_{26}					
《中职篮的商务开发模式》V_{27}					
《中国篮球协会裁判员管理办法》V_{28}					
《中职篮"港、澳、台球员、大学生球员参加中职篮统一选秀"试行方案》V_{29}					
对俱乐部的相关规定 V_{30}					
组织管理机构设置（二级指标）					
中国篮协（篮管中心）组织系统的结构 V_{31}					
俱乐部组织体系结构 V_{32}					
我国篮球后备人才培养系统组织结构 V_{33}					
组织管理机构权利和义务规定（二级指标）					
中国篮协组织系统的权利和义务规定 V_{34}					
俱乐部权利和义务规定 V_{35}					
篮管中心后备人才培养系统权利和义务规定 V_{36}					

续表

三级指标	非常重要	比较重要	模棱两可	比较不重要	非常不重要
中国篮协组织系统与俱乐部之间的权利和义务分配 V_{37}					
俱乐部与后备人才组织之间的权利和义务分配 V_{38}					
中国篮协组织系统与后备人才培养机构之间的权利和义务分配 V_{39}					
没有考虑到的指标					

C 竞赛机制

三级指标	非常重要	比较重要	模棱两可	比较不重要	非常不重要
竞赛规划合理度（二级指标）					
竞赛长期发展规划 V_{40}					
竞赛规模 V_{41}					
竞赛管理合理度（二级指标）					
赛季的竞赛日程安排 V_{42}					
竞赛规则 V_{43}					
赛季前准备工作（裁判员、教练员等参与主体的培训工作） V_{44}					
没有考虑到的指标					

D 市场营销机制

三级指标	非常重要	比较重要	模棱两可	比较不重要	非常不重要
价格机制（二级指标）					
价格体现竞技水平和比赛的精彩程度 V_{45}					

续表

三级指标	非常重要	比较重要	模棱两可	比较不重要	非常不重要
价格体现职业运动员、教练员的价格情况 V_{46}					
价格体现竞赛组织的内部相关制度情况 V_{47}					
价格体现比赛地点情况 V_{48}					
价格体现当地消费者的收入水平及消费需求情况 V_{49}					
政府相关政策影响价格情况 V_{50}					
价格体现赛事的品牌价值情况 V_{51}					
价格体现广告质量情况 V_{52}					
价格体现媒体转播收视率情况 V_{53}					
价格体现体育中介机构的商务推广能力情况 V_{54}					
供求机制（二级指标）：					
联赛市场满足消费者的偏好、选择度及消费水平需求程度 V_{55}					
联赛市场满足赞助商的收益需求程度 V_{56}					
体育中介服务机构的商务推广能力满足市场需求程度 V_{57}					
宏观经济环境和税收政策满足联赛市场需求程度 V_{58}					
企业界的赞助意识满足联赛市场需求程度 V_{59}					
联赛竞赛赛制安排与参赛球队数量满足联赛市场需求程度 V_{60}					
联赛平台满足球员及后备人才的发展需求程度 V_{61}					

续表

三级指标	非常重要	比较重要	模棱两可	比较不重要	非常不重要
价格机制（二级指标）、委托代理机制（二级指标）					
政府体育主管部门委托中国篮协管理 CBA 职业联赛 V_{62}					
中国篮协扮演了委托方与代理方双重身份 V_{63}					
联赛委员会与俱乐部投资方之间的委托代理关系 V_{64}					
俱乐部老板与经理人之间委托代理关系的激励机制 V_{65}					
俱乐部老板与经理人之间委托代理关系的约束机制 V_{66}					
联赛委员会与盈方公司间委托代理关系的激励机制 V_{67}					
联赛委员会与盈方公司间委托代理关系的约束机制 V_{68}					
没有考虑到的指标					

E 竞争压力机制

三级指标	非常重要	比较重要	模棱两可	比较不重要	非常不重要
联赛分配制度（二级指标）					
联赛的收益在篮协和俱乐部之间的分配 V_{69}					
篮管中心及其下属体系的分配制度 V_{70}					
俱乐部内部分配制度 V_{71}					
优秀运动员分配制度（二级指标）					
俱乐部运动员的选拔制度 V_{72}					

续表

三级指标	非常重要	比较重要	模棱两可	比较不重要	非常不重要
俱乐部与球员的合同制度 V_{73}					
球员的转会制度 V_{74}					
没有考虑到的指标					

F 激励机制

三级指标	非常重要	比较重要	模棱两可	比较不重要	非常不重要
协会与俱乐部之间激励机制（二级指标）					
篮协对俱乐部物质激励方法、方式和规定 V_{75}					
篮协对俱乐部荣誉激励方法、方式和规定 V_{76}					
俱乐部内部激励机制（二级指标）					
俱乐部内部物质激励方法、方式和规定 V_{77}					
俱乐部内部荣誉激励方法、方式和规定 V_{78}					
没有考虑到的指标					

G 约束机制

三级指标	非常重要	比较重要	模棱两可	比较不重要	非常不重要
协会与俱乐部之间约束机制（二级指标）					
篮协对俱乐部工资封顶制度规定 V_{79}					
篮协对俱乐部准入制度和迁址制度规定 V_{80}					
篮协对俱乐部的经济处罚约束规定 V_{81}					
俱乐部内部约束机制（二级指标）					
俱乐部内部管理的经济处罚约束规定 V_{82}					
俱乐部内部契约约束规定 V_{83}					

续表

三级指标	非常重要	比较重要	模棱两可	比较不重要	非常不重要
俱乐部当前的竞争约束 V_{84}					
社会舆论（二级指标）					
当前社会舆论约束评价 V_{85}					
没有考虑到的指标					

H 监督机制

三级指标	非常重要	比较重要	模棱两可	比较不重要	非常不重要
体育法律、法规运行机制（二级指标）					
国家法律、法规对联赛的监督 V_{86}					
篮协纪律委员会对篮协的监督 V_{87}					
纪律委员会对俱乐部的监督 V_{88}					
没有考虑到的指标					

I 后备人才培养机制

三级指标	非常重要	比较重要	模棱两可	比较不重要	非常不重要
后备人才培养规划（二级指标）					
后备人才培养的长期发展规划 V_{89}					
后备人才规模及梯队建设 V_{90}					
后备人才管理（二级指标）					
后备人才赛季的训练与竞赛安排 V_{91}					
后备人才选拔 V_{92}					
后备人才培养投入 V_{93}					
没有考虑到的指标					

J 外生环境机制

三级指标	非常重要	比较重要	模棱两可	比较不重要	非常不重要
联赛发展环境 PEST（二级指标）					
政治环境（Political）V_{94}					
经济环境（Economic）V_{95}					
社会环境（Social）V_{96}					
体育技术环境（Technological）V_{97}					
没有考虑到的指标					

4. 对指标条目的判断依据

您对指标条目的判断依据	理论依据	实践经验	国内外资料	直觉
请在对应栏里标"√"				

5. 对指标条目的熟悉程度

您对指标条目的熟悉程度	非常熟悉	比较熟悉	模棱两可	比较不熟悉	非常不熟悉
请在对应栏里标"√"					

6. 简要情况介绍：

您的职业	高校专家	中国篮协管理者	职业俱乐部管理者	职业队教练员
请在对应栏里标"√"				

再次向老师的关心表示感谢！   敬礼

2015 年 5 月

附录 B　中国男子篮球职业联赛运行机制权重表

尊敬的专家老师：

恳请老师根据您的见解和观点对中国男子篮球职业联赛运行机制的重要程度做出评价（请在您认为最恰当的程度栏里画"√"）。在此学生十分感谢老师们的支持和帮助！

1. 一级指标

一级指标	1	2	3	4	5	6	7	8	9	10
目标动力机制 C_1										
组织管理机制 C_2										
竞赛机制 C_3										
市场营销机制 C_4										
竞争压力机制 C_5										
激励机制 C_6										
约束机制 C_7										
监督机制 C_8										
后备人才培养机制 C_9										
外生环境机制 C_{10}										

注：数字代表括号中的程度，其中 1（完全不重要）、2（不重要）、3（大部分不重要）、4（有些不重要）、5（一般）、6（模棱两可）、7（有些重要）、8（大部分重要）、9（重要）、10（非常重要）。

2. 二级指标

二级指标	1	2	3	4	5	6	7	8	9	10
中职篮开展的总目标动力 D_1										
篮协组织中职篮的目标动力 D_2										
俱乐部参加中职篮的目标动力 D_3										
投资人投资中职篮的目标动力 D_4										
组织管理制度 D_5										
组织管理机构设置 D_6										
组织管理机构权利和义务规定 D_7										
竞赛规划 D_8										
竞赛管理 D_9										
价格机制 D_{10}										
供求机制 D_{11}										
委托代理机制 D_{12}										
联赛分配制度 D_{13}										
优秀运动员分配制度 D_{14}										
协会与俱乐部之间激励机制 D_{15}										
俱乐部内部激励机制 D_{16}										
协会与俱乐部之间约束机制 D_{17}										
俱乐部内部约束机制 D_{18}										
社会舆论 D_{19}										
体育法律、法规运行机制 D_{20}										
后备人才培养规划 D_{21}										
后备人才管理 D_{22}										
联赛发展环境 D_{23}										

注：数字代表括号中的程度，其中 1（完全不重要）、2（不重要）、3（大部分不重要）、4（有些不重要）、5（一般）、6（模棱两可）、7（有些重要）、8（大部分重要）、9（重要）、10（非常重要）。

3. 三级指标

A 目标动力机制

三级指标	1	2	3	4	5	6	7	8	9	10
中职篮开展的总目标动力（二级指标）										
政治任务需要 V_1										
追求经济利益 V_2										
社会发展需要 V_3										
提高中国竞技篮球运动成绩 V_4										
篮协组织中职篮的目标动力（二级指标）										
政治任务需要 V_5										
追求经济利益 V_6										
追求社会影响力 V_7										
提高中国竞技篮球运动成绩 V_8										
俱乐部参加中职篮的目标动力（二级指标）										
追求政治关注 V_9										
追求经济利益 V_{10}										
追求社会知名度 V_{11}										
提高中国竞技篮球运动成绩 V_{12}										
投资人投资中职篮的目标动力（二级指标）										
追求政治关注 V_{13}										
追求经济利益 V_{14}										
追求社会知名度 V_{15}										
提高中国竞技篮球运动成绩 V_{16}										
三级指标	1	2	3	4	5	6	7	8	9	10

注：数字代表括号中的程度，其中1（完全不重要）、2（不重要）、3（大部分不重要）、4（有些不重要）、5（一般）、6（模棱两可）、7（有些重要）、8（大部分重要）、9（重要）、10（非常重要）。

B 组织管理机制

三级指标	1	2	3	4	5	6	7	8	9	10
组织管理制度（二级指标）										
《中国篮球协会章程》V_{17}										
《CBA 职业联赛委员会章程》V_{18}										
《CBA 职业联赛俱乐部准入实施方案》V_{19}										
《中国篮球协会教练员管理办法》V_{20}										
《中国篮球协会运动员管理规定》V_{21}										
《中国篮球协会球员注册与交流管理办法》V_{22}										
《CBA 职业联赛球员商业权利管理规定》V_{23}										
《CBA 职业联赛竞赛管理办法》V_{24}										
《CBA 职业联赛纪律处罚规定》V_{25}										
《CBA 职业联赛外援引进与管理制度》V_{26}										
《CBA 职业联赛的商务开发模式》V_{27}										
《中国篮球协会裁判员管理办法》V_{28}										
《中职篮"港、澳、台球员、大学生球员参加中职篮统一选秀"试行方案》V_{29}										
中职篮其他规定 V_{30}										
组织管理机构设置（二级指标）										
中国篮协（篮管中心）组织系统的结构 V_{31}										
俱乐部组织体系结构 V_{32}										
我国篮球后备人才培养系统组织结构 V_{33}										
组织管理机构权利和义务规定（二级指标）										
中国篮协组织系统的权利和义务规定 V_{34}										
俱乐部权利和义务规定 V_{35}										
篮管中心后备人才培养系统权利和义务规定 V_{36}										
篮协组织系统与俱乐部之间的权利和义务分配 V_{37}										
俱乐部与后备人才组织之间的权利和义务分配 V_{38}										

续表

三级指标	1	2	3	4	5	6	7	8	9	10
中国篮协组织系统与后备人才培养机构之间的权利和义务分配 V_{39}										
三级指标	1	2	3	4	5	6	7	8	9	10

注：数字代表括号中的程度，其中1（完全不重要）、2（不重要）、3（大部分不重要）、4（有些不重要）、5（一般）、6（模棱两可）、7（有些重要）、8（大部分重要）、9（重要）、10（非常重要）。

C 竞赛机制

三级指标	1	2	3	4	5	6	7	8	9	10
竞赛规划合理度（二级指标）										
竞赛长期发展规划 V_{40}										
竞赛规模 V_{41}										
竞赛管理合理度（二级指标）										
赛季的竞赛日程安排 V_{42}										
竞赛规则 V_{43}										
赛季前准备工作（裁判员、教练员等参与主体的培训工作）V_{44}										

注：数字代表括号中的程度，其中1（完全不重要）、2（不重要）、3（大部分不重要）、4（有些不重要）、5（一般）、6（模棱两可）、7（有些重要）、8（大部分重要）、9（重要）、10（非常重要）。

D 市场营销机制

三级指标	1	2	3	4	5	6	7	8	9	10
价格机制（二级指标）										
价格体现竞技水平和比赛的精彩程度 V_{45}										
价格体现职业运动员、教练员的价格情况 V_{46}										
价格体现竞赛组织的内部相关制度情况 V_{47}										

续表

三级指标	1	2	3	4	5	6	7	8	9	10
价格体现比赛地点情况 V_{48}										
价格体现当地消费者的收入水平及消费需求情况 V_{49}										
政府相关政策影响价格情况 V_{50}										
价格体现赛事的品牌价值情况 V_{51}										
价格体现广告质量情况 V_{52}										
价格体现媒体转播收视率情况 V_{53}										
价格体现体育中介机构的商务推广能力情况 V_{54}										
供求机制（二级指标）										
联赛市场满足消费者的偏好、选择度及消费水平需求程度 V_{55}										
联赛市场满足赞助商的收益需求程度 V_{56}										
体育中介机构的商务推广能力满足市场需求程度 V_{57}										
宏观经济环境和税收政策满足联赛市场需求程度 V_{58}										
企业界的赞助意识满足联赛市场需求程度 V_{59}										
联赛竞赛赛制安排与参赛球队数量满足联赛市场需求程度 V_{60}										
联赛平台满足球员及后备人才的发展需求程度 V_{61}										
委托代理机制（二级指标）										
政府体育主管部门委托篮协管理 CBA 职业联赛 V_{62}										
中国篮协扮演了委托方与代理方双重身份 V_{63}										
联赛委员会与俱乐部投资方之间的委托代理关系 V_{64}										

附　录

三级指标	1	2	3	4	5	6	7	8	9	10
俱乐部老板与经理人之间委托代理关系激励机制 V_{65}										
俱乐部老板与经理人之间委托代理关系约束机制 V_{66}										
联赛委员会与盈方公司间委托代理关系激励机制 V_{67}										
联赛委员会与盈方公司间委托代理关系约束机制 V_{68}										
三级指标	1	2	3	4	5	6	7	8	9	10

注：数字代表括号中的程度，其中1（完全不重要）、2（不重要）、3（大部分不重要）、4（有些不重要）、5（一般）、6（模棱两可）、7（有些重要）、8（大部分重要）、9（重要）、10（非常重要）。

E 竞争压力机制

三级指标	1	2	3	4	5	6	7	8	9	10
联赛分配制度（二级指标）										
联赛的收益在篮协和俱乐部之间的分配 V_{69}										
篮管中心及其下属体系的分配制度 V_{70}										
俱乐部内部分配制度 V_{71}										
优秀运动员分配制度（二级指标）										
俱乐部运动员的选拔制度 V_{72}										
俱乐部与球员的合同制度 V_{73}										
球员的转会制度 V_{74}										

注：数字代表括号中的程度，其中1（完全不重要）、2（不重要）、3（大部分不重要）、4（有些不重要）、5（一般）、6（模棱两可）、7（有些重要）、8（大部分重要）、9（重要）、10（非常重要）。

F 激励机制

三级指标	1	2	3	4	5	6	7	8	9	10
协会与俱乐部之间激励机制（二级指标）										
篮协对俱乐部物质激励方法、方式和规定 V_{75}										
篮协对俱乐部荣誉激励方法、方式和规定 V_{76}										
俱乐部内部激励机制（二级指标）										
俱乐部内部物质激励方法、方式和规定 V_{77}										
俱乐部内部荣誉激励方法、方式和规定 V_{78}										

注：数字代表括号中的程度，其中1（完全不重要）、2（不重要）、3（大部分不重要）、4（有些不重要）、5（一般）、6（模棱两可）、7（有些重要）、8（大部分重要）、9（重要）、10（非常重要）。

G 约束机制

三级指标	1	2	3	4	5	6	7	8	9	10
协会与俱乐部之间约束机制（二级指标）										
篮协对俱乐部工资封顶制度规定 V_{79}										
篮协对俱乐部准入制度和迁址制度规定 V_{80}										
篮协对俱乐部的经济处罚约束规定 V_{81}										
俱乐部内部约束机制（二级指标）										
俱乐部内部管理的经济处罚约束规定 V_{82}										
俱乐部内部契约约束规定 V_{83}										
俱乐部当前的竞争约束 V_{84}										
社会舆论（二级指标）										
当前社会舆论约束评价 V_{85}										

注：数字代表括号中的程度，其中1（完全不重要）、2（不重要）、3（大部分不重要）、4（有些不重要）、5（一般）、6（模棱两可）、7（有些重要）、8（大部分重要）、9（重要）、10（非常重要）。

H 监督机制

三级指标	1	2	3	4	5	6	7	8	9	10
体育法律、法规运行机制（二级指标）										
国家法律、法规对联赛的监督 V_{86}										
篮协纪律委员会对篮协的监督 V_{87}										
纪律委员会对俱乐部的监督 V_{88}										

注：数字代表括号中的程度，其中 1（完全不重要）、2（不重要）、3（大部分不重要）、4（有些不重要）、5（一般）、6（模棱两可）、7（有些重要）、8（大部分重要）、9（重要）、10（非常重要）。

I 后备人才培养机制

三级指标	1	2	3	4	5	6	7	8	9	10
后备人才培养规划（二级指标）										
后备人才培养的长期发展规划 V_{89}										
后备人才规模及梯队建设 V_{90}										
后备人才管理（二级指标）										
后备人才赛季的训练与竞赛安排 V_{91}										
后备人才选拔 V_{92}										
后备人才培养投入 V_{93}										

注：数字代表括号中的程度，其中 1（完全不重要）、2（不重要）、3（大部分不重要）、4（有些不重要）、5（一般）、6（模棱两可）、7（有些重要）、8（大部分重要）、9（重要）、10（非常重要）。

J 外生环境机制

三级指标	1	2	3	4	5	6	7	8	9	10
联赛发展环境 PEST（二级指标）										
政治环境 V_{94}										
经济环境 V_{95}										
社会环境 V_{96}										
体育技术环境 V_{97}										

注：数字代表括号中的程度，其中 1（完全不重要）、2（不重要）、3（大部分不重要）、4（有些不重要）、5（一般）、6（模棱两可）、7（有些重要）、8（大部分重要）、9（重要）、10（非常重要）。

4. 简要情况介绍：

您的职业	高校专家	中国篮协管理者	职业俱乐部管理者	职业队教练员
请在对应栏里标"√"				

再次向老师的关心表示感谢！　敬礼

2015 年 6 月

附录 C　中国男子篮球职业联赛运行机制评价表

尊敬的专家老师：

恳请老师根据您的见解和观点对中国男子篮球职业联赛运行机制的合理度做出评价（请在您认为最恰当的程度栏里画"√"）。在此学生十分感谢老师们的支持和帮助！

1. 一级指标

一级指标	1	2	3	4	5	6	7	8	9	10
目标动力机制 C_1										
组织管理机制 C_2										
竞赛机制 C_3										
市场营销机制 C_4										
竞争压力机制 C_5										
激励机制 C_6										
约束机制 C_7										
监督机制 C_8										
后备人才培养机制 C_9										
外生环境机制 C_{10}										

　　注：数字代表括号中的程度，其中 1（完全不合理）、2（不合理）、3（大部分不合理）、4（有些不合理）、5（一般）、6（模棱两可）、7（有些合理）、8（大部分合理）、9（合理）、10（非常合理）。

2. 二级指标

二级指标	1	2	3	4	5	6	7	8	9	10
中职篮开展的总目标动力合理度 D_1										
篮协组织中职篮的目标动力合理度 D_2										
俱乐部参加中职篮的目标动力合理度 D_3										
投资人投资中职篮的目标动力合理度 D_4										
组织管理制度合理度 D_5										
组织管理机构设置合理度 D_6										
组织管理机构权利和义务规定合理度 D_7										
竞赛规划合理度 D_8										
竞赛管理合理度 D_9										
价格机制合理度 D_{10}										
供求机制合理度 D_{11}										
委托代理机制合理度 D_{12}										
联赛分配制度合理度 D_{13}										
优秀运动员分配制度合理度 D_{14}										
协会与俱乐部之间激励机制合理度 D_{15}										
俱乐部内部激励机制合理度 D_{16}										
协会与俱乐部之间约束机制合理度 D_{17}										
俱乐部内部约束机制合理度 D_{18}										
社会舆论合理度 D_{19}										
体育法律、法规运行机制合理度 D_{20}										
后备人才培养规划合理度 D_{21}										
后备人才管理合理度 D_{22}										
联赛发展环境合理度 D_{23}										

注：数字代表括号中的程度，其中1（完全不合理）、2（不合理）、3（大部分不合理）、4（有些不合理）、5（一般）、6（模棱两可）、7（有些合理）、8（大部分合理）、9（合理）、10（非常合理）。

3. 三级指标

A 目标动力机制

三级指标	1	2	3	4	5	6	7	8	9	10
中职篮开展的总目标动力（二级指标）										
政治任务需要 V_1										
追求经济利益 V_2										
社会发展需要 V_3										
提高中国竞技篮球运动成绩 V_4										
篮协组织中职篮的目标动力（二级指标）										
政治任务需要 V_5										
追求经济利益 V_6										
追求社会影响力 V_7										
提高中国竞技篮球运动成绩 V_8										
俱乐部参加中职篮的目标动力（二级指标）										
追求政治关注 V_9										
追求经济利益 V_{10}										
追求社会知名度 V_{11}										
提高中国竞技篮球运动成绩 V_{12}										
投资人投资中职篮的目标动力（二级指标）										
追求政治关注 V_{13}										
追求经济利益 V_{14}										
追求社会知名度 V_{15}										
提高中国竞技篮球运动成绩 V_{16}										
三级指标	1	2	3	4	5	6	7	8	9	10

注：数字代表括号中的程度，其中 1（完全不赞同）、2（不赞同）、3（大部分不赞同）、4（有些不赞同）、5（一般）、6（模棱两可）、7（有些赞同）、8（大部分赞同）、9（赞同）、10（非常赞同）。

B 组织管理机制

三级指标	1	2	3	4	5	6	7	8	9	10
组织管理制度（二级指标）										
《中国篮球协会章程》合理度 V_{17}										
《CBA 职业联赛委员会章程》合理度 V_{18}										
《CBA 职业联赛俱乐部准入实施方案》合理度 V_{19}										
《中国篮球协会教练员管理办法》合理度 V_{20}										
《中国篮球协会运动员管理规定》合理度 V_{21}										
《篮球协会球员注册与交流管理办法》合理度 V_{22}										
《CBA 职业联赛球员商业权利管理规定》合理度 V_{23}										
《CBA 职业联赛竞赛管理办法》合理度 V_{24}										
《CBA 职业联赛纪律处罚规定》合理度 V_{25}										
《CBA 职业联赛外援引进与管理制度》合理度 V_{26}										
《CBA 职业联赛的商务开发模式》合理度 V_{27}										
《中国篮球协会裁判员管理办法》合理度 V_{28}										
《中职篮"港、澳、台球员、大学生球员参加中职篮统一选秀"试行方案》合理度 V_{29}										
中职篮其他规定合理度 V_{30}										
组织管理机构设置（二级指标）										
中国篮协（篮管中心）组织系统的结构合理度 V_{31}										
俱乐部组织体系结构合理度 V_{32}										
我国篮球后备人才培养系统组织结构合理度 V_{33}										
组织管理机构权利和义务规定（二级指标）										
中国篮协组织系统的权利和义务规定合理度 V_{34}										
俱乐部权利和义务规定合理度 V_{35}										
篮管中心后备人才培养系统权利和义务规定合理度 V_{36}										

续表

三级指标	1	2	3	4	5	6	7	8	9	10
中国篮协组织系统与俱乐部之间的权利和义务分配合理度 V_{37}										
俱乐部与后备人才组织之间的权利和义务分配合理度 V_{38}										
中国篮协组织系统与后备人才培养机构之间的权利和义务分配合理度 V_{39}										
三级指标	1	2	3	4	5	6	7	8	9	10

注：数字代表括号中的程度，其中 1（完全不合理）、2（不合理）、3（大部分不合理）、4（有些不合理）、5（一般）、6（模棱两可）、7（有些合理）、8（大部分合理）、9（合理）、10（非常合理）。

C 竞赛机制

三级指标	1	2	3	4	5	6	7	8	9	10
竞赛规划合理度（二级指标）										
竞赛长期发展规划合理度 V_{40}										
竞赛规模合理度 V_{41}										
竞赛管理合理度（二级指标）										
赛季的竞赛日程安排合理度 V_{42}										
竞赛规则的合理度 V_{43}										
赛季前期准备工作的合理度（裁判员、教练员等参与主体的培训工作） V_{44}										

注：数字代表括号中的程度，其中 1（完全不合理）、2（不合理）、3（大部分不合理）、4（有些不合理）、5（一般）、6（模棱两可）、7（有些合理）、8（大部分合理）、9（合理）、10（非常合理）。

D 市场营销机制

三级指标	1	2	3	4	5	6	7	8	9	10
价格机制（二级指标）										
价格体现竞技水平和比赛的精彩程度的合理度 V_{45}										
价格体现职业运动员、教练员的价格合理度 V_{46}										
价格体现竞赛组织的内部相关制度合理度 V_{47}										
价格体现比赛地点合理度 V_{48}										
价格体现当地消费者的收入水平及消费需求的合理度 V_{49}										
政府相关政策影响价格的合理度 V_{50}										
价格体现赛事的品牌价值的合理度 V_{51}										
价格体现广告质量的合理度 V_{52}										
价格体现媒体转播收视率的合理度 V_{53}										
价格体现体育中介机构商务推广能力的合理度 V_{54}										
供求机制（二级指标）										
联赛市场不能满足消费者的偏好、选择度及消费水平需求 V_{55}										
联赛市场不能满足赞助商的收益需求 V_{56}										
体育中介服务机构的商务推广能力不能满足市场需求 V_{57}										
宏观经济环境和税收政策不能满足联赛市场需求 V_{58}										
企业界的赞助意识不能满足联赛市场需求 V_{59}										
联赛竞赛赛制安排与参赛球队数量不能满足联赛市场需求 V_{60}										
联赛平台不能满足球员及后备人才的发展需求 V_{61}										

续表

三级指标	1	2	3	4	5	6	7	8	9	10
委托代理机制（二级指标）										
政府体育主管部门委托中国篮协管理 CBA 职业联赛的合理度 V_{62}										
中国篮协扮演了委托方与代理方双重身份的合理度 V_{63}										
联赛委员会与俱乐部投资方之间不存在实质意义上的委托代理关系，这种现象的合理度 V_{64}										
俱乐部老板与经理人之间的委托代理关系的激励机制合理度 V_{65}										
俱乐部老板与经理人之间的委托代理关系的约束机制合理度 V_{66}										
联赛委员会与盈方公司间委托代理关系的激励机制合理度 V_{67}										
联赛委员会与盈方公司间委托代理关系的约束机制合理度 V_{68}										
三级指标	1	2	3	4	5	6	7	8	9	10

注：数字代表括号中的程度，其中 1（完全不合理）、2（不合理）、3（大部分不合理）、4（有些不合理）、5（一般）、6（模棱两可）、7（有些合理）、8（大部分合理）、9（合理）、10（非常合理）；在"供求机制"的三级指标评价中，其中 1（完全不赞同）、2（不赞同）、3（大部分不赞同）、4（有些不赞同）、5（一般）、6（模棱两可）、7（有些赞同）、8（大部分赞同）、9（赞同）、10（非常赞同）。

E 竞争压力机制

三级指标	1	2	3	4	5	6	7	8	9	10
联赛分配制度（二级指标）										
联赛的收益在篮协和俱乐部之间的分配合理度 V_{69}										
篮管中心及其下属体系的分配制度的合理度 V_{70}										

续表

三级指标	1	2	3	4	5	6	7	8	9	10
俱乐部内部分配制度的合理度 V_{71}										
优秀运动员分配制度（二级指标）										
俱乐部运动员的选拔制度的合理度 V_{72}										
俱乐部与球员的合同制度的合理度 V_{73}										
球员的转会制度的合理度 V_{74}										

注：数字代表括号中的程度，其中 1（完全不合理）、2（不合理）、3（大部分不合理）、4（有些不合理）、5（一般）、6（模棱两可）、7（有些合理）、8（大部分合理）、9（合理）、10（非常合理）。

F 激励机制

三级指标	1	2	3	4	5	6	7	8	9	10
协会与俱乐部之间的激励机制（二级指标）										
篮协对俱乐部物质激励方法、方式和规定合理度 V_{75}										
篮协对俱乐部荣誉激励方法、方式和规定合理度 V_{76}										
俱乐部内部激励机制（二级指标）										
俱乐部内部物质激励方法、方式和规定合理度 V_{77}										
俱乐部内部荣誉激励方法、方式和规定合理度 V_{78}										

注：数字代表括号中的程度，其中 1（完全不合理）、2（不合理）、3（大部分不合理）、4（有些不合理）、5（一般）、6（模棱两可）、7（有些合理）、8（大部分合理）、9（合理）、10（非常合理）。

G 约束机制

三级指标	1	2	3	4	5	6	7	8	9	10
协会与俱乐部之间的约束机制（二级指标）										
篮协对俱乐部工资封顶制度规定的合理度 V_{79}										
篮协对俱乐部准入制度和迁址制度规定合理度 V_{80}										
篮协对俱乐部的经济处罚约束规定的合理度 V_{81}										
俱乐部内部约束机制（二级指标）										
俱乐部内部管理的经济处罚约束规定的合理度 V_{82}										
俱乐部内部契约约束规定的合理度 V_{83}										
俱乐部当前的竞争约束的合理度 V_{84}										
社会舆论（二级指标）										
当前社会舆论约束评价的合理度 V_{85}										

注：数字代表括号中的程度，其中 1（完全不合理）、2（不合理）、3（大部分不合理）、4（有些不合理）、5（一般）、6（模棱两可）、7（有些合理）、8（大部分合理）、9（合理）、10（非常合理）。

H 监督机制

三级指标	1	2	3	4	5	6	7	8	9	10
体育法律、法规运行机制（二级指标）										
国家法律、法规对联赛的监督是否到位 V_{86}										
篮协纪律委员会对篮协的监督是否到位 V_{87}										
纪律委员会对俱乐部的监督是否到位 V_{88}										

注：数字代表括号中的程度，其中 1（完全不到位）、2（不到位）、3（大部分不到位）、4（有些不到位）、5（一般）、6（模棱两可）、7（有些到位）、8（大部分到位）、9（到位）、10（非常到位）。

I 后备人才培养机制

三级指标	1	2	3	4	5	6	7	8	9	10
后备人才培养规划（二级指标）										
后备人才培养的长期发展规划合理度 V_{89}										
后备人才规模及梯队建设合理度 V_{90}										
后备人才管理（二级指标）										
后备人才赛季的训练与竞赛安排合理度 V_{91}										
后备人才选拔合理度 V_{92}										
后备人才培养投入的合理度 V_{93}										

注：数字代表括号中的程度，其中1（完全不合理）、2（不合理）、3（大部分不合理）、4（有些不合理）、5（一般）、6（模棱两可）、7（有些合理）、8（大部分合理）、9（合理）、10（非常合理）。

J 外生环境机制

三级指标	1	2	3	4	5	6	7	8	9	10
联赛发展环境 PEST（二级指标）										
政治环境（Political）的适合度 V_{94}										
经济环境（Economic）的适合度 V_{95}										
社会环境（Social）的适合度 V_{96}										
体育技术环境（Technological）的适合度 V_{97}										

注：数字代表括号中的程度，其中1（完全不适合）、2（不适合）、3（大部分不适合）、4（有些不适合）、5（一般）、6（模棱两可）、7（有些适合）、8（大部分适合）、9（适合）、10（非常适合）。

4. 您对问卷的效度进行的评价

	非常合理	合理	基本合理	不合理
请您对本问卷的"内容设计"做出评价				

续表

	非常合理	合理	基本合理	不合理
请您对本问卷的"结构设计"做出评价				

5. 简要情况介绍

您的职业	高校专家	中国篮协管理者	职业俱乐部管理者	职业队教练员
请在对应栏里标"√"				

再次向老师的关心表示感谢！　敬礼

2015 年 6 月

后　记

自 2005 年以来，我一直关注中国男子篮球国家队成绩与中国男子篮球职业联赛的关系，并花费了大量的心血对其资料进行收集、整理和统计。在过去中国男子篮球职业联赛改革的十年中，我也产生了诸多的困惑，为什么看似非常好的政策却在执行过程中问题百出？为什么中国男子篮球职业联赛这一复杂系统不能照搬成熟的西方职业联赛模式？为什么中国男子篮球职业联赛的改革轰轰烈烈，国家队成绩却没有取得突破性进展？这些疑问一直困扰着我。

所幸我于 2013 年考取了北京体育大学体育教育训练学篮球方向的博士研究生，自己能够在导师练碧贞教授的指导下，开始学习和接触复杂性科学在竞技篮球中的应用。三年来，我首先从理论和思维方式方面通过学习改变了自己看待和解决问题的方式；其次通过导师和学校的帮助，使自己能够接触到国内外从事竞技篮球研究工作的顶级专家，并得到了专家们的悉心指导，同时也使自己能够有机会深入到联赛的不同机构进行学习和调研，最终完成了这部《中国男子篮球职业联赛运行机制复杂性研究》一书。

这部书的完成过程，一直伴随着对未知知识的恐惧和焦虑，以及对每一分收获的满足和自信。但三年的时光的确有太多的感情需要诉说。

首先，衷心感谢我的恩师练碧贞教授。没有恩师的激励和支持，没有恩师点石成金、拨云见日式的引导，我就不可能完成这项跨学科的研究课题。

从课题的选题到最终定稿都是在恩师的精心指导下完成的，从课题提纲的把脉、再淬炼，到初稿完成之后一次次修正、否定、再否定，其中凝聚了恩师无数的心血，也体现了恩师对学生的责任感与关爱。有幸师从恩师，感受恩师学高身正的师表风范，是我终身受益的财富。在我人生的转折路口，是恩师唤醒了我学术上的迷惘，是恩师手把手教会了我扬起科研的风帆。在恩师身边的三年，我一直有在家的感觉——温馨而舒畅。在此，对恩师致以最诚挚的敬意和最深的谢意！

接着我要感谢在本书写作过程中，李元伟老师、毕仲春老师、贾志强老师、苗向军老师、何世权老师、武国政老师、刘玉林老师、卢元镇老师、祁国鹰老师、乔晓春老师、王荣辉老师等给予学生的指导和关爱，学生将永远铭感于心。在此，向老师们致以深深的敬意！感谢所有接受我调查和访谈的老师、教练、俱乐部经理，感谢写作期间支持和鼓励我的师兄弟和同学，感谢我的单位中北大学的系统论专家王晶禹、王黎明教授，以及体育学院领导和同事们对我的支持和帮助！

另外，我要感谢母校北京体育大学为我们莘莘学子提供与国内和世界知名学者交流的舞台。硕士和博士六年的学习和熏陶，使我们开阔了学识和眼界，也使我们真正感受到就读母校的荣耀！

在本书中引用和参考了诸多学者的相关研究成果和学术观点，在此向他们表示衷心的感谢！

王新雷

2016 年 8 月 6 日于中北大学